中央高校基本科研业务费专项资助重大项目

中国发展战略丛书

北京师范大学经济与资源管理研究院
北京师范大学中国绿色发展协同创新中心

"五指合拳"
——应对世界新变化的中国能源战略

Yingdui Shijie Xinbianhua de
Zhongguo Nengyuan Zhanlue

李晓西 林卫斌 等◎著

人民出版社

课 题 负 责 人：李晓西　胡必亮

课 题 协 调 人：林卫斌

各章写作分工：

　　总　　论　李晓西　张亮亮

　　第一章　范世涛　赵　峥　周键聪

　　第二章　林永生

　　第三章　李晓西　郑艳婷　蔡　宁

　　第四章　杨名舟　林卫斌　刘诗瑶

　　第五章　张生玲　侯亚娟

　　第六章　林卫斌

　　附　　录　Edward Cunningham

　　　　　　　李　扬

序

能源是一个事关全局的战略性问题,对工业化中的中国而言,尤为突出。

改革开放伊始,中央提出了 2000 年经济发展目标,同时,也规定了一个必须的前提和约束条件--能源翻一番支撑工农业生产总值翻两番。20 年的努力,中国圆满实现了翻两番目标,并加快了能源开发,还保持能源弹性系数一直稳定在 0.5 左右。世界银行在其《2020 年的中国》报告中感叹:"尽管对于成熟的经济而言,能耗强度的降低属常见的现象,但是像中国这样在高速工业化过程中能源强度不断下降则是史无前例的"。这一成就比起经济增长的高速度来,也许更加令人振奋。

进入 21 世纪,中国持续快速发展,取代日本成为世界第二大经济体,进入了世界上中等收入国家行列。同时,中国成为世界第二大能源生产和消费国,石油第二大进口国,世界最大碳排放国。中国面临着前所未有的能源安全和可持续发展挑战和风险,能源成为影响国家战略和发展路径的重大问题。

今后,中国要进一步实现人均收入倍增的新目标。尽管还来不及精确测算能源需求量的变化及其影响,但联合国开发计划署 2003 年《中国人类发展报告》中引用的研究结论可作参考:"到 2020 年,中国的初级能源消费量将赶上美国初级能源消费总量",而到 2050 年,中国"可能会代替美国成为世界头号能源使用国",届时,"中国能源使用量可能会是美国现在水平的 1.5 倍,甚至 2 倍"。由此可能产生的问题和困难,恐怕是目前还难以估计和想象的。

而我们面对的,则是一个远比改革开放前 30 年更为严峻的世界。能源资源约束和环境约束日益突出,国际能源争端日趋激烈,能源市场对地缘政治愈加敏感,能源问题更趋政治化,等等。可以预见,中国能源将面临更为严重的压力和挑战,节能减排、改善能源结构,争取可持续发展的任务将更为艰巨,研究制定相应的能源战略更显紧迫。否则,将难以确保国家经济安全,难以确保新形势下全球竞争的战略主动权。

由于发展阶段所限,"保障供应"一直是我国能源管理的重点,国家能源战略和政策框架也大致围绕这一重点进行。近十几年来,我国在能源开发、能源国际合作、发展新能源等方面也取得了长足进步。以新能源为例:我国太阳能制造能力和太阳能利用面积世界第一,新增风力装机容量世界第一,核电累计装机容量仅次于美国、德国,位居世界第三,是世界核电在建规模最大的国家。光伏发电2009年一年安装量就超过了前几十年的总和。但同样不容忽视的是,我国能源产业依然存在着缺憾和窘境,包括能源信息基础薄弱,统计和分析功能落后,能源管理分散,部门各自为政协调不足,在有关新能源与可再生能源发展、油气资源开发、能源与环境、能源体制等一些重大问题上还未形成完全的共识,距离形成切实可行、执行有效的能源发展战略还有一定距离。在当前国际政治经济秩序深度调整、新秩序逐步形成的重要战略时期,尽快研究制定新的国家能源战略,无疑是占领未来发展制高点,彻底改变国际能源事务处理中被动地位的必要举措。

晓西同志带领的课题组,在深入分析世情、国情变化,以及能源新形势、新格局基础上,提出了"节能"、"绿色"、"结构"、"安全"和"改革"五个子战略,并统筹协调为"五指合拳"的能源总战略。这一概括生动、上口、形象,有利于强化战略意识和集中战略目标。

晓西是我多年的老朋友,他在经济研究和政策研究领域有很深的造诣和影响。在其研究成果付梓印刷之前,邀我作序,我欣然答应。希望本书能够令社会各界有识之士更加关注我国能源发展的可持续发展,更加关注美丽中国的建设,更加关注中国民族的永续发展。

中国能源协会会长　国务院发展研究中心原副主任

鲁志强

前　言

本书是北京师范大学"中央高校基本科研业务费专项资助"2009 年度重大项目"中国能源经济研究"的主要成果。本课题计划研究时间为三年。课题进展主要分为两个阶段:第一阶段是 2010 年 1 月—2011 年 9 月,胡必亮教授和林卫斌老师组织课题组围绕中国能源经济问题开展广泛的探讨和深入研究,在国内外重要学术期刊发表论文 10 余篇并出版专著一本。第二阶段是 2011 年 10 月至今。受胡必亮教授委托,在林卫斌老师协助下,我主持课题组集中力量开展了"应对世界新变化的中国能源战略"的主题研究。

能源问题攸关国计民生和国家长治久安、可持续发展。当今世界格局正在发生深刻变化,新能源技术与通讯技术的突破与结合正在酝酿新一轮产业革命,国际政治经济旧秩序正在发生深刻调整、新秩序正在逐步形成。在此背景下,只有纵观全球、剖析形势、应对变化、从长计议、明确战略,方能主动参与新一轮全球政治经济新秩序的构建,方能占领未来能源乃至经济发展的制高点。经过反复、深入探讨,我们提出"**节能**"、"**绿色**"、"**结构**"、"**安全**"和"**改革**"五个子战略,并在此基础上提出五个子战略统筹协调的"五指合拳"能源总战略。

本研究成果既是课题组成员努力的结晶,也是多方协助的产物。北京师范大学经济与资源管理研究院的师生承担了课题主要部分的写作,并按时完成了任务。参加我们讨论会及论坛的,有来自国务院研究室、国务院发展研究中心、国土资源部、工信部、国家能源局、中石油、中石化、中海油、中国煤炭工业协会等的能源专家,他们的真知灼见对本书核心观点的形成具有重要的启发作用。国家电监会、中国煤炭工业协会政策调研处等部门的能源专家还参与了报告的写作,而中国能源研究会的大量成果为我们提供了丰富宝贵的思想元素。

提出"能源战略"在很大程度上是希望和关注中国能源问题的各界有识之士一起思考、探讨中国能源发展的大方向与总谋略。书稿虽几经修改、加工和琢磨,但限于作者水平和问题的复杂性,观点定有不妥之处,恳请批评指正。我们愿意和能源专家及广大读者朋友们一道继续关注世界能源发展走势,不断思考中国能源发展的战略性问题,在经济建设、政治建设、文化建设、社会建设和生态文明建设的过程中,努力建设美丽中国,为实现中华民族永续发展贡献力量。

2012 年 11 月 15 日

目　录

图　目　录

表 目 录

专 栏 目 录

总　　论

　　能源是支撑人类文明进步的物质基础,是现代社会发展不可或缺的基本条件。在中国实现现代化和全体人民共同富裕的进程中,能源问题始终是一个重大战略问题。① 《2050 年的亚洲》一书指出:亚洲当前正经历着历史性转变。2000 年以来亚洲一直占据着世界能源消费的 20%,2007 年这一数据上升到 27%。2010 年中国超过美国成为世界第一大能源消费国。根据 BP 世界能源统计,2011 年中国、印度、日本、韩国和印尼五国能源消费量占世界能源消费总量的 33%。根据国际能源署(International Energy Agency,IEA)的估计,2030 年以前,亚洲将超过经济合作与发展组织(OECD)成为世界第一大能源消费地区。2050 年亚洲占世界能源消费比重将达到 40%。这将引发对全球能源资源配置和进口依赖性的诉求,引起对能源供给安全特别是石油和天然气供给的担忧;与此同时,这将会导致碳排放量的飞速增长。IEA 预测,2030 年,仅中国的碳排放量就将超过所有经合组织成员国的总和。②

　　能源攸关国计民生和国家长治久安、持续发展。200 年的化石能源时代奠定了现代文明的基础,今后 200 年会如何呢? 中国如何获取可持续发展的能源,如何能在世界能源市场上形成有保障的能源供给,如何在未来占领能源科技的高地,如何解决能源生产和使用中的资源与环境约束,回答这些问题需

---

　　① 中华人民共和国国务院新闻办公室:《中国的能源政策》(2012),新华社,2012 年 10 月 24 日。

　　② 哈瑞尔达·考利等:《2050 年的亚洲》,胡必亮等校译,人民出版社 2012 年版,第 146 页。其中,2011 年中国、印度、日本、韩国和印尼五国能源消费占比是北京师范大学经济与资源管理研究院林卫斌博士根据据 BP《世界能源统计》计算的。

要我们纵观全球,剖析形势,明确战略,从长计议。

国家能源总体战略要明确的是国家能源发展的战略思路、战略目标,而能源的子战略则是要明确国家能源发展的战略重点。本报告拟就这两方面进行探讨。

第一节　能源国情世情面临新形势

能源形势总在变化中。当前以及今后若干年,能源形势都是严峻的。当然,挑战与机遇并存。能源形势可以概括为五个"新":能源国际市场出现新动荡,能源利用与贸易遭遇新压力,能源供应资源约束和环境承载再现新瓶颈,能源管理体制面临新矛盾,能源技术与能源生产方式可能有新突破。

一、能源国际市场出现新动荡

贸易全球化、生产全球化、金融全球化、区域经济一体化等早已渗透到能源领域,能源市场已成为全球化的市场。各国能源相互依赖加深,能源安全越来越超越消费国和生产国的界限,呈现出全球化的特征,全球化带来的全新的贸易、投资、信息、技术的流动给国家能源安全提出了新的挑战。当前,世界政治经济形势更加复杂严峻,能源的战略属性和政治属性更加凸显。发展中国家能源需求快速增长与发达国家主导世界能源市场之间的矛盾将加剧,能源市场在发达国家金融资本操控下的波动将更加起落巨变。国际上能源供求间矛盾,将从石油输出国组织(OPEC)与经济合作发展组织(OECD)之间的利益冲突,逐步转移到新兴经济体与OPEC之间。恐怖主义等非传统安全问题突出。地缘政治、地区矛盾和产油国内部冲突的影响将扩大,苏丹、利比亚、叙利亚以及美欧对伊朗原油禁运等就是例证。石油生产难稳定,全球石油市场更难稳定。能源国际市场新动荡的因素在加速积累,其苗头是石油价格在大起大落中冲向高线。美国能源安全的便车再不会为我们提供。美国"能源独立"后对中东、非洲的政治干预将加强,会利用石油武器来遏制中国的发展。

根据国家能源局编写的《中国能源发展报告 2011》中转引 IEA 的分析,中国能源需求量在 2008—2035 年间会上升 75%,到 2035 年,中国占世界能源需求会从目前的 17% 上升到 22%。就中国建设的四大通道之一来说,中国原油进口 90% 来自海上,50% 是来自中东,中东局势复杂多变,马六甲、霍尔木兹海峡是否保持畅通,也有很大隐患。2012 年,中海油以 151 亿美元收购加拿大能源公司尼克森,中石化以 15 亿美元收购加拿大塔里斯曼能源公司英国子公司 49% 权益,中石油收购法国苏伊士环能集团卡塔尔海上第 4 区块 40% 石油勘探开发权益等,均引起国际社会广泛关注。① 天然气进口主要来自中亚,能否有稳定的合作,涉及美国、俄罗斯等大国博弈,也难保证稳定。中国原油和天然气的储备能力,均离世界平均水平有相当距离。安全形势还是比较严峻的。总之,问题将更多,合作将更难。

虽然新发现和新科技有助于促成世界能源总供给仍略大于总需求,但我们也不能不看到,总供求平衡下的结构性不平衡是加剧了,尤其对中国。因此,不论是肯定还是否定存在新一轮的能源危机,但有一点是肯定的,对能源需求增长最快的亚太地区的新兴大国,新的能源危机那是真实存在的。

二、能源利用与贸易遭遇新压力

全球气候变化、国际金融危机、欧债危机、地缘政治等对国际能源贸易产生了重要影响,世界能源市场更加复杂多变,更加不稳定和不确定。发达国家竭力维护能源市场主导权,通过设置碳关税、"环境标准"等层层贸易壁垒,借助反倾销、反补贴等控制中国能源制品的出口。

光伏产业一直以来是中国新能源的优势产业,在新能源出口方面创造了巨大业绩。但是,光伏产品出口也遭到欧美国家的打击。2012 年 9 月,欧洲光伏制造商联盟 EU ProSun 向欧盟提起贸易诉讼,指控中国太阳能电池板制造商获得非法政府补贴。这次案件涉及到中国对欧盟价值 210 亿欧元,即至

---

① 李约翰:《美国评估中国能源战略》,2012 年 10 月 8 日,见财经国家新闻网。

少1600亿人民币的巨大出口金额。① 2012年10月10日美国商务部作出终裁,认定中国向美国出口的晶体硅光伏电池及组件存在倾销和补贴行为,倾销幅度为18%至250%。同时,还裁定中国输美的此类产品接受了15%至16%不等的补贴。这为美国针对此类产品征收反倾销和反补贴关税("双反")基本扫清了道路。如果美国国际贸易委员会也作出同向终裁,美国商务部将要求海关对相关产品征收"双反"关税。根据美国商务部公布的数据,2011年美国从中国进口了价值约为31亿美元的晶体硅光伏电池及组件。② 中国人生产光伏电池,把污染留给自己,把新能源的利用条件提供欧美,却居然遭此对待。从这两起贸易案件中也引发思考。我们要问,为什么欧洲会有那么大的光伏电池需求量?因为欧盟正在全力打造新能源的基础。进一步,我们能否学习欧洲,也把中国的大楼转变成小型发电厂,把利用光伏电池的市场扩大100倍?国家能否在扩大内需上有大战略,为光伏企业发展开辟新道路?这就会在支持新能源产业生产的同时,发展我们的新能源使用方式。行还是不行?能还是不能?这不正是战略问题吗,不正是需要我们研究解决的吗?

事实上,近年来我们看到,围绕气候变化而产生的排放权与发展权的谈判博弈更趋激烈,发达国家借经济与技术优势挤压发展新兴国家发展空间。我国不仅面临温室气体减排和低碳技术产业竞争的压力,而且,美国"页岩气革命"为再工业化提供支持的同时,也会对正处在工业化中期阶段的中国形成新的竞争态势。

三、能源供应资源约束和环境承载再现新瓶颈

我国能源供应资源约束和环境承载的瓶颈众所共知,如人均能源资源拥有量在世界上处于较低水平,人均能源消费水平仅为发达国家平均水平的三分之一等。但新瓶颈指什么?能源供应资源约束的新瓶颈就是指"绝对瓶

---

① 司马岩:《光伏再次遭双反,中国产业如何打破欧美贸易壁垒》,《中华工商时报》2012年10月11日。

② 阳建、王宗凯:《美终裁中国产晶体硅光伏电池存在倾销和补贴》,2012年10月11日,见新华网。

颈"与"相对瓶颈"的共同发力。"绝对瓶颈"就是能源资源不可持续,对能源需求的供不应求;"相对瓶颈"就是能源供求不协调、不稳定,时而短缺,时而过剩,在供求失衡中不断破坏着生产力。能源供应环境承载的新瓶颈就是指不仅化石能源生产和使用中的新问题,关键在我们如何对待。比如,是采用改良西门子法来生产多晶硅,还是采用落后技术来生产,就对环境有截然不同的影响。①

我们看到,2000—2008 年,我国能源消费增长速度平均达到 8.9%,远远高于同期世界不到 2%的增长速度。2008 年,我国能源消费总量达到 28.5 亿吨标准煤,比 2000 年的 13.85 亿吨标准煤增长了一倍以上,将原来设想的 2020 年的能源消费总量提前了 12 年。……如果我国的能源消费增长维持在 2000—2008 年平均 8.9%的速度,则 2020 年我国将需要 79 亿吨标准煤,占目前全世界能源消费总量的一半,2030 年将达到 186 亿吨标准煤,是目前全球能源消费总量的 117%。② 这显然是无法持续的。

能源开发、加工和使用在严重破坏环境。化石能源特别是煤炭开发,往往导致地下水系结构破坏,地表塌陷、水土流失、植被死亡。而我国未来煤炭规划区大部分集中在生态资源脆弱、水资源严重短缺的西北地区。目前全国 96 个国有重点矿区中,缺水矿区占 71%。采煤土地复垦率仅 12%,远低于发达国家 65%的平均水平。矿井瓦斯 80%直接排到大气中,利用率不到 30%,严重影响着周边居民的身体。我国二氧化硫排放量的 90%、氮氧化物排放量的 67%、烟尘排放量的 70%都来自燃煤。总投资超万亿元的数千个化工石化建设项目,80%以上分布在江河水域、人口密集区,45%为重大风险源。近两年我国已经成为二氧化碳最大的排放国。按照我国现在的能源发展趋势,未来我国能源利用产生的二氧化碳将是全球二氧化碳排放增长量的主要部分。③

---

①　国家工程院:《中国能源中长期(2030、2050)发展战略研究——可再生能源卷》,科学出版社 2011 年版,第 178 页。

②　国家工程院:《中国能源中长期(2030、2050)发展战略研究——综合卷》,科学出版社 2011 年版,第 5—7 页。

③　国家工程院:《中国能源中长期(2030、2050)发展战略研究——综合卷》,科学出版社 2011 年版,第 12—22 页。

能源科学家们的研究成果太重要了,值得我们深思。伴随着中国工业化和城市化推进,环境污染更趋严重,令我们无比的担忧!

四、能源管理体制面临新矛盾

人们对能源发展提出诸多问题,如中国的能源资源配置有重大不足,能源企业可持续发展动力和能力不足,能源管理部门重项目、轻长远,能源价格没有完全反映资源稀缺性,节能减排的财税、金融等经济政策还不完善,能源消费和污染物排放计量、统计滞后,这些都需要问为什么会这样?中石化说,亏的越多炼的越多,赚的越多炼的越少;中石油说,特别收益金能否鼓励勘探开发,不找储量如何能稳定产量?国电说,电价煤价倒挂,电力产业亏损;各地方纷纷询问,能源生产上到底应是国进民退还是国退民进? 一次性资源全民开采、户户挖煤、村村采油行吗? 这些问题都需要回答。

诸多问题有多方面的原因,有各自不同的背景,但其中很重要的一条是,我们在能源生产与利用方面,对政府的作用估计充分,但对市场作用认识不足。市场最大的作用,就是利于配置资源,有助于激励企业创新与发展,可促进供给侧尤其是需求侧的双侧技术革命。政府在能源管理上面的重心与精力应放在哪里,没有在市场力量基础上的分工,就会错位、越位和缺位,既付出很多,又没能达到预想目标。政府与市场如何各自做好自己的事,太重要了! 这就对管理体制改革提出更高的要求。

五、能源技术与能源生产方式可能有新突破

美国著名未来学家杰里米·里夫金在《第三次工业革命》中预言,一种建立在互联网和新能源相结合基础上的新经济即将到来。他说:"互联网技术与可再生能源即将融合,并为第三次工业革命奠定一个坚实的基础。这一革命无疑将改变整个世界。""可再生能源的转变、分散式生产、储存、通过能源互联网实现分配和零排放的交通方式,构成了新经济模式的五个支柱。""在今后的几年中,中国需要就未来的经济发展方向作出重要决定。……中国是世界上最大的风力涡轮机生产国,其太阳能光电产业生产总值更是占世界的30%,是世界上最大的太阳能电池板生产国。但是,中国所生产的可再生能源

科技产品几乎均销往海外。目前,可再生能源发电量在中国国内能源消耗总量中的比例只有 0.5%。……中国拥有世界上最丰富的风力资源,只要中国政府提高补贴和改善输电网络,至 2030 年风力发展就可以满足中国所有的电力需求。""中国在可再生能源方面的地位正如沙特在石油产业中的地位一样,中国每平方米的可再生能源潜力要远高于世界上大多数国家。""中国人需要关心的问题是 20 年后中国将会处于一个什么样的位置,是身陷于日薄西山的第二次工业革命之中继续依赖化石能源与技术,还是积极投身于第三次工业革命,大力开发可再生能源与科技? 选择后者,中国极有可能成为亚洲的龙头,引领亚洲进入下一个伟大的经济时代!"[1]这里大段的引论是因为这讲得太令人深思了!

　　人类社会已经历了薪木、煤炭和石油三个能源时期,人类社会已步入能源发展新变革时期。到 2010 年,100 多个国家制定了与可再生能源发展相关的目标或政策。美国政府要求截至 2030 年,所有新建筑必须实现零排放。中国已经在行动,中国的行动也相当快,现在需要的是统筹规划,需要的是把短期发展与中长期规划结合起来,需要把能源战略与国情世情统筹起来! 需要有持续努力的精神,如果说页岩气在美国是二十年的准备,十年的攻关,今天才突破,中国能源新战略就要站高看远,持续努力! 能源技术与能源生产方式的新突破对中国是机会,但若缺乏战略,落后几步,也可能将是"中国制造"失去国际竞争力的开始。未来能源作为重要战略产业,一旦取得重大突破,必将成为经济发展强大引擎。

第二节　能源战略在新形势下须进一步完善

　　国家能源战略是筹划和指导国家能源可持续发展、保障能源安全的总体方略,我国相关部门是高度重视能源战略研究的。

　　早在 1999 年,中国计划出版社就正式出版了能源专家周凤起、周大地等

---

　　① 杰里米·里夫金:《第三次工业革命》,中信出版社 2012 年版。

所著的《中国中长期能源战略研究》专著,并获得了国家计委科技进步三等奖。因为时间较远,且作者在能源战略方面有新的成果,这里就不赘述了。2003 年,应新形势变化,国家决策机构再次组织专家进行了能源战略研究。2004 年,国务院通过了《能源中长期发展规划纲要(2004—2020)》,提出我国能源的国际化战略。2006 年中国社科院能源战略研究所于科学出版社发表了《中国能源可持续发展战略专题研究》一书。2007 年,在中华人民共和国国务院新闻办公室发布的《中国的能源状况与政策》白皮书中,提出中国能源战略的基本内容是:坚持**节约优先、立足国内、多元发展、依靠科技、保护环境、加强国际互利合作,努力构筑稳定、经济、清洁、安全的能源供应体系**,以能源的可持续发展支持经济社会的可持续发展。(摘自 2007《中国的能源状况与政策》白皮书)

而在《中国的能源政策(2012)》白皮书中,已把坚持"**节约优先、立足国内、多元发展、保护环境、科技创新、深化改革、国际合作、改善民生**"八方面概括为"中国能源政策的基本内容和能源发展方针,而不是"能源战略"。我们认为,这种定位是正确的。① 那么,能源战略还需要单独提出吗? 中国能源战略是什么呢?

战略思想是非常重要的,也是应进一步明确的。在 2012 年的今天,当我们环顾世界时,我们看到的是,以美日为首的发达国家对中国崛起的遏制与围堵更为加剧,我们周边的环境更加严峻,我们与资源国的合作更加不稳定,国内的能源资源不仅在中长期难以维持经济高增长,短期中也出现了结构性的困境。进一步的思考是:战略问题应解决能源总供求问题,不仅是某一能源的供求问题;战略问题还应解决中长期的能源生产与消费问题,解决中国经济的可持续发展问题;能源作为战略解决的不仅仅是经济问题,还要统筹考虑能源的外交、政治甚至军事与战争问题。因此,面对国内外形势的变化,2007 年《中国的能源状况与政策》白皮书中六方面的战略内容似乎强调的力度不够、概括的份量不足了。

---

① 中华人民共和国国务院新闻办公室:《中国的能源政策白皮书 2012》,新华社,2012 年 10 月 24 日。

　　比如说,节约优先,这非常重要,能否直接概括为"节能战略",并进一步挖掘这一战略更多的含义?事实上,在国内相关文件中,也有过"能源节约战略"的提法;"立足国内、多元发展",是正确的。但进一步分析,我们看到,"多元发展"是因石油能源的来源引致的,如果作为多种能源的比例规划和重点选择,就不如概括为"结构战略",实际上,"结构战略"既包括着多种能源多元化中突出重点与阶段的思考,也包含着对能源产消的区域性布局的关注,包含着能源的开发战略;"保护环境",无疑是正确的。但力度不足,如果提"绿色战略"更为引人关注,且内容将更为丰富,其容量超过提"能源环保战略";"依靠科技",显然非常必要,科技决定能源的未来,科技创造未来的能源。从长远看,最终解决未来能源问题,并不取决于对能源资源的拥有,而是取决于对能源高科技的拥有,取决于能源科技革命的突破性进展。① 但科技应是为能源战略服务的战略,应融合在能源各个子战略中,而不是独立的,比如说,中国有相当数量的页岩气,但如何降低开采和使用成本,就需要科研的创新与突破,否则不可能大面积投资,因此,不需要单独提出"能源科技战略";"加强国际互利合作",非常正确,提"能源贸易战略"也有道理。但我们更想立足自身、面临危机来规划,即更直接地解决为什么要合作,不予合作时如何办,破坏合作时如何处置? 因此,我们宁肯让它成为"安全战略"的一部分,更有警示的作用,更强调了政治甚至战争局面下的统筹决策。而"改善民生"则应体现在能源战略的目标,更进一步则是概括在社会和国民经济发展目标中更为准确。总之,"白皮书"的提法都正确,理由都充分,但若根据时局变化,做进一步提炼与完善,可能有必要且更有利。

　　若以上理由能为各方接受,那么就会自然而然出现一个"**节能、绿色、结构、安全**"的四大子战略。进一步,如果我们把 2007 白皮书"努力构筑稳定、经济、清洁、安全的能源供应体系"这句话也考虑进来,那就必须要进一步改革与改善能源供求管理体制,因此,会引出"**改革**"的战略。而这在《中国的能源政策(2012)》白皮书中概括的八点中已特别列为一条了。

---

　　① 摘自温家宝在 2012 年 1 月 16 日世界未来能源峰会上的讲话,2012 年 1 月 16 日,见新华网。

综上,我们按照 2007 年决策部门提出的能源战略思路,并根据 2012 年能源政策内容新概括,提出能源的五大子战略。在我们多次比较与讨论中,窃以为这样的修改和完善,可能更能体现针对性和紧迫性,更能强调为经济中长期发展服务的可持续性。而且,五大子战略都以两个字概括,"**节能、绿色、结构、安全、改革**",上口易记,传广流远,便利相关方面共识共力。总之,我们希望努力以更简明的概括,更突出的分类,以强化战略意识和集中战略目标。

值得我们高度重视与关注的还有中国工程院的能源战略研究报告。2008 年中国工程院组织国内最杰出的一批能源专家开展了"中国能源中长期(2030、2050)发展战略研究"。经过两年多时间的努力,他们完成了项目综合报告和各课题研究报告,共包括四大卷:综合卷、节能·煤炭卷、电力·油气·核能·环境卷、可再生能源卷。报告系统地研究了各种主要能源发展的战略思路、目标、重点、路线图和科技支撑,以及多项政策措施和体制保障建议。报告已于 2011 年由科学出版社正式出版。在报告的综合卷"前言"中,作者们把我国中长期能源发展总体战略概括为"科学、绿色、低碳",并包括六个子战略:第一是强化节能优先、总量控制战略;第二是煤炭的科学开发、洁净高效利用和地位调整战略;第三是确保石油、天然气的战略地位,把天然气作为能源结构调整的重点之一;第四是积极、加快、有序发展水电,大力发展非水可再生能源,使之成为我国绿色能源支柱之一;第五是积极发展核电是我国能源的长期重大战略选择,核电可以成为我国能源的一个绿色支柱;第六是发展中国特色的高效安全(智能)电力系统,适应新能源大规模集中和分布式开发、用电方式转变和储能技术规模化利用。

显然,这份报告非常有价值,尤其是在对各种能源的深入分析上有精辟的见解。但是,需要指出的是,由于受到课题分组的影响,因此,在形成子战略时,出现了按煤炭、石油、水电、核电、新能源等分类的战略,这种战略的分类,显然还需要有更上一层的概括,换言之,这五个子战略,实际上就全包括进了**能源结构战略**。"科学、绿色、低碳"作为能源总体战略,似也不能令人满足。"绿色"与"低碳",接近程度很高,可归并;"科学"作为能源战略,太抽象了。我们又看到,报告进一步把"总体战略"解析为"基本思想"即概括为"**加快调**

控转型,强化节能优先,实行总量控制,保障合理需求,优化多元结构,实现绿色低碳,科技创新引领,体系经济高效"。正确但太长,而对"科学"的发挥泛了点;当然"绿色"与"低碳"并一起倒很有必要。但"总体战略"与"基本思想"进而与"六大子战略"的关系实在需要有更多的解释,实在不是很清晰。我们想说的是,能源专家和相关者在看到"**节能、绿色、安全、结构、改革**"五大战略时,可能比理解"**科学、绿色、低碳**"的能源总体战略和基本思想会更明确一些。

当然,我要强调指出,科学家们的实实在在的能源研究成果太宝贵了,不论战略如何概括是否精当,离开科学家的深入调研与精准判断,能源研究就失去了基础。可以说,对决策者来说,可以不采纳我们的观点,但绝不能忽视科学家的重大成果。或者,让有价值的成果互补与综合。

第三节　进一步阐释"能源五指战略"

从"实现自给自足"到"引进来",再从"走出去"到"多元化"再到"节约优先、立足国内、多元发展、保护环境",中国能源战略的演进清楚地展现出一个从被迫开放到主动改革的过程,既反映出时代潮流与国际经济格局的变化,也与我国在不同时期的国家经济发展战略密切相关。在全面分析国内外能源新形势基础上,在认真分析已有能源战略的优长与不足基础上,我们不揣冒昧,以学者的责任,将我国在2030年前的能源战略概括为实施"节能、绿色、结构、安全、改革"五指合拳的能源战略。下面分述之:

一、战略之一:节能战略

中国在20世纪80年代就提出"节约与开发并重,把节约放在优先地位"的能源发展总方针。中国的节能战略在实践中逐步形成,政府在推进节能降耗工作中出台了很多政策措施,也取得了不错的效果。1981—2011年,中国能源消费以年均5.82%的增长,支撑了国民经济年均10%的增长。2006—2011年,万元国内生产总值能耗累计下降20.7%,实现节能7.1亿吨标准煤。①

但是,我们要看到,中国节能降耗水平与先进国家相比,差距仍然很大。我国人均能源消费已达到世界平均水平,但人均国内生产总值仅为世界平均水平的一半。中国国内生产总值占全世界的 GDP 9%左右,但是我们能源消费占到了 19%。我们国家单位 GDP 能耗是世界平均水平的 2.5 倍,美国的 3.3 倍,日本的 7 倍,也高于巴西、墨西哥等发展中国家。我国钢铁、有色、建材、化工四大高载能产业用能约占能源消费总量的一半,能源密集型产业低水平过度发展,服务业发展滞后。中国主要产品的能耗与先进水平比也有很大差距,像钢差距在 11%左右,水泥综合能耗差距在 23%左右,造纸行业差距更大。② 中国的能源利用效率中有着巨大的节约空间。安邦研究人员做了简单匡算,如果 2009 年的中国能耗下降到世界平均水平,中国减少的能源消耗大约为 7.25 亿吨油当量,按 1 美元兑 6.56 元人民币的汇率算,相当于 30800 亿元人民币,相当于 2010 年全国财政收入的近 38%。③ 中国能源生产总量连续六年(2006—2011)居世界第一,2011 年,中国一次能源生产总量达到 31.8 亿吨标准煤,其中,原煤产量 35.2 亿吨,原油产量稳定在 2 亿吨,成品油产量 2.7 亿吨。天然气产量达到 1031 亿立方米。④ 显然,如此大规模的供给能力,节能意义非同寻常。正因为如此,节约能源被专家视为与煤炭、石油、天然气和电力同等重要的"第五能源"。

我们正在努力实施能源强度和消费总量双控制,但更重要的是,要在节能战略的推动下,结构节能、技术节能、管理节能、改革节能、法治节能、全民节能⑤,切实推进工业节能、建筑节能、交通节能,努力构建节能型的生产消费体

---

① 中华人民共和国国务院新闻办公室:《中国的能源政策白皮书 2012》,新华社,2012 年 10 月 24 日。

② 《国家能源局副局长吴吟在 2012 年 5 月 23 日第十五届科博会中国能源战略高层论坛上的报告》,2012 年 6 月 4 日,见新浪财经微博 http://www.sina.com.cn。

③ 贺军:《中国能源战略应做重大调整》,《上海国资》2011 年 4 月 29 日。

④ 中华人民共和国国务院新闻办公室:《中国的能源政策白皮书 2012》,新华社,2012 年 10 月 24 日。

⑤ 夏义善主编:《中国国际能源发展战略研究》,世界知识出版社 2009 年版,第 283—284 页。

系,构建节能型国家和和节约型社会。

二、战略之二:绿色战略

中国积极发展新能源和可再生能源。2011 年,全国水电装机容量达到 2.3 亿千瓦,居世界第一。核电在建机组 26 台、装机容量 2924 万千瓦,在建规模居世界首位。风电并网装机容量达到 4700 万千瓦,居世界第一。光伏发电增长强劲,装机容量达到 300 万千瓦。太阳能热水器集热面积超过 2 亿平方米。非化石能源占一次能源消费的比重达到 8%,每年减排二氧化碳 6 亿吨以上。

但是,新能源在能源结构中所占的比重还不超过 10%,意味着发展空间巨大。哈佛大学环境学教授麦克尔罗伊(M.B.McElroy)在其《能源——展望、挑战与机遇》①一书中对太阳能是如此介绍的:"地球每年吸收的太阳能总量是 366 万夸特②。相比之下,2005 年全球消费的总能量是 460 夸特(Energy Informathrtion Administration,ETA,2007),只比地球吸收太阳能总量的万分之一高一点。"在谈到风能时麦克尔罗伊教授又引用阿彻和各布森(Archer 和 Jacobsen,2005)估计,"如果将世界上的所有风力资源都用于发电,那么,其中的 20%就可达 420 夸特,这相当于目前全球使用的各种形式能量的总和,或是人类目前总用电量的 7 倍多"。美国北卡莱罗纳州 Semprius 公司 2011 年宣布制成世界上最高效的太阳能板,能将阳光的 33.9%转化成电能,这意味着,未来有一天太阳能发电成本之低将可真正取代化石燃料。③ 科学家们的测算结果是多么惊人,企业家的科技创新多么令人惊叹,它们为我们展示出来的前景,不知是可望而不可及的幻想,还是也应鼓舞我们为努力获取新能源而奋斗之。我们看到,发达国家在节能、低碳、储能、智能等关键技术方面加大投入,欧盟

---

① 麦克尔罗伊(M.B.McElroy):《能源——展望、挑战与机遇》,王聿绚等译,科学出版社 2011 年版。

② 夸特是计量能量的单位。商品能源最常用的单位是英热单位(Btu),然而,以英热单位来衡量全球或某个国家的能源总量很不方便,在这种情况下较常用的单位是夸特。2001 年美国能源消费总量是 98 夸特,相当于人均 3.3×10^8 英热单位。

③ 田丰:《新能源战略能拯救美国吗》,《证券时报》2012 年 7 月 5 日。

全力启动能源技术开发,在可再生能源上不久将来可能有重大进展。我们也必须在绿色能源上有大的突破,敢于争先。

要指出,我们这里提出的能源绿色战略,不仅仅指发展绿色能源即发展包括可再生能源的新能源如太阳能、风能、生物能等,还包括传统能源的绿色化。因此,我们在全力提高这个比例的同时,一定不能忘记了占更大比重的传统能源的绿色化问题。事实上,能源绿色战略可理解为能源在生产、消费过程中的清洁、低碳与可持续,这里既包括发展太阳能、风能等新能源,也包括石油、天然气等传统能源的绿色化问题。

能源绿色战略的核心思想是:人类不应该通过减少绿色来获取能源,而应该通过增加绿色来获取能源。其主要包括四个方面的内容,即能源的绿色生产、能源的绿色技术、能源的绿色消费、能源绿色战略中的执行主体。这里,绿色主要指广义的环境保护和资源生态可持续,而不仅仅指狭义的植物绿色。能源绿色战略的思想早在《中华人民共和国国民经济和社会发展第十一个五年规划纲要》中便有所体现,其要求"十一五"期间主要污染物排放总量减少10%,在环境保护、能源产业的各种规章制度中也均有规定。但今天,我们更加凝练思路与做法,聚焦社会对绿色能源尤其是能源绿色的关注,比如,绿色消费就要回答:电动汽车与天然气汽车(LNG)到底如何规划与发展?从光伏电池出口受阻看扩大国内需求加快新能源建设速度等。以上就是强调能源绿色战略的原因。

三、战略之三:结构战略

结构战略旨在解决能源发展的先后轻重及能源战略布局。调整能源结构是能源发展战略的重要组成部分,是我国转变经济生产方式和经济增长方式的重要举措。结构战略非常重要,其包括内容之多,立论之细,分析之深,几乎要接近一部完整的能源规划了。

首先是能源多元化及各自贡献合理化。化石能源与新能源有结构问题,化石能源本身也有结构问题。页岩气、煤层气和页岩油等非常规资源开发的进展,对化石能源结构的认识有很大推动。《中国能源发展报告2011》指出,2010年我国煤炭在一次能源消费结构中占70.9%,天然气和非化石能源分别占 4.3%和 8.3%。工程院的报告指出,煤炭在化石能源中碳排放强度最高,石油次之,而天然气排放强度较低。核电、水电、其他可再生能源可以近似为不排放温室气体。① 面对这个基本格局,显然,我们要研究作为人均化石能源拥有量远低于世界平均水平的国家,面对化石燃料的燃烧产生的环境污染问题,化石能源使用比重应否降低? 降至多少为宜? 可再生能源比重应提高多少为好? 是否应坚持以煤炭为主体、电力为中心、油气和新能源全面发展的结构战略? 核电如何解决好核燃料和核废料处理问题,页岩气的开采如何防止污染水资源,风电建设如何解决好大规模储能问题,"少用煤多用气"有多大价值等,都是能源结构战略题中之义。

麦克尔罗伊(M.B.McElroy)在其《能源——展望、挑战与机遇》中对美国、英国和加拿大三个发达国家的能源最终利用形式进行的概括,认为这三国交通部门占能源总需求量的比例在 31%—41%之间;工业部门所占比例从英国的 20%到加拿大的 33%;住宅\商业部门所占比例从加拿大的 20%到美国和英国的 33%,变化范围都不大。但他指出,中国具有明显不同的能源模式。2000 年,中国工业部门占到能源总消耗量的 50%,而交通部门只占 9%。然而,中国的经济结构正在迅速发生转变,交通部门对石油的需求以每年 10%的速度高速增长。他的分析有道理吗? 美国能源使用结构对中国有参考价值吗?

其次,能源的区域开发及产消的合理化也非常重要。以油气为例,海上开发是否应先南海、东海,后渤海? 陆上,是否应先边疆后内陆? 问题很复杂,但不能没有战略思考。水电建设是否也要从区域角度提升为全国角度、大流域角度、甚至政经合一角度来分析。同样,作为一个大国,能源的城乡发展与协调,能源的国内外来源比重及调整,能源供需的逆向分布及能源运输中如何避免跨区间的巡回运输也都是非常重要的。总之,结构战略是一个大战略,涉及面很多。国际能源博弈的较量,不是规模的对撞,是结构和质量的硬比较。

多能源合理开采与利用是结构问题,我们的加油站能否并进加气也是一

---

① 国家工程院:《中国能源中长期(2030、2050)发展战略研究——综合卷》,科学出版社 2011 版,第 22 页。

个使用结构合理化的问题。我们在提倡新能源汽车,但充电桩这类基础设施应由谁来考虑,企业和政府如何分工,都需要研究。

四、战略之四:安全战略

在经济全球化背景下,在中国政治经济转型期,中国面临的能源安全形势不容乐观,外有隐患,内有坎坷。真正的能源安全,就包括着能源资源的持续供给、能源价格的可承受和能源生产和使用的环境可持续。换言之,能源能否保证国家生存与发展正常的稳定的持续的需求,能源的生产和消费能否保障生存与发展环境不受到破坏,能源供应能否不因国际油价巨变而陷入困境。

从中国的具体国情出发,利用国内外两种资源是必然选择,但是要强调多元化,合作多元,来源多元,品种多元,通道多元。尽管中国石油的对外投资与大量购买对国际市场影响有限,比如,2010年,中国油企控股的海外油田产量只占到全球石油出口的2%左右。到2020年,中国海外控股油田产量最乐观的预计为每天200万桶,而全球石油供应将保持每天7000万桶,这样的产量将稳定持续到2035年。此外,中国与伊朗、俄罗斯等国的贷款换石油协议所涉及的金额和数量,远不足以使中国影响全球石油市场格局。但是,那种"中国可能扭曲全球石油供应、威胁其他国家能源安全"的论调仍然广泛传播,损坏着中国能源的外部环境。作为能源消费大国的中国在目前世界能源治理框架下仍缺乏与大国地位相应的话语权。中国能源走出去,出去多少为好?是控股好、参股好、购买产品合同分成好?这些均要作为重大问题来研究。我们看到,我国对进口油气资源的依赖程度不断加深,石油对外依存度从本世纪初的32%上升至目前的57%[1]。而进口来源结构风险系数高,运输通道安全系数低,"价格避险"能力弱,获取海外石油资源的制约因素多,均是中国能源安全的忧患之处。[2] 我们在国外的石油投资有成功也不少失败,要会诊得出新策略。还要有应对突发事件战略石油储备。

---

① 中华人民共和国国务院新闻办公室:《中国的能源政策白皮书2012》,新华社,2012年10月24日。
② 夏义善主编:《中国国际能源发展战略研究》,世界知识出版社2009年版,第169—176页。

为保证能源安全,实施能源消费强度和总量双控制是非常必要的。不考虑能源需求,五天建一楼,一月建一城,年年升高进口能源比重,这种发展是可怕的,这关系到能源安全的基础。能源安全与其它子战略是紧密相关的,能源结构、开源提效、能源使用、能源进口、国内能源消费、能源战略储备,都是能源安全的重要因素。能源消费快速与能源生产后劲不足,能源消费结构不能满足环境保护的要求,这是安全的致命内在隐患。

中国作为一个被妖魔化为对世界有威胁的新崛起大国,既要强调对外合作,更要强调立足国内。内外并举,多元发展。为了解决能源安全中存在的问题,需要形成与发展中大国相符的能源安全战略思想,形成中长期能源安全战略体系。作为发展中大国,能源安全是我国永恒的关注。

五、战略之五:改革战略

节能提效、绿色发展、结构优化、安全部署,都需要制度保障,因此,如何完善和改革能源管理体制,形成高效的长效的能源运行机制,就是非常重要的。这里,我们强调提出能源改革战略。此处所谓的"改革",不仅指竞争性市场本身,还包括政府职能的有效发挥。

经过 30 多年的改革,我国的能源体制已经突破了"政企合一、高度集中、行政垄断"的政府部门直接经营模式,初步形成"政企分开、主体多元、国企主导"的能源产业组织格局。但是总体上,政企分开没有真正实现;市场结构不够合理,有待进一步重组;价格机制尚不完善,仍然依靠行政手段配置资源,能源价格机制未能完全反映资源稀缺程度、供求关系和环境成本;行业管理仍较薄弱,能源行业普遍服务水平亟待提高;政府管理不够科学,职能越位、缺位、不到位现象普遍存在。转变经济发展方式为什么很难,很大原因在体制上。政府与市场关系摆不对,政府有积极性,企业没有动力,那就只会形成一大堆的口号,不能产生实际效果。

应设立能源统一主管部门,全面负责制定能源战略。用战略指导规划,规划落实战略。有太多的事情需要政府决策,如国家重点能源基地的建设与合理布局如何开展?中国所有核电站周围的人口都超过 100 万,如何保证安全?如何通过税收、价格、信贷以及财政支付等政策的手段支持能源产业发展与能源合理布局？大城市交通用油问题如何解决？中国要不要搞 LNG 的现货市场？能源行业的具体改革，能否以电力改革为突破口，取消煤炭价格双轨制，率先实现煤炭和电力两个行业的改革？油气行业改革亟待破题，市场竞争亟待加强，是否要提出，油气行业需要脱胎换骨但不能粉身碎骨？市场机制自身难以处理一些能源开发利用过程中的重要问题，只有在政府提供平等竞争和有效保护产权的规则，抑制和校正环境外部性，并对垄断行为加以监管的情形下，使"看不见的手"和"看得见的手"有机结合，市场竞争机制才能有效发挥作用。

这里特别要指出的是，对能源领域国有垄断的批评既要吸取，也不能盲从。我们赞成反对能源领域垄断组织的垄断行为，尤其是行政性垄断，但反对否定能源领域国有"垄断"组织存在与发展的合理性。组织规模"大"不是坏事，"大"而长期弱且压"小"就有问题。能源领域的改革必须分步分层进行，特别要注重推进销售环节的改革。比如，石油行业是垄断和竞争交织的复合型市场结构，因此，该垄断的环节要坚持垄断，但必须有法律根据，必须有充分理由，必须有实现何种垄断的具体法规。同样，竞争部分和环节就要充分竞争，形成市场平等竞争的环境和条件，并有法律保障。这里要强调，在缺乏法律程序与法律监督下，要防止利益集团打着能源企业改革的旗号化公为私，谋取个人或小集团的利益。国家应在保持现有国有能源大型企业同时，进一步明确其责权利，明确政府与资源央企的关系，要在人大常委会中设国有企业委员会，代表人民审议与监管；国资委只能代表政府来行使相关的管理权。同时要指出，民营企业如何进入能源产业是个大问题，必须回答，这是社会主义市场经济的必然发展趋势。

本报告力争在明确能源改革战略的概念和意义的基础上，深入分析我国能源改革的现状与问题，总结我国能源改革进程中的经验和教训，立足国情，提出深化我国能源改革改革的思路和建议。

综上，我们提出的"五指"战略，实际上是在已有的能源战略基础上进行的提炼。正因为已有大量的非常有价值的研究成果，因此，我们提出的这五大战略是立足于众多专家已有的成果上，因而具有相当的现实性和可行性。

第四节　节能、绿色、结构、安全、改革的
"五指合拳"——能源总战略

"节能、绿色、结构、安全、改革"五个子战略的统筹协调,就构成了"五指合拳"的能源总战略。"五指合拳"这一能源新战略,有一个明确的目标,旨在构建安全、稳定、经济、清洁的现代能源产业体系,构建在动荡的世界中立于不败之地的能源体系,构建可为子孙后代造福的能源体系。

现在,需要对"五指合拳"进行一番讨论,看"五指"能否"合拳"?

首先,"五指"能"合拳",关键是五个战略都服从国际博弈的需要,因而子战略本身具有内在一致性,这是能"合拳"的内在因素。

制定能源战略,必须重视国际化背景。近 10 年来,能源国际化战略是中国能源界讨论的最重要话题。从石油完全自给到利用国际国内两个市场,从"引进来"到"走出去"再到"多元化",我们看到能源国际化战略在一步步深入。今天,面对能源国情世情新变化,讨论能源战略,这本身就是以国际化为背景展开的。五大子战略均须贯穿国际化的要求,正是在这个意义上,不单独列出"能源国际化战略",不是忽视而是升高了能源战略的国际化思路。

在能源战略上,我们要强调"大国能源安全论"。早在 2005 年,受中国国情研究会委托,我们承担了《我国经济发展所处阶段、特点和规律》课题研究,并完成和提交了研究报告。① 基于经济发展阶段的特征,报告不仅提出我国经济发展处于"工业化和城市化'双中期'区间"的判断;并提出了中国经济发展战略思路,提出了对外的大国战略。报告指出,既然我们已处在工业化、城市化"双中期区间",既然我们已成为世界举足轻重的大国,我们就应立足大国国情,产生相应的战略。报告提出大国安全论、大国权责论和大国外援论。在"大国安全论"中特别提出,从历史上看,政治经济新大国产生,将对世界上旧有的大国格局有重大影响,因此,已有的大国将会或明或暗地制定针对新大

---

① 　李晓西等:《新世纪中国经济报告——综合篇》,人民出版社 2006 年版,第 18 页。

国的政治经济战略。中国发展的国际环境是研究能源战略的基础。随着日本军国主义思潮和行动的主流化,随着中国与日本在国际政治经济领域主导权之争的加剧,随着中日围绕领海领土之争的尖锐化,随着日本领导层日益以进攻姿态对待中国,迫使我们不得不提出要防止日本威胁中国政治经济的防卫战略和应对策略来。美国是一个号称民主的国家,第二次世界大战是中国的盟国,是日本的敌国。美国上层对日本军国主义复活也是有所警惕的。加强与美国的沟通与理解,拆散或钝化日美的军事合作是非常重要的。中国对欧盟的合作是有共识的,也是有成效的,坚持下去很重要。大国安全是多方面的,能源安全、金融安全及各种经济安全,也有政治安全,都需要进一步研究。总之,要保证中国整体发展的稳定性,防止出现打乱中华民族在工业化、城市化中期基础上的腾飞进程。① 在报告正式出版稿中,还提到了"稳定周边"的建议。② 以上所提,距今七年了,但形势完全如当年所言,且更令人担忧。

我们建议,加大力度研究分析欧美、日、俄能源战略及对我的方针,明确今后 10 年的战略应对方针,把政治、经济、外交和能源统筹加以分析与预测。特别是以钓鱼岛争端为契机,开展有争议海域油气资源开采的全方位准备工作,排列出东海、南海、内陆的能源重点开采顺序,作为我国能源战略的重要部分。

其次,"五指"能"合拳",关键是五个战略都服从国家经济与社会发展战略的需要。

国民经济和社会发展的战略,事关一国全局性、长期性的部署和谋划,是各类战略的总纲,能源战略则是整个国家战略的重要组成部分,下面,我们以党的十八大报告和政府的"十二五"规划为主要根据,来看能源战略的定位。

刚闭幕的党的十八大指出:当前,世情、国情、党情继续发生深刻变化,我们面临的发展机遇和风险挑战前所未有。全面建成小康社会,必须以更大的政治勇气和智慧,不失时机深化重要领域改革。面对资源约束趋紧、环境污染严重、生态系统退化的严峻形势,必须树立尊重自然、顺应自然、保护自然的生态文明理念,把生态文明建设放在突出地位,融入经济建设、政治建设、文化建

---

① 李晓西等:《我国经济发展所处阶段、特点和规律》报告,提交中国国情研究会稿。
② 李晓西等:《新世纪中国经济报告——综合篇》,人民出版社 2006 年版,第 18 页。

设、社会建设各方面和全过程,努力建设美丽中国,实现中华民族永续发展。十八大报告提出,今后要"着力推进绿色发展、循环发展、低碳发展,形成节约资源和保护环境的空间格局、产业结构、生产方式、生活方式","资源节约型、环境友好型社会建设取得重大进展",这为我们进一步思考与完善中国能源战略提供了方向。十七大报告在"必须坚持统筹兼顾"的论述中,除了阐述统筹城乡发展、区域发展、经济社会发展、人与自然和谐发展、国内发展和对外开放"五个统筹"之外,还特别提出"统筹国内国际两个大局"。这些表明,树立世界眼光,加强战略思维,善于从国际形势发展变化中把握发展机遇,应对风险,是确定能源战略的指导思想。显然,"节能、绿色、结构、安全、改革"的能源战略符合转变发展方式的要求,是国家发展战略在能源领域的要求和体现。

"十二五"规划对国内外形势有深刻的分析,认为:"十二五"时期,世情国情继续发生深刻变化,世界多极化、经济全球化深入发展,世界经济政治格局出现新变化,围绕市场、资源、人才、技术、标准等的竞争更加激烈,各种形式的保护主义抬头,气候变化以及能源资源安全等全球性问题更加突出……从国内看,工业化、信息化、城镇化、市场化、国际化深入发展,我国发展中不平衡、不协调、不可持续问题依然突出,经济增长的资源环境约束强化,我国经济社会发展呈现新的阶段性特征。我国发展既面临难得的历史机遇,也面对诸多可以预见和难以预见的风险挑战。要增强机遇意识和忧患意识。

推进工业化、城镇化、农业现代化意味着什么?意味着需要有更多的能源来支持。怎么办?就需要节能、优化能源结构,发展绿色能源。能源结构战略,有赖于国民经济经济结构优化。在国民经济中,大力发展节能环保产业,不失时机地发展新能源等新产业,才能真正促进能源结构的优化。世情国情的深刻变化,就要求有新的能源安全战略。没有世界的能源安全就没有中国的能源安全,没有包括石油在内的各类能源的安全也没有中国的能源安全。综上,我们再次强调,需要一个"节能、绿色、结构、安全、改革"的能源战略。

最后,"五指"能"合拳",关键是五个子战略可以协调。

"五指"要"合拳",必须在分类概括时明确子战略的关系,明确子战略与总战略、与能源规划、与能源政策的关系。

五个子战略是否包括了决策部门对能源方针和具体领域的大思路?回答

是肯定的,我们已查阅了这方面的文献,全面仔细地进行过分析,这在本书上面已专门讨论过。五个子战略能否可独立的存在? 回答是完全可以的,子战略各自具有非兼容的品格,不需要再合并。节能、绿色、结构、安全、改革这五个子战略作为有机整体的组成部分,又各有各的位置。节能减排增效作为我国能源战略的首要选择,是重中之重;能源绿色战略是加速经济转型,实现绿色发展的必由之路,是能源战略的灵魂;能源结构调整与优化是实施战略的关键环节,是可持续能源体系得以实现的途径;保障能源安全是能源战略的核心内容和主要目的,是能源战略的主题、动力和标准,是其他四个部分的出发点和归宿;能源改革是完善社会主义市场经济体制的内在要求,也是能源战略的体制保障。另一方面可以说,能源战略的五个部分之间相互联系,相互促进,相互作用,形成了"五指合拳",形成一个有机统一的整体。各个子战略间有着互相影响甚至你中有我的关系。例如,能否在保证经济发展的同时提高环境质量已经成为衡量国家是否实现能源安全的重要标准之一。再例如,人们常常把能源主要是石油的对外依存度高低视为能源安全的标准,但世界上有依存度很高的国家同样有高的能源安全度,这是为什么? 就是因为安全战略背后有着节能、结构、绿色等战略在支撑。这就是辩证的关系。在各个子战略的关系里,改革是关键,改革战略推动各个战略的顺利实施。

能源总战略与子战略,均是以中长期为考虑的基点,但总战略更强调通盘布局的大思路;而子战略重在以解决能源的重大实际问题为目标来设计;总体战略中含有战略目的内容,而子战略中多突出的是战略手段。总战略力求要明确对手,有"打仗"和博弈准备,要立足博斗;力求明确博弈前的关键配置,如能源战略的管理,战略科学家、战略企业家和战略管理者的配置,随之还有很多其他的配置问题;要力求明确能源斗争史,要有历史观,战略就是中长期的。30年后化石能源还会找到,那50年呢? 100年呢? 这必须在战略上考虑!

国家能源规划是实施国家能源战略的阶段性行动方案。能源规划重在当前,重在五年期;能源战略重在中长期,甚至更久远。能源规划要特别务实,要能操作;能源战略要在了解能源形势基础上,强调方向,强调思路,甚至强调文化。国家能源规划应当规定规划期内能源发展的发展指标、阶段性任务、产业布局、重点项目、政策措施等,而能源战略强调高瞻远瞩,强调处理好国家间能源供求关系,甚至要分析大国间的政治与外交关系。能源规划中包括着实施措施,尤其是保障措施。其中,能源政策就是最重要的内容。比如,能源的财税政策、金融政策、产业政策、价格政策等,都是保障规划实现或说保障能源战略一步步落实的重大安排,也是使子战略能协调发挥作用的实际调控力。这里要指出,在能源规划方面,我们完全接受并以实际部门以及能源专家们的研究成果为考虑问题的出发点。

"五指"能"合拳"还有一条重要的红线,那就是技术的力量。科技创新将贯穿到能源战略及其子战略中。不论是节能、绿色、安全、结构,均离不开科技的支持,离不开科技创新的导引。依靠能源科技进步,增强自主创新能力,提升引进技术消化吸收和再创新能力,突破能源发展的技术瓶颈,才能开创能源开发利用新途径。因此,科技创新的进展将使五大子战略更具有合力,更能发挥作用。

我们相信,在新一届党中央、国务院的领导下,全党全民树立危机意识,勇于和善于应对挑战,把握机遇,统筹各方,同心同力,全面落实经济建设、政治建设、文化建设、社会建设、生态文明建设五位一体总体布局,一定会建设起绿色和可持续发展的能源新体系,一定会创造中国人民和中华民族更加幸福美好的未来!

第一章 世界能源格局:四大趋势

世界能源格局是世界政治经济格局的重要组成部分,它反映了世界能源供求大国及其主导的国家集团的能源实力结构和能源战略关系。同时,世界能源格局又受制于世界政治经济格局①,世界利益相关的各方通过竞争、合作、谈判等方式在能源生产、交换、消费、分配问题上达到的暂时均衡。

在 20 世纪世界能源格局完成了从以煤炭为主向以石油为主的转换。进入本世纪以来,全球气候变暖的压力下,能源创新正在推动世界能源发展格局快速变革。本章将描述世界能源大变局的四个主要趋势性特征,指出世界能源格局变革对中国带来的挑战。

第一节 全球气候变化推动能源利用低碳化

以往的、特别是工业革命以来的人类能源利用方式累积起来,导致了空气中二氧化碳含量的上升和全球气候变暖;目前全球气候变暖的多重严重后果已经引起世界范围内的关注,这直接影响着世界能源格局向清洁低碳方向发展。

---

① 如大国主导的世界统一市场形成,经济全球化浪潮再次出现;美国依然是大国当中实力和"权力"最大的一个,到目前为止还没有哪个国家能够挑战美国的地位,但其地位在相对下降;个别国家在特定领域拥有优势,如俄罗斯的军事力量,中东国家的石油资源,中国的人口规模等。这些因素对于世界能源格局都有重要影响。

一、全球气候变暖的原因

世界能源消费长期以来以煤、石油、天然气等化石燃料为主,如图 1-1 所示,自 1965 年以来化石燃料的比重长期保持在 90%左右,尽管到 21 世纪,核能、水电和可再生能源的比重略有上升,化石能源仍然占据主导地位。根据 BP 世界能源统计,2011 年世界一次能源消费总量中,石油占 33.1%,煤炭占 30.3%,天然气占 23.7%;而核能仅占 4.9%,水电仅占 6.4%,可再生能源仅占 1.65%。可见,在目前的世界能源格局中处于主位的仍然是不可再生能源:石油、煤炭和天然气,3 项合计共占能源消费的 87.1%。[①]

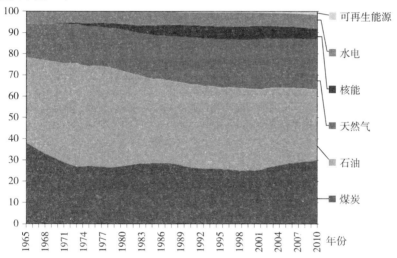

消费量（单位：%）

图 1-1　1965—2011 年世界能源消费结构图

数据来源:BP 世界能源统计 2012。

人类以化石燃料为主的能源消费结构在短期内很难改变,而其消费总量也是有增无减。对化石燃料的如此依赖和消耗,给人类提出了各种各样的挑战,如高投入、空气污染、全球变暖、安全危机、资源枯竭和不公平等。其中,当前最大的挑战,或者说最让全人类感到危机的挑战是全球气候变暖。

能源相关活动(主要是化石燃料的燃烧)产生的 CO_2 排放,占人类活动产

①　BP 世界能源统计 2012,见 http://www.BP.com。

生 CO_2 总量的 78%，甲烷则占 23%，而 CO_2 和 CH_4 两种气体造成的全球气候变暖占所有温室气体的 80%。科学家们认为，20 世纪以来尤其是近十年来的全球气温升高主要是由人类活动引起的（IPCC，2001a），而对化石燃料的大量燃烧则是首要原因。

排放量（单位：百万吨）

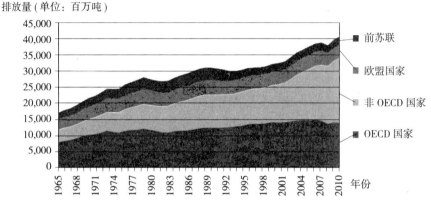

图 1-2   1965—2011 年世界主要地区 CO_2 排放趋势

数据来源：BP 世界能源统计 2012。

与工业化之前相比，大气中的 CO_2 浓度增加了 31%，甲烷增加了 151%。今天，空气中 CO_2 浓度比过去 42 万年来任何时候都高，其增长速度至少在过去 2 万年来是前所未有的（IPCC，2001a）。全球变暖给人类带来了一系列负面影响，包括更频繁的气候灾害如干旱、洪水和热浪等，导致人员死亡、财产损坏和农作物损失。全球变暖还使海平面升高，在 20 世纪平均升高了约 0.1—0.2m，这对岛国和沿海地区极为不利。此外，全球变暖使冰川后退，极地冰冠收缩，并危及珊瑚礁、环礁、红树林、北半球和热带的森林等脆弱的自然系统（IPCC，2001b；DOS，2002）。

如果目前这种能源供求趋势延续下去，全球气候将会显著变暖。随着以化石燃料为主的能源消耗高速增长，2050 年世界 CO_2 排放量将增长 2—2.5 倍，2100 年将增长 2.5—3.5 倍。CO_2 排放量增加后，海洋和陆地吸收的比例随之减小，致使 CO_2 加速在大气中累积，到 2100 年其浓度将达到 700—970ppmv（IPCC，2001a），相当于工业化之前的 2.5—3.5 倍。最新预测表明，

CO_2 和其他温室气体排放增加的共同结果是,到 2100 年,平均地表温度将升高 $1.4℃ — 5.8℃$(IPCC,2001a)。

二、全球气候变暖的负面影响

全球气候变暖对人类的生存和发展条件提出了严峻挑战。根据预测,能源消费在 21 世纪引起的气候变暖,可能会对生态系统带来不可逆转的灾难,包括向北大西洋输送暖流的大洋环流将大大减慢甚至停止,南极西部冰层坍塌有可能使海平面升高数米,碳循环反馈可能造成"无法控制的全球变暖",永冻地区可能释放碳,海底沉淀的水和物释放甲烷等(Holdren and Smith,2000)。目前这些变化发生的可能性还不清楚,很可能极小。但如果 21 世纪及以后大气中的 CO_2 迅速增加,气温显著升高,上述可能性将随之加大。

即使上述灾难不发生,不断增加的 CO_2 排放和持续的全球气候变暖,也将在今后几个世纪导致极地冰原融化和海洋热膨胀,使一千年后海平面升高数米,将淹没大片陆地,虽然这一结果不会立即出现,因为海平面上升在时间上会滞后于全球变暖,但近期的影响则是造成气温升高。这对人类提出严峻挑战。因此,人类迫切需要改变现有的能源消费方式和结构,减少对化石燃料的需求和依赖。

三、世界能源消费低碳化

大气中 CO_2 浓度升高带来的全球气候变暖及其严重影响在 20 世纪 90 年代开始引起世界的广泛关注。但低碳发展方向,则是进入 21 世纪以来,特别是全球金融危机以来确立的新方向。在危机期间,世界主要经济体先后出台了相近的政策或战略,推动能源利用效率进一步提高,能源生产过程的清洁化,清洁能源种类的多样化和清洁能源消费比例最大化。预计到 2025 年,在世界能源消费结构中,煤炭的比例将下降到 21.72%;天然气将上升到 28.4%;石油的比例将维持在 37.6% — 37.9%。

我们在这里简要介绍国际社会的相关政策。

1992 年 6 月,在联合国环境与发展大会上,150 多个国家制定了《联合国气候变化框架公约》,目标是将大气中的温室气体浓度稳定在不对气候系统造成危害的水平。1997 年 12 月,在《联合国气候变化框架公约》第三次大会上,参加国通过《联合国气候变化框架公约》的补充条款,即《京都议定书》。其中明确提出了有关温室气体排放的目标,各国责任的承担,以及实现机制。2007 年 12 月,联合国气候变化大会制订了应对气候变化的"巴厘岛路线图",要求发达国家在 2020 年前将温室气体减排 25% 至 40%。2008 年 7 月,八国领导人表示,将努力争取实现在 2050 年将全球温室气体排放减少 50% 的长期目标。2009 年 9 月 G20 领导人在美国匹兹堡会议上提出"在中期内理顺并逐步停止鼓励过度消费的化石能源补贴",要求 G20 各国的财政和能源部长制定出本国规范和取消补贴的措施和时间表。2012 年联合国可持续发展大会(里约+20 峰会)强调要在可持续发展和消除贫困的背景下发展绿色经济,并制定可持续发展的体制框架。大会还提出了世界各国需要遵循以下包含指示性目标与时间节点的路线图:第一阶段(2012—2015 年),制订相应指标和措施评估实行绿色经济进展,建立技术转让、技术和知识分享和提升能力的各项机制;第二阶段(2015—2030 年),发展绿色经济,并定期评估实施进展;第三阶段(2030 年),全面评估绿色经济的发展状况。① 原中国人民银行副行长、现国际货币基金组织副总裁朱民在这次会上呼吁取消能源补贴,指出 2010 年全世界在能源上的补贴达到了 4000 多亿美元,一些国家的补贴平均达到了 GDP 的 2.3%,且收入最高的 20% 人群得到的能源补贴总额比低收入者高出 60%,这对提高能效、改变能源消费习惯和减轻贫富分化产生了不利的刺激。②

正是在这种背景下,2008 年以来,世界主要国家为应对全球金融危机,都将刺激经济的重点放在推动经济向低碳方向转型上,能源变革又是核心。

如 2009 年 1 月,奥巴马提出的"美国复兴和再投资计划"以发展新能源作为投资重点,2 月正式出台《美国复苏与再投资法案》,主要用于新能源的开发和利用,包括发展高效电池、智能电网、碳储存和碳捕获、可再生能源(风能和太阳能等)。4 月份又提出三大能源技术举措,主要着眼于未来能源科学和

① 《"里约+20"峰会的 3 大目标和 2 个主题》,见凤凰网,http://news.ifeng.com/world/special/rio20/content-3/detail_2012_06/06/15100660_0.shtml。
② 张翀:《朱民:取消能源补贴》,见财新网国际频道,http://international.caixin.com/2012-06-22/100403339.html。

技术发展,从体制上将各方资源进行有效整合,进一步加强应用导向的基础性、前沿性能源研究,同时为下一阶段的能源与可持续经济社会转型提供人力储备。6月,美国众议院通过《美国清洁能源与安全法案》,提出了建立温室气体排放权(碳排放权)限额交易体系的基本框架,包括排放总量的控制、配额的发放、稳定配额交易价格、对发展中国家的援助等方面。美国应对经济危机的能源战略特点有三:绿色经济成为美国恢复经济的主要驱动力;通过体制创新和人才储备占领能源科学和工程前沿;发展超导电网和智能电网再造美国能源产业。①

　　欧盟在 21 世纪初就确立了两个目标:一是向可持续发展的低碳社会转型,二是将欧洲建设成世界经济最具活力的典范。2007 年,欧盟还接受了"第三次产业革命"概念,将低碳发展视为"第三次产业革命"的核心。在 2007 年 3 月,欧盟委员会提出一揽子能源计划,以带动欧盟经济向高能效、低排放的方向转型。2008 年 12 月,欧盟通过能源气候一揽子计划,其中包括欧盟排放权交易机制修正案、欧盟成员国配套措施任务分配的决定、碳捕获和储存的法律框架、可再生能源指令、汽车二氧化碳排放法规和燃料质量指令等 6 项内容。2009 年 3 月,欧盟宣布,在 2013 年前出资 1050 亿欧元支持"绿色经济",促进就业和经济增长,保持欧盟在"绿色技术"领域的世界领先地位。2007 年 10 月 7 日,欧盟委员会建议欧盟在未来 10 年内增加 500 亿欧元发展低碳技术。欧盟委员会还联合企业界和研究人员制定了欧盟发展低碳技术的"路线图",计划在风能、太阳能、生物能源、二氧化碳的捕获和储存等六个具有发展潜力的领域,大力发展低碳技术。②

　　在世界经济不景气的大背景下,美国政府和欧盟各成员国以低碳和新能源为重点的刺激政策实施效果大都不如预期,但比取得短期效果更重要的是,在危机的背景下,低碳发展已经悄然确立为世界经济未来发展的基本方向。这种方向不会因繁荣或萧条而改变。世界能源技术不断创新,未来世界能源

---

　　①　《美国新能源政策》,见国际能源网,http://newenergy.in-en.com/html/newenergy-1751175144402643.html。

　　②　《欧盟大力推进低碳产业发展的做法与启示》,见新浪财经,http://finance.sina.com.cn/leadership/mroll/20091123/16367003591.shtml。

利用的重点是能源效率的提高,能源数量的降低。预计到 2025 年,能源利用率将达到 0. 2375 吨油当量/千美元。

四、全球气候变暖下的中国碳排放

中国经济增长伴随着高能耗,结果使中国持续高二氧化碳排放,从而成为全球气候变暖的重要环节,低碳经济转型和可持续发展压力迫在眉睫。下图简要概括了中国和美国,即碳排放最多的两个国家的年度排放量、工业革命以来的累积排放量和人均排放量情况。

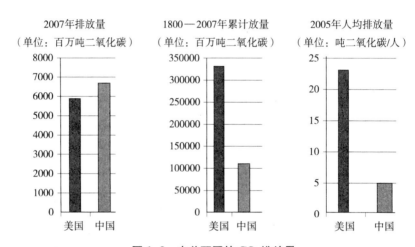

图 1-3　中美两国的 CO_2 排放量

资料来源:亚洲协会:《共同的挑战,合作应对:美中能源与气候合作战略图》,2008 年。

其中,中国的排放量目前已经超过美国,居世界第一位。如果将中国和美国的二氧化碳排放量加起来,大约占据世界排放总量的 42%。[1] 根据国际能源署(IEA)的统计,最近 5 年中国的二氧化碳排放量增长 18 亿吨,占全球增量 60%以上[2]。这意味着在未来相当长的时间内,中国将成为全球气候变暖

---

[1]　朱棣文:《应对能源和气候的挑战:两个国家的故事》,在清华大学的讲演 PPT,2009 年 7 月 15 日。
[2]　杨宏伟:《提高能效是能源安全的重要内涵》,《中国党政干部论坛》2012 年第 7 期,第 25 页。

讨论的重中之重,国际社会也将持续关注中国这一方面的进展情况。

其实,应对国际压力只是问题比较小的部分。更大的问题在于,全球气候变化正在给、并将进一步给中国带来一些严重的负面影响。根据世界自然基金会(WWF)发布的"后京都气候变化和可持续发展国家能力支持项目"中国报告,近50年来,中国沿海海平面上升速率为每年1.4mm—3.2mm;西北冰川面积减少了21%;北方干旱受灾面积扩大,南方洪涝加重;农业生产的不稳定性增加,局部干旱高温危害加重。六大江河的实测径流量都呈下降趋势,而局部地区洪涝灾害频繁;海岸带的极端天气事件造成的灾害更明显[①]。正如该报告预测的,近年来台风、暴雨、干旱、沙尘暴等极端天气光临中国的报道越来越频繁,最近的例子是北京7月的特大暴雨和南方的台风消息。由于冰川的融化和海平面的上升将增加洪灾、风暴潮和海岸侵蚀,而中国经济最发达的地方恰好是沿海地区,人口密集的城市非常容易受到海平面上升的威胁。同时,中国北方的用水问题正在变得日益严重,不仅粮食产量将会减少,而且沙漠化面积将面临不断扩大的紧张压力。

同时,如果现有的经济结构不加快调整,中国面临陷入陈旧产业结构和城市化模式的危险。这在低碳世界的全球竞争中将越来越处于不利地位。

因此,控制碳排放,应对全球气候变暖,对中国来说不仅是应对国际舆论的重要问题,更是一个国内低碳转型和可持续发展迫在眉睫的严重问题。有的作者认为中国"应当用好碳排放第一这个筹码",这种意见短期有合理性,长期来看却是不利于产业结构和全球竞争力的自杀性做法。

五、中国节能减排的挑战

自改革开放以来,中国能源利用效率总的来说不断提高,但2002—2005年间则出现了能源利用率显著下降的局面。政府随后强化了节能减排的工作力度,要求树立科学发展观、走资源消耗少的环境友好型道路,并在"十一五"规划、"十二五"规划中做出了非常明确的安排。为了配合中长期国民经济和

---

① 章轲:《未来中国极端寒冷事件将减少极端高温将增加》,2008年1月29日,见搜狐新闻,http://news.sohu.com/20080129/n254935642.shtml。

社会发展规划的实施,还出台了一些专门的规划,如节能的年度规划。同时,中国政府加强了节能和减排方面的国际合作,在一些重要国际会议上做出了重要的公开承诺。这些措施使中国能源利用效率进一步提高。1980—2002年,中国的能耗强度以平均每年5%的速度下降;2005—2006年,中国能耗强度减少1.79%;2006—2007年减少4.04%;2007—2008年减少4.59%。①

但是,与科学发展和节能减排的要求相比,现有的大量制度设施其实与之直接冲突,这突出表现在很多方面。

——矿业权模糊助长了低效率开采。在传统计划经济体制下,中国能源资源基本上通过行政方式划拨给国有企业开采,资源的成本被严重低估,粗放原始开采盛行,安全事故突出。1997年虽然确立了探矿权采矿权有偿取得制度,但矿业权规定非常抽象原则,界限模糊。结果,滥采烂挖问题屡禁不止,资源开采利用效率非常低下。加快建立"归属清晰、权责明确、保护严格、流转顺畅"的现代矿业权制度,切实保护能源产业的矿业权,已经是中国能源产业发展的当务之急。②

——干部考核标准的缺陷不利于节能减排。按照现有的干部考绩标准,GDP增长率是考核各级地方政府官员的基本指标。在政绩压力下,地方有关部门往往不能严格执行相关税费制度的激励。因为更高级别的官员拥有地方环保局掌握资源和补助的决定权,但同时追求更高GDP增长的激励更为有力。在这种情况下,节能、环保政策往往停留在纸上的多,执行的情况远不如各级政府宣扬的那样理想。

——能源价格管理不利于节能减排。在政府的行政管控下,能源价格不能反映真实成本,总体上能源价格倾向严重低估,刺激了能源的浪费。如电力行业,上网电价没有市场化,缺乏独立输配电价,电力销售时没有引入竞争,煤电价格矛盾突出。煤炭行业采用电煤政府指导价格或"电煤临时价格干预措施",在用电高峰期管制的电煤价格进一步限制了火电的生产。石油行业则

---

① 齐晔:《全球低碳发展与中国经济转型》,《紫光阁》2012年第2期。

② 范世涛、赵峥、荣婷婷:《中国煤炭市场化问题研究》,载李晓西主编:《中国传统能源市场化研究》,北京师范大学出版社2012年版。

经常出现国内油价与国际油价背离,国际油价时增时跌,而国内油价增多降少,甚至出现长时期持续只增不降的现象。天然气行业则主要采取行政定价,且定价偏低,不利于天然气的生产和相关研发。

——能源补贴机制鼓励了能源消费和二氧化碳排放。就中国而言,目前中国大部分的能源价格都采取政府行政定价的方式,政府的行政定价意味着补贴。尤其是对化石能源的补贴,会扭曲市场价格信号,导致能源的抵消使用和过度消费以及二氧化碳排放的增加,并会阻碍清洁能源的发展。此外,中国在能源补贴上还存在着对化石能源补贴过度,而对可再生能源补贴不足的问题,补贴缺乏针对性和有效性。这样的补贴不利于经济的健康发展,也无益于能源效率的提高。取消化石能源补贴则能有效地减少温室气体的排放。如2009年9月G20领导人在美国匹兹堡会议上提出"在中期内理顺并逐步停止鼓励过度消费的化石能源补贴",要求G20各国的财政和能源部长制定出本国规范和取消补贴的措施和时间表。2010年11月G20首尔峰会上,领导人要求各国财政和能源部长在2011年法国峰会上,报告取得的进展(中国财政部特成立应急项目"G20化石燃料补贴问题研究")。2011年4月,国际能源署(IEA)强调廉价的能源时代已经结束,并特别呼吁中国政府应该尽快降低对汽油、柴油和电力提供的补贴。

其实,2006年国务院就发布了"非公经济36条",2010年5月再次发布"关于鼓励和引导民间投资健康发展的若干意见"("新36条"),2012年6月国家能源局发布《国家能源局关于鼓励和引导民间资本进一步扩大能源领域投资的实施意见》,但民营企业进入某些能源领域的前景还是一片渺茫。打破石油和天然气行政垄断、遏制煤炭行业"国进民退"现象,便利民营企业进入重要能源领域,仍然是能源创新和立足本土的薄弱环节。

上述对节能减排不利的因素,只能通过深化改革,打破现有体制的束缚才能解决。

第二节 新兴经济体能源安全问题日趋突出

国际能源安全问题是由于能源的生产国和消费国的高度不平衡引起的。这在石油成为世界主要能源之后成为突出的国际政治经济问题。但是,目前传统的能源消费大国(主要是欧美国家)的能源需求趋于稳定,而新兴市场经济体成为国际能源需求增长最重要的主体,国际能源安全重心已经向新型经济体转移,而且这一趋向在中长期内将会更为突出。

一、欧美能源安全问题趋于缓解

世界能源资源地缘分布和需求分布具有极大的不均衡性,世界各国越来越需要依靠世界其他国家或地区的资源供应,能源贸易量将越来越大。以石油为例,世界石油贸易量由 1985 年的 12.2 亿吨增加到 2000 年的 21.2 亿吨和 2009 年的 26.064 亿吨。世界能源供应与消费走向全球化的进程正在加快。与此相伴的是能源安全问题逐步凸显出来。

历史上,能源在国际社会与国际关系中扮演了十分关键的角色,当今世界能源对国际关系的重要影响越发凸显。能源外交成为各国对外交往一个重要领域,能源已经成为能源出口国的重要外交手段,同时还是能源进口国的重要外交目的。因能源而结盟、因能源而反目、因能源而交战的事例不胜枚举。能源争夺已经成为国际社会冲突与矛盾的重要根源。与此同时,能源问题又与大国矛盾、地缘政治、地区利益、民族纠纷、运输风险、油价震荡等诸多因素交织在一起,使能源问题呈现出前所未有的复杂性。能源问题成为当今国际社会最为复杂、最为敏感的问题。任何涉及能源问题的风吹草动都会引起国际社会的强烈震荡。此外,国际石油炒家和巨商不时兴风作浪,操纵油价,使国际能源市场风险陡增,造成相关能源国政权更迭、社会动乱、恐怖主义猖獗。

在世界范围内,围绕着能源竞争和能源安全问题,能源消费国之间、消费国与生产国之间、生产国与生产国之间爆发了全面的争夺战,继而引发国际政治、外交和军事的冲突。美国、欧洲、俄罗斯、日本、印度、中国等大国在中东、里海——中亚、非洲、拉美、北极地区等世界的各个角落展开了激烈的能源角逐。能源争夺战的规模之大、程度之深前所未有。近几十年来,人类社会的每一场战争几乎都与能源有关,中东战争、海湾战争、两伊战争、苏联入侵阿富汗、英阿马岛战争、伊拉克入侵科威特都与能源密切相关。如 1990 年 8 月 2 日,伊拉克侵占科威特,此举意味着伊拉克将直接控制世界石油储量的 20%,倘若借机拿下沙特,伊拉克将控制全球 1/3 以上的石油供应。而 1991 年美国的沙漠风暴行动,名义上是为了将伊拉克驱逐出科威特,实际则是阻止伊拉克控制海湾石油的企图,维持中东原油对美国有利的石油格局。近几年来,能源更是成为世界各国争抢的对象。为了争夺能源,伊拉克重新燃起战争的硝烟;为了争夺能源,里海沿岸出现了激烈的角逐;为了争夺能源,达尔富尔爆发了人道主义危机;为了争夺能源,北极冰原上演了逐油大戏;为了争夺能源,东海大陆架展开了殊死较量——人类社会从来没有像现在这样因能源而大动干戈,兵戎相见。

过去世界石油消费大户是美国、欧洲和日本,满足本国的能源消费需求主要依赖国际市场,因而保障能源安全成为这些国家的关注重心。

但是,欧美的这种压力正在趋于缓解。如根据 BP 的统计,1999 年北美洲的一次能源消费量为 26.802 亿吨油当量,而 2009 年下降到 26.644 亿吨油当量;占世界一次性能源消费的比例从 1999 年的 29.68%下降到 2009 年的 23.9%。1999 年欧洲的一次能源消费量为 27.589 亿吨油当量,2009 年上升到 27.7 亿吨油当量;占世界一次性能源消费的比例从 1999 年的 30.55%下降到 2009 年的 24.8%。当然,与美国相比,欧洲能源问题相对突出一些。

二、新兴市场国家能源需求快速扩张

以中国和印度为代表的新兴市场国家对能源的需求日益旺盛,成为推动世界能源消费增长新的引擎。

随着世界经济规模的不断增大,世界能源消费量持续增长。据 BP 2010 统计,1999 年世界一次能源消费量为 90.3 亿吨油当量,而 2009 年已达到 111.643 亿吨油当量。在 10 年内一次性能源消费总量增加了 23.64%。在世界六大能源消费地区中,新兴国家聚集的亚太地区的一次性能源消费增加最快。1999 年亚太地区一次能源消费量为 24.745 亿吨油当量,而 2009 年已猛增到 41.472 亿吨油当量,占世界一次性能源消费的 37.1%,位居世界第一,比 1999 年增加 67.56%。

亚太地区一次性能源消费增加最快的国家当属中国。在 1990—2010 年间,中国的年均能源需求增幅为 6.6%[①],2001—2010 年间能源消费年增长率更是高达 11.6%,同期世界均值则为 2.8%[②]。2009 年,中国能源消费总量更是超过美国,一跃成为世界能源消费第一大国。正因为如此,中国的能源需求占世界能源需求的份额越来越高。根据 IEA 的估计,20 世纪 90 年代以来,世界石油消费需求增加的 25%(IEA,2004)来自中国,到 2011 年这一比重上升到 29%(BP,2012)。下表是 2011 年中国和世界能源消费增长的对比情况。从表中不难看出,这种趋势仍在延续之中。

表 1-1　2011 年中国和世界能源消费增长对比

	一次能源	其中					
		石油	天然气	煤炭	核能	水电	其他可再生能源
全球能源消费增长率(%)	2.48	0.67	2.20	5.45	-4.31	1.61	17.67
中国能源消费增长率(%)	8.75	5.50	21.51	9.74	16.88	-3.90	48.36
中国能源消费占世界比重	21.29	11.38	4.05	49.39	3.26	19.84	9.09

数据来源:BP 世界能源统计 2012。

由于对中国经济未来的增长潜力持乐观态度,有关机构(EIA,2004;APEC,2005)认为中国对能源的需求还将进一步增加。如果按照 2020 年中国经济翻两番计算,届时中国能源需求将达到 9.2 亿吨,即使中国能源利用效率能够提高一倍,仍然需要 4.6 吨。根据 BP《世界能源展望 2030》的预测,到 2030 年,经合组织(OECD)国家能源需求已经稳定,即使考虑 GDP 增速放缓以及能源强度降低因素,全球煤炭消费净增长将全部来自中国和印度;在全球

---

① BP:《2030 年世界能源展望》,BP 2012 年,第 47 页。
② 张抗:《我国能源消费现状影响能源安全》,《中国党政干部论坛》2012 年第 7 期,第 18 页。

新增能源消费当中,中国的石油和煤炭消费分别占世界消费增量的 77.3% 和 71.7%。全球 94% 的石油需求净增长、30% 的天然气需求净增长,以及 48% 的非化石燃料需求净增长都将来自中印两国。①

三、中国能源安全的主要挑战:能源需求迅猛扩张

自 1993 年推出系统的社会主义市场经济改革方案以来,中国经济持续高速增长,并于 2010 年超过日本的 GDP 总量,成为仅次于美国的世界第二经济大国。但是,中国的高速经济增长主要建立在投资和出口拉动的基础上,近 10 年来中国的投资率持续在 40%。与投资扩张相伴的,是对资源和能源的需求的快速增长。这给中国的能源安全、能源战略带来了巨大的挑战。

从国内供给看,国内的原油产量虽然保持稳中有升的态势,但通过开发新油田以及改进石油开采技术大幅度提高国内产量的可能性并不大。唯一潜力比较大的领域就是海上,有可能增长快一些。但据 IEA 的测算,中国的石油产量估计最多能够达到 1.8 亿吨—2 亿吨,缺口在 2.5 亿吨—3 亿吨(IEA,2000)。从国内天然气供应来看,难度也是比较大。包括煤层气和页岩气在内的非常规气开发已经引起各界的高度重视,但短期内还缺乏对中国能源结构形成重要影响的能力。根据中石油的预测,到 2030 年,国内原油需求将达到 7 亿吨左右,国内供给在 2.3 亿吨左右,缺口在 4.7 亿吨左右;天然气需求在 5000 亿左右,国内的产量在 3000 亿左右,缺口在 2000 亿左右。②

在国内能源供应不能满足能源需求的条件下,只能通过国际市场来满足。中国从 1993 年起,成为石油净进口国,且进口所占石油消费中的比例越来越高(表 1-2)。2010 年,中国石油净进口量占国内油品消费总量的比例即石油进口依存度已经升至 60%。③

---

① BP:《2030 年世界能源展望》,BP,2012 年,第 45 页。

② "第 11 次金帝雅论坛——能源安全与能源战略"会议记录,未刊稿,2012 年 6 月 30 日。

③ 田春荣:《2010 年中国石油进出口状况分析》,《国际石油经济》2011 年第 3 期,第 15 页。

表1-2 1990—2010年中国原油和石油产品净进口量   单位:万吨

产品名称 \ 年度	1990	1995	2000	2005	2007	2008	2009	2010
原油	-2106	-176	5983	11902	15935	17516	19860	23627
成品油	-224	1025	978	1746	1829	2184	1192	1000
汽油	-163	-170	-455	-563	-442	-5	-490	-517
石脑油	-54	40	-56	-143	-67	-74	180	204
航空煤油	-44	39	46	51	52	92	-18	-118
轻柴油	46	468	-30	-94	96	562	-267	-287
燃料油	6	582	1392	2373	2034	1436	1538	1312
其他成品油	-16	65	81	123	156	174	249	406
液化石油气	11	224	480	611	372	193	324	228
石蜡	-18	-27	-50	-70	-59	-59	-53	-51
未煅烧石油焦	-13	-27	-100	-81	-5	-13	264	246
已煅烧石油焦	0	-17	-29	-60	-79	-75	-74	-78
石油沥青	1	13	124	314	356	321	325	395
原油+石油产品	-2350	1016	7384	14361	18348	20067	21838	25367

资料来源:田春荣:《2010年中国石油进出口状况分析》,《国际石油经济》2011年第3期,第15页。

根据BP的统计,中国天然气长期自给自足的状态已不复存在,自2007年中国天然气消费量(705亿立方米,BP,2012)超过生产量(692亿立方米,BP,2012)之后,天然气的缺口越来越大,到2011年底缺口达到280亿立方米(BP,2012)。虽然目前中国天然气进口在总消费量中仅占10%左右,但到2030年这一比例将上升至27%(IEA,2004)。

这种趋势将会越来越严重,在未来二三十年呈扩大态势。而根据有关预测,到2015年,中国的能源对外依存度将超过15%,需要净进口煤炭约2.4亿吨,进口石油3亿吨,进口天然气950亿立方米,成为世界第一大煤炭净进口国、第二大石油净进口国、第四或第五大天然气净进口国。[①] 因此,中国在能

① 魏一鸣:《"十二五"能源和碳排放预测与展望》,北京理工大学能源与环境政策研究中心,2011年。

源领域将越来越依赖国际市场,国际能源价格的波动随时都有可能影响到国内经济的稳定和发展,而能否建立安全、稳定的能源供应体系和渠道则是对中国持久的考验。

不仅如此,由于能源需求净增长最快,中国已经成为影响国际能源市场的重量级国家。也正因为这一点,法国锡瑞镨大宗商品研究所的《世界大宗商品市场年鉴 2010 年》认为,满足石油需求是中国所面临的首要问题,也是中国的战略核心①。这个战略核心有赖于全球市场体系的有效运转。

从石油危机到现在,以国际能源组织为代表的主要石油消费国承担了全球石油市场稳定的主要作用。但是,由于过去最大的石油消费国美国在能源创新方面取得突破性进展,通过本土和近邻(如加拿大和墨西哥)就可以保证能源的安全稳定供应,中国成为最大的能源消费国意味着需要在维护全球能源市场稳定方面倾注更多的关注。

但是,完成这一任务非常复杂。从进口来源看,现在国内的进口原油的来源 50% 是依赖中东。而中东的政治、宗教局势复杂,且途经马六甲、霍尔木兹海峡等危险海域,有比较大的安全隐患。从天然气进口来看,中国现在进口主要通过中亚天然气管道。同样涉及和俄罗斯、美国、欧洲抗衡直接相关的地缘政治问题。

海外投资是解决国内能源供应不足的重要途径。以中石油、中石化和中海油为代表的大型企业近 10 年来在"走出去"方面取得了长足进展。比如在非洲,中非贸易额 2010 年达到 1296 亿美元,2011 年更突破 1600 亿美元,超过美国成为非洲最大的贸易伙伴。中国对非各类投资累计超过 400 亿美元,其中直接投资 147 亿美元,最主要的投资方向就是在能源领域②。但是,以俄罗斯和拉丁美洲为代表的国家推进了新一轮的石油国有化,这使中国的海外投资面临更为复杂多变的国际环境。寻求安全的国际能源投资环境,成为中国能源战略的重要环节。

---

① 菲利普·查尔曼主编:《世界大宗商品市场年鉴 2010 年:圆明园的复兴》,杨笑奇等译,经济科学出版社 2011 年版。

② 仝宗莉:《中国已成非洲最大的贸易伙伴 在非投资中企超 2000 家》,2012 年 1 月 30 日,见人民网,http://world.people.com.cn/GB/16970411.html。

第三节　全球能源创新推动世界能源结构多元化

在所有的能源种类中,目前最为重要的是被人们称为"黑色黄金"的石油,也是人类消费比重最大的能源种类。世界石油工业历经约 150 年的发展,到 20 世纪末形成了以"欧佩克"等为主的世界石油储产区格局和以北美、亚太、西欧为主的世界石油消费区域格局。[①]

然而这一格局正逐渐被打破。在国际油价高涨、全球气候变暖和新的能源技术(如页岩气革命)等因素的推动下,世界能源格局正在重新洗牌,能源结构向多元化方向快速发展。

一、第一次能源结构转换确立煤炭为主的世界能源格局

早在 18 世纪以前,人类对能源的利用仅限于对风力、水力、畜力、木材等天然能源的直接利用,尤其是木材,在当时的世界一次能源消费结构中长期占据首位。18 世纪开始的产业革命,促进了煤炭的大规模开采。到 19 世纪下半叶,人类历史上出现了第一次能源使用的飞跃,煤炭取代木材等自然能源成为世界的主要能源。1860 年,煤炭在世界一次能源消费结构中占 24%,1920 年上升为 62%。从此,世界结束了"木材时代",进入了"煤炭时代"。[②]

(一)英国的第一次能源结构转换

在 16—17 世纪西欧的工场手工业发展时期,英国经济迅速发展,尤其是在毛纺织业、棉纺织业、冶炼、煤炭业、造船业等方面有了长足的进展,而这都对能源提出了越来越大的需求。

以冶铁业为例,英国的铁矿资源十分丰富,但冶铁业一直面临的瓶颈是缺乏冶炼铁矿石所需的燃料。传统的燃料是木炭,所以铁矿的开采与高炉一般

[①]　申险峰:《世界能源战略与能源外交·亚洲卷》,知识产权出版社 2011 年版,第 5 页。

[②]　董秀丽:《世界能源战略与能源外交·总论》,知识产权出版社 2011 年版,第 37 页。

都设在英国南部有林木的地区。几乎所有的冶铁厂都对周围的森林进行着掠夺性的开采,导致森林锐减,木材价格不断上涨。当时的中国和荷兰也面临着与此相似的困境。1500 至 1630 年期间,英国的木材价格猛涨 7 倍,速度比通货膨胀还快了许多。1608 年,该国树木普查数据显示,当时七大森林合计拥有 232011 棵树,而到了 1783 年骤减为 51500 棵。[①] 尽管英国人从波罗的海与北美等地进口木材,但还是无法应对木材短缺带来的能源缺口,他们应对木材短缺的主要方法是开采更多煤炭。

实际上,英国煤炭资源非常丰富,露天煤矿都在闲置。但采煤技术落后,浅层的煤炭很快就耗尽,到 1700 年,矿井的深度已达 200 英尺。由于矿井愈挖愈深,地下水的渗出日益严重,能源的短缺呼唤效率高而能耗低的新的开采技术。[②] 而瓦特发明的蒸汽机大大改进了煤炭开采技术,提高了煤炭产量和消费比例,随着蒸汽机的广泛应用,人们对煤的需求量大幅增长。

随着工业革命在世界范围内的迅速扩展和以蒸汽为动力的采煤技术的广泛推广和应用,世界范围内的煤炭产量都在迅速增长,各国都在第一次工业革命中逐渐实现了由木材向煤炭为主的能源结构的转变,以煤为主的世界能源格局初步形成。整个 19 世纪被称为“煤炭与蒸汽”的时代。而这种以煤为主的世界能源格局也深深地影响和改变了全球经济。

当时的第一大产煤国是英国。在这一时期,英国的煤炭产量实现了狂飙式的增长,从 1700 年的 260 万吨增加到 1790 年的 760 万吨,1835 年增至 3000 万吨,1840 年增加至 4000 万吨,到 19 世纪中叶则增至 5000 万吨,到 1870 年更是猛增至 11200 万吨,如图 1-4 所示。英国成了当时世界上最大的产煤国,煤炭业也继纺织业之后成为英国又一重要的生产部门,到 19 世纪中叶,直接在矿山工作的工人就达 20 万人以上。[③]

能源的富足带来了相关产业的迅猛发展。纺织业的发展摆脱了算术级数而呈现几何级数般的增长速度,从 1760 年到 1827 年,英国纺织业的产量增加

① 　[美]阿尔弗雷德·克劳士比:《人类能源史——危机与希望》,中国青年出版社 2009 年版,第 91 页。

② 　刘笑盈:《推动历史进程的工业革命》,中国青年出版社 1999 年版,第 61—62 页。

③ 　刘笑盈:《推动历史进程的工业革命》,中国青年出版社 1999 年版,第 66 页。

产量（单位：万吨）

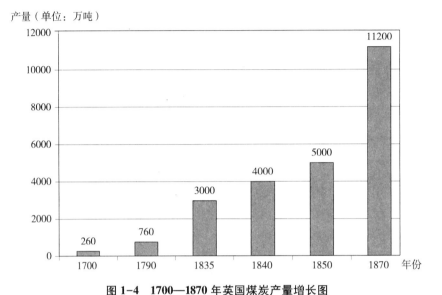

图 1-4 1700—1870 年英国煤炭产量增长图

资料来源：根据刘笑盈《推动历史进程的工业革命》第 61—79 页整理，中国青年出版社 1999 年版。

了 100 多倍；作为新兴产业的钢铁部门，增长的速度毫不逊色，英国的生铁产量从 1740 年（约 2 万吨）到 1850 年（224 万吨）增长了 120 多倍，到 1870 年（610 万吨）更是增长了 300 多倍。

"蒸汽时代"的到来，使得英国一跃成为世界第一大工业化强国，也使得欧洲成为世界经济的中心。工业革命前，英国的国民生产总值不到 1 亿英镑，1850 年则达到了 5 亿多英镑，此时英国在世界工业总产值中的比重占到了 39%，到 1870 年英国的 GDP 更是增加到了 9 亿多英镑。[①] 18 世纪期间，印度、中国与欧洲的 GDP 累计占全球 GDP 的 70%，其中大致各占三分之一。但到了 1900 年，中国占全球制成品产量的比率跌到 7%，印度更是暴跌到 2%；而欧洲占 60%，美国占 20%。[②]

（二）美国的第一次能源结构转换

当时的世界第二大产煤国是美国。美国煤炭资源丰富，但森林、水力资源

---

① 刘笑盈：《推动历史进程的工业革命》，中国青年出版社 1999 年版，第 78—79 页。

② ［美］阿尔弗雷德·克劳士比：《人类能源史——危机与希望》，中国青年出版社 2009 年版，第 102 页。

同样丰富,因此,在工业革命初期,对煤炭的需求量并不大,1820 年美国的煤炭开采量仅 3000 吨。

1810 年,美国只有 153 座熔炼炉,而且全是老式木炭燃料炉,产生铁 5 万多吨,远远不能满足美国国内市场的需要,当年美国钢铁需要量的 73%靠进口。1812 年战争开始后,美国开始着手仿建英国焦炭冶铁炉,1816 年,取得了成功。1819 年宾夕法尼亚的冶铁厂开始使用烟煤炼铁。1834 年以后,热风炉技术又传入美国,无烟煤大量取代木炭作为燃料,使冶铁业发生了革命性变革。1840 年蒸汽鼓风机又开始取代了水力鼓风机,工厂制度在这个行业开始扎下根来。经过上述一系列变革,美国的钢铁产量迅速增长,1825 年生铁产量只有 8 万吨,1860 年达到 83.4 万吨,仅次于英法,为世界第三大产铁大国。①

冶铁业的发展推动了能源需求的增长,加上工业革命带来的技术传播与技术改进,美国的煤炭业也迅速发展。美国煤炭开采量从 1820 年的 3000 吨增加到 1840 年的 200 万吨、1850 年的 760 万吨和 1860 年的 1330 万吨,仅次于英国,居世界第二位。

在以煤炭为主要消费能源的时代,美国的经济实力也是与能源实力相匹配的。丰富的煤炭资源为美国的工业化提供了必需的原料和动力,纺织、煤炭、机械制造和交通运输业迅速发展,从 1810 年到 1860 年,美国工业产值增长了约 10 倍。1860 年,美国近代工厂总数接近 15 万家,制造业工厂工人总数为 131 万多人,产值超过 1.8 亿元。

二、第二次能源结构转换确立石油的统治地位

19 世纪 70 年代,电力代替了蒸汽机,煤炭在世界能源消费结构中的比重逐渐下降。1965 年,石油首次取代煤炭占居首位,世界进入了“石油时代”。1979 年,世界能源消费结构的比重是:石油占 54%,天然气和煤炭各占 18%,油、气之和高达 72%。石油取代煤炭完成了人类利用能源的第二次飞跃。

---

① 刘笑盈:《推动历史进程的工业革命》,中国青年出版社 1999 年版,第 112—113 页。

煤炭是块状的固体，因此煤块之间会有很多空隙，虽然可以磨成粉，但即便是细如尘土的粉末，其中也还是会含有空气，而且处理起来比较麻烦。另外，煤炭也不易输送，无法方便地"将它注入某容器"。

与煤炭相比，石油中储存的太阳能量通常年代更近，不过两者产生的过程却十分类似。石油的能量密度大约比煤炭高出50%，由于石油是液态的，所以比煤炭容易包装、储存与输送。石油可以通过输油管运输，从地点A输送到地点B，也可以在空中通过软管在飞机之间进行输送。

具体来说，以石油为主的世界能源格局经历了三次重新布局。

第一个世界石油中心是墨西哥湾。20世纪初，美国之外的西半球石油勘探大多集中在墨西哥。墨西哥迅速成为世界石油市场的重要力量。它的原油质量好，大部分精炼为燃料油，直接与煤炭在工业、铁路与航运市场上形成竞争。1913年，墨西哥的石油甚至被用到了俄罗斯的铁路上。第一次世界大战期间，墨西哥成为美国的关键供油国，到1920年，它满足美国国内20%的石油需求。1921年，墨西哥甚至跃居世界第二大石油生产国，年产1.93亿桶石油。在这个阶段，墨西哥湾是世界石油的核心地带，美国是世界上最大的石油生产和供应大国，基本上垄断了墨西哥湾的石油生产和供应，美国以外的石油公司如英国石油公司、英荷壳牌石油公司等根本无法插手墨西哥湾的能源开发和利用。

第二个世界石油中心是波斯湾。进入20世纪下半叶，中东地区石油产量迅猛增长，1948—1972年，世界70%的新增石油储量是在中东发现的，全球石油中心也向中东转移，波斯湾成为世界能源地缘政治争夺的重点。该地区拥有全世界最丰富的石油资源，世界上的19个大油田中，这一带就占了14个。据《BP世界能源统计2012》显示，到2011年底，中东地区石油储量约占全球的48.1%，达1082亿吨之多。波斯湾沿岸的沙特阿拉伯、伊朗、科威特、伊拉克和阿拉伯联合酋长国等，都是重要产油国，2011年石油年产量约占全世界总产量的30%。波斯湾地区更是誉为"世界石油宝库"。波斯湾地区不仅油藏异常丰富，而且还有得天独厚的开发条件。第一，波斯湾的石油不但蕴藏量大，而且集中，多为巨型油田；第二，波斯湾地区的油质特别好，以经济价较高的中、轻质油为主；第三，这里的运输条件非常好；第四，波斯湾的气候条件非常有利。在波斯湾主导的石油供应时期,石油输出国组织宣布成立,中东地区国家开始联合起来,共同对付西方石油公司,维护其石油权益。在 1973 年和 1979 年先后爆发了两次石油危机。

两次全球性的能源危机带来了全球性经济大萧条,促使全球能源政策发生了巨大的改变,世界能源多中心的趋势日益明显。长期以来,世界石油供应主要依靠中东地区,作为 OPEC 主体的中东产油国生产世界大部分石油,掌控了世界石油出口;现在,出现了俄罗斯、中亚、西非、拉美等多个新的石油生产与出口供应中心并立的局面。中东生产和出口石油的比重下降,再也不能像过去那样左右世界石油市场。这是以石油为主的世界能源格局的第三次重新布局。

三、石油危机以来世界能源结构多元化步伐加快

世界能源结构在经历了薪柴时代、煤炭时代和石油时代之后,现在正走向多元化时代;天然气、水能、核能、风能、太阳能均被广泛地利用。

石油危机前,人类经过两次能源转换,实现了长期丰富廉价的能源供应。尽管也出现过能源领域的掠夺或争夺,但至少人类还未因能源短缺而恐慌过。按照能源消费结构的变化,石油危机前的世界能源格局可以归纳为两大转变:第一次工业革命推动木材向煤炭的能源形式转变;第二次工业革命推动能源向石油结构转变。

人类起初,对能源的使用仅限于本地区,继而本国,直到近代才扩大到世界范围。早期的生产力水平对能源的消耗并不大,人类对能源的需求并没有短缺到依赖他国的程度,而在世界市场没有形成之前,能源资源在世界范围内的流通也缺乏相应的客观条件。我们今天只要提到"能源",除了研究本国能源,还需从全球视角对它进行讨论和研究,因为能源作为一种重要的战略资源,已经在世界政治、经济和军事领域发挥着越来越重要的作用,我们将越来越频繁地用到"世界能源"或"世界能源格局"这一概念。而"世界能源"这一概念的形成恐怕要始于第一次工业革命。

近年来,传统的能源供需格局平衡正在被打破。2009 年以前,世界能源供需勉强保持着脆弱的平衡。根据 BP2009,到 2008 年底,世界基础能源消费

（包括石油、天然气、煤炭、核能和水力发电）虽是自 2001 年以来增长最慢的一年，但仍上升了 1.4%。亚太地区能源消耗率的增长占总增长的 87%，国际能源供需格局形势严峻。天然气方面，2008 年全世界天然气产量为 30656 亿立方米，消费量为 30187 亿立方米，比 2007 年增长 2.7%。天然气产量仅比消费量多出 469 亿立方米。2009 年的天然气供需状况更加严峻，2009 年全世界天然气产量为 29870 亿立方米，消费量为 29404 亿立方米，比 2008 年减少 2.5%。尽管如此，全世界天然气的产量只比消费量多出 466 亿立方米，盈余比 2008 年减少 3 亿立方米。煤炭方面，到 2009 年底，全世界的煤炭储量为 8260 亿吨，当年煤炭产量为 34.086 亿吨，消费量为 32.783 亿吨。2009 年的产量仅大于消费量 1.303 亿吨。最为关键的是石油，在全球各主要能源的供需关系大都处在危险状态之时，以石油为代表的能源供需格局平衡更加脆弱，平衡破裂的危险已日益逼近，形势岌岌可危。根据 BP2009 显示，2008 年世界原油产量为 39.288 亿吨，而全年石油消费量为 39.279 亿吨。世界原油产量仅比消费量超过 0.009 亿吨，也就是仅超出 90 万吨，是世界原油消费量的 0.023%，是美国原油消费量的 0.1%，仅仅够美国消费 9 小时和北欧小国丹麦的原油年消费量。到 2009 年世界石油供需关系的脆弱平衡被彻底打破，根据 BP2010 数据显示，2009 年世界原油产量为 38.205 亿吨，世界原油消费却达到了 38.821 亿吨，缺口达到 0.616 亿吨，这是人类历史上最为严重的能源警钟。石油缺口最大的是亚太地区，缺口增加到 8.231 亿吨；第二位是北美地区，缺口为 3.975 亿吨；欧洲居第三位，缺口为 0.591 亿吨。在北美和欧洲的石油缺口减少之际，只有亚太地区的石油缺口不减反增，蹿升到 8.231 亿吨，是造成 2009 年世界石油供需平衡破裂的元凶。

四、页岩气革命助推全球能源创新

信息技术革命是过去三、四十年公众和传媒讨论的中心话题之一。但进入 21 世纪以来，关于能源技术突破的报道越来越多，这从一个侧面放映了世界能源创新的活跃程度。欧洲不仅将能源创新视为展开"第三次产业革命"的核心，美国已经发生的、正在进行中的页岩气革命则大大加快了世界能源格局转换的进程。毫不夸张地说，活跃的能源创新是全球能源格局大变革的深层动力,它对这个产业的影响不亚于全球气候变暖因素。

目前欧盟受困于债务危机,距离"世界经济最具活力的典范"仍相当之远,但在能源创新方面正在取得长足进展,尤其是在可再生能源方面,取得的成就非常突出。在过去 10 至 15 年间,以西班牙、德国、丹麦为代表的欧洲国家推行上网电价补贴政策,引爆了欧洲地区风能、生物质能和太阳能前所未有的大发展。自 1995 年以来,整个欧洲地区的可再生能源供电比例从 0 飙升到 10%,绝大部分新增可再生能源均采用了"上网电价",其中风电的数字高达 85%,太阳能则 100%实施"上网电价"①。随后欧盟提出了"20—20—20"的气候减排目标,前不久通过了未来 10 年的"可再生能源发展指令",这意味着"未来 10 年欧盟各国将 70%的投资用于可再生能源"。②

欧盟未来的经济模式以能源为核心。有的学者将其蓝图概括为由五支柱构成的"第三次产业革命":变燃烧碳基化石燃料的结构为实用可再生能源的结构;将每处建筑转变为能就地收集可再生能源的迷你能量采集器;将氢和其他可存储能源储存在建筑中,利用社会基础设施来储存间歇式可再生能源,并保证持久可依赖的环保能源供应;利用网络信息技术将电网转化为智能通用网络,从而使分散的个人将周围建筑生产的电能输送到电网中,在开放环境下实现与他人的资源共享;全球运输模式转向由插电式和燃料电池型以可再生能源为动力的运输工具构成的运输网络。③

欧洲的上述能源创新模式在美国也有显著体现,不过,目前被看作已经改变了产业游戏规则的(thegame changer)则是页岩气革命。

长期以来,美国是最大的能源消费国,并严重依赖石油的海外供应。但据预测,石油产量还有 42 年,而且以石油为主的能源消费结构还将持续 20 年左右。同时,中国、印度等新兴国家的崛起对石油的需求与日俱增,推动油价持续上涨。因此,美国积极寻求替代能源,减少对石油的依赖,并立足于国内资

---

① 陆羽:《欧洲能源政策走在十字路口》,《能源研究与利用》2012 年第 2 期,第 14 页。

② 同上。

③ 杰里米·里夫金:《第三次工业革命:新经济模式如何改变世界》(2011),中信出版社 2012 年版,第 67—68 页。

源来实现能源独立。但直到最近 10 年,美国在页岩气开发技术上的突破使非常规天然气迅猛发展,能源独立第一次成为现实可能。如果考虑邻国加拿大和墨西哥在油砂和页岩气取得的进展,美国安全稳定的能源供应已经有了极大地保障。

页岩气革命带来的世界政治经济格局变化是深远的。在摆脱对政治不稳定地区的严重依赖后,美国可以腾出手来实现地缘政治目标的转换,包括所谓的"重回亚洲"和中东、北非阿拉伯世界 2010 年底、2011 年初"茉莉花革命"的支持,最近则是通过增加援助、扩大贸易和投资扩大美国在非洲次撒哈拉地区的影响力。

不管是美国的"页岩气革命"还是欧洲的"第三次产业革命",都推动着世界能源供应的多元化和结构优化。可以预期,未来 10 年的世界能源供求格局会发生更为显著的变革。正因如此,欧洲和美国的能源创新才是世界能源格局变化的根本推动力量。根据 BP 的数据,未来 20 年,OECD 国家虽然继续增长,但能源需求大体稳定,变化主要体现在结构优化或能源供应的多元化方面。

专栏 1-1 页岩气革命

页岩气是从页岩层中开采出来的天然气,成分以甲烷为主,是一种重要的非常规天然气资源。页岩气的形成和富集有着自身独特的特点,往往分布在盆地内厚度较大、分布广的页岩烃源岩地层中。较常规天然气相比,页岩气藏具有自生自储特点,页岩既是烃源岩,又是储层,不受构造控制,无圈闭、无清晰的气水界面。页岩气埋藏深度范围大,埋深从 200米到深于 3000 米。大部分产气页岩分布范围广、厚度大,且普遍含气,这使得页岩气井能够长期地以稳定的速率产气,具有开采寿命长和生产周期长的优点。在过去的 10 年里,水平井技术和水力压裂技术的结合使得开采页岩气的成本大幅度降低,大规模开采页岩气成为可能。这使得美国乃至全球的天然气行业焕然一新。

全球页岩气资源非常丰富。据预测,世界页岩气资源量为 456 万亿立方米,主要分布在北美、中亚和中国、中东和北非、拉丁美洲、前苏联等地区。与常规天然气相当,页岩气的资源潜力可能大于常规天然气。

世界上对页岩气资源的研究和勘探开发最早始于美国。依靠成熟的开发生产技术以及完善的管网设施,目前美国的页岩气成本仅仅略高于常规气,这使得美国成为世界上唯一实现页岩气大规模商业性开采的国家。

在美国 2011 年消费的天然气中,约 94%是由国内生产的;因此,天然气的供应并不像原油的供应那样依赖外国生产商,而且天然气输送系统中断地更少了。大量的页岩气供应,使得美国很多年来以消费国内天然气为主,并且天然气的产量要高于其消费量。

美国能源信息署《能源展望 2012》预测美国天然气产量将从 2010 年的 21.6 万亿立方英尺增加到 2035 年的 27.9 万亿立方英尺,增幅达 29%。几乎所有美国国内天然气产量的增长都是由于页岩气产量的预计增长,将从 2010 年的 5 万亿立方英尺增加到 2035 年的 13.6 万亿立方英尺。

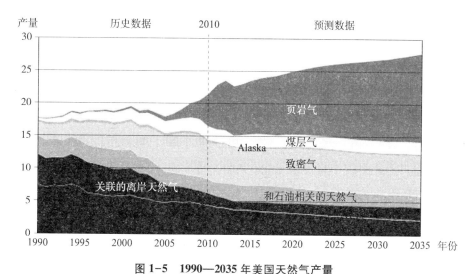

图 1-5　1990—2035 年美国天然气产量

资料来源:US Energy Information Administration, http://www.eia.gov/。

美国的“页岩气革命”已经改变了世界液化天然气市场格局,并且这一影响还在进一步扩大。2009 年,美国以 6240 亿立方米的产量首次超过俄罗斯成为世界第一天然气生产国。美国不仅不再需要进口液化天然气,而且用自身液化天然气快速替代柴油,以及在页岩气开发中意外收获的大量页岩油,使美国对中东石油的需求直线下降,2010 年美国对中东地区石油依赖只有 8000 万吨。美国专家认为,有了页岩气,美国 100 年无能源后顾之忧。"能源独立"不再是天方夜谭。

美国页岩气产量的急剧增加对全球天然气供需关系变化和价格走势产生重大影响,并引起能源生产和消费大国高度关注。很多人希望,页岩气的开发利用成为低碳经济战略发展机遇的推动力,进而成为世界油气地缘政治格局发生结构性调整的催化剂。

(资料来源:US Energy Information Administration,http://www.eia.gov/)

五、中国能源多元化的挑战:技术创新不足

欧美活跃的能源创新对中国的能源安全有重要的积极影响。通过各种溢出机制,能源创新就如同计算机或互联网在欧美的发展为中国的信息化提供根本的技术支持一样,将有助于中国能源结构的优化。

例如,最近的页岩气革命已经引起了中国政府的高度关注。2011 年底,页岩气成为第 172 个独立矿种,由国土资源部对其进行一级管理。2012 年 3 月,国家发改委、财政部、国土资源部和国家能源局正式印发《页岩气发展规划(2011—2015 年)》,按照这一规划,到 2015 年,页岩气将初步实现规模化生产,勘探开发关键技术攻关取得重大突破;2020 年,产量力争达到 600 亿立方米—1000 亿立方米。①

欧美能源创新活跃同时凸显出中国在相关领域的落后,这使中国在能源安全、应对气候变暖方面显得极为被动。现在,中国的能源结构仍与 OECD 国家不同,煤炭依然是主要的能源形式,而且在今后一段时间内,也不会有很大

---

① 国家发改委、财政部、国土资源部和国家能源局:《页岩气发展规划》(2011—2015 年),2012 年 3 月,见人民网,http://energy.people.com.cn/GB/17411285.html。

的改变。电力也与 OECD 国家不同,美国正在陆续关闭煤炭为主的火力发电厂,而这仍然是我们生产电力最主要的技术。即使是在页岩气领域,中国的页岩气部署采取了稳健的步骤,也与中国能源创新不足、自主创新薄弱紧密相关。

页岩气生产主要依赖两类技术:一是水平井(horizontal drilling)技术;二是水压裂法技术。水平井虽然在 20 世纪八十年代已经成为国际主流技术,但只是在 90 年代在中国的胜利油田逐步普及,最近一两年开始快速在全国普及。这个迟到的进展被不恰当地称为"水平井革命"。[①]　而在水压裂技术方面,中国尚未取得突破性进展。

从页岩气的案例可以清晰地看到,创新是世界能源格局变化的深层动力。虽然欧美的能源创新有利于中国能源供应的多元化和稳定化,但如果不能跟上能源创新的步伐,中国的能源战略就不能摆脱被动适应的局面,同时现有能源结构的畸轻畸重、过度依赖煤炭的弊病显得更为突出。

第四节　全球能源治理机制面临调整

现有的国际能源治理机制主要是石油危机前后确立的,并以欧佩克协议定价和 IEA 政策协调为这套治理机制的重心所在。但是,传统的世界能源格局正在打破,新的国际能源治理机制尚未形成。中国需要积极地推动和参与国际能源治理机制的变革。

一、欧佩克协议定价机制影响力减弱

对于世界能源格局演进的整个历史进程而言,1973 年的石油危机是一件划时代的大事。它不仅在当时深刻影响了世界经济的面貌和短期增长率,更

---

① 《中国石化企业》2012 年第 11 期(2012 年 6 月 1 日出版)封面以"水平井革命"为标题,容纳"水平井的胜利"(第 18 页)、《水平井的效应》(第 22 页)、《正视差距上"水平"》(第 26 页)三篇报道。

奠定了现有国际能源治理机制的主要支柱。其中最著名的就是欧佩克协议定价机制和 IEA 政策协调机制。我们先看一下欧佩克协议定价机制。

欧佩克,即石油输出国组织（Organization ofPetroleum Exporting Countries,简称 OPEC）,不仅是以中东阿拉伯石油生产国为主的世界重要能源供应组织,更是当代政治经济领域最具影响力的国际市场组织之一,其从成立到发展壮大,对世界油气的供应和价格波动产生了极其重要的影响,并在世界能源格局的演变中发挥了重大作用。

欧佩克成立的直接原因是以"七姐妹"①为代表的西方垄断资本在 1959 年和 1960 年连续两次压低油价,严重损害了中东主要产油国的利益。"二战"后,特别是 20 世纪 50 年代以来,随着中东石油大量开采,国际石油市场供过于求。西方独立石油公司和前苏联加入了国际石油市场的竞争行列,为了打进西方国际石油卡特尔控制的世界石油市场,纷纷以低于大国际石油公司的价格抛售原油。西方国际石油卡特尔不甘心让出市场份额,1959 年 2 月英国石油公司（BP）遂宣布每桶原油削价 18 美分,这次削价使中东产油国石油收入减少 10%。1960 年 8 月,埃克森再次将每桶中东原油削价 10 美分,随后其他大的石油公司也采取类似行动。这两次削价使得欧佩克中的 4 个中东创始国每年石油收入损失 2.31 亿美元。

为了抵抗国际石油卡特尔的压价政策,1960 年 9 月 10 日,伊朗、伊拉克、沙特阿拉伯、科威特和委内瑞拉的代表在伊拉克首都巴格达开会,决定联合起来共同抵制西方石油公司,维护自身的石油产业收入。9 月 14 日,五国宣告成立石油输出国组织（OPEC）,总部设在奥地利首都维也纳。目前,OPEC 的成员国已达到 13 个。欧佩克的宗旨实质上是通过消除有害的、不必要的价格波动,确保国际石油市场上石油价格的稳定,保证各成员国在任何情况下都能获得稳定的石油收入,并为石油消费国提供足够、经济、长期的石油供应,保证石油投资者得到公正的投资回报。在具体的实践中,欧佩克通过石油生产配

---

① 由美国、英国和荷兰垄断资本控制的七家大石油公司——美国的埃克森公司、德士古公司、莫比尔石油公司、加利福尼亚标准石油公司、海湾石油公司、英国与荷兰合资的英荷壳牌石油公司以及英国石油公司组成的国际石油卡特尔的别称。

额制度,利用减产、禁运等手段达到提高油价,增加欧佩克成员国石油收入的目的。而在欧佩克油价体系中,起决定作用的是目标价格。

欧佩克在长达几十年的油价协调实践中,形成了一揽子的油价协调机制。不论是其直接的产量配额制度还是价格带干预制度,都是以通过控制产量为核心达成目的。其中,最核心的价格干预莫过于其影响深远的生产配额制度。其石油政策的核心是通过限制产量达到推动石油价格上涨的目的。

欧佩克的石油探明储量、产量和出口量都占世界石油市场的很大比重,并且长期维持 200 万—300 万桶/日的剩余生产能力,2002 年度欧佩克的剩余生产能力更是高达 800 万桶/日,而所有非欧佩克成员国的剩余生产能力总和约为 50 万桶/日。巨大的剩余生产能力可以使欧佩克实行产量配额制度,达到限产促价或增产限价的目的。实行石油生产配额制之后,欧佩克成功地将世界石油价格提高到远远高于原有水平。同时配额制度还起到影响世界油价的作用,如果石油需求上升,或者某些产油国减少了石油产量,欧佩克将增加其石油产量,以阻止石油价格的飙升。如果石油价格下滑,欧佩克也有可能依据市场形势减少石油的产量,以阻止石油价格的下滑。欧佩克充分利用生产配额这一杠杆影响甚至左右国际石油价格,这是欧佩克以外的其他石油生产国所无能为力的。

欧佩克的成立、发展及其定价机制,对国际油价产生了深刻影响。

从下图可以看出,1973—1974 年和 1979—1980 年间,石油价格经历两次暴涨,这是 OPEC 定价机制对世界经济影响最大的时期。

具体来说,从 20 世纪初开始,国际石油价格的演变大体可以分为 5 个阶段:

(1)1973 年以前的低油价阶段。1960 年欧佩克成立之前,世界石油的生产和需求主要受西方国家控制,油价处于 1.5 美元/桶—1.8 美元/桶的垄断低水平。1960 年 9 月欧佩克成立后,不断争取石油生产权和定价权,然而在成立之初,尚未能对国际油价产生重大影响。

(2)1973 年 10 月—1978 年,第一次石油危机及第一次油价上涨时期。这一时期,欧佩克国家已经取得了国际石油定价权,并以石油为武器与欧美发达国家进行斗争。1973 年 10 月爆发的第四次中东战争,使得油价急剧上涨,

石油价格（单位：美元/桶）

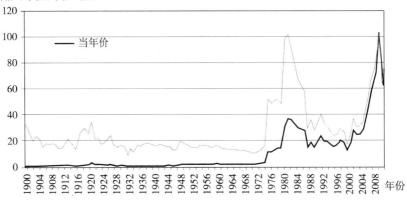

图 1-6　1900—2011 年世界石油价格变动情况

资料来源：BP 世界能源统计 2012。

从 10 月的接近 3 美元/桶涨到 1974 年 1 月的 11.65 美元/桶,造成西方国家第一次能源危机。

（3）1979—1986 年,第二次石油危机及第二次油价上涨时期。由于 1979 年伊朗伊斯兰革命的胜利和 1980 年两伊战争的爆发,世界石油供应出现短缺,欧佩克再次连续提高石油价格,1979—1981 年间,布伦特油价狂涨到 36.83 美元/桶。借助两次石油危机,欧佩克从国际石油垄断资本手中完全夺回了石油定价权。

（4）1986—1997 年,市场定价的较低油价时期。由于石油勘探开发技术的进步,降低了石油成本,产量增加,国际油价不再由 OPEC 单方面决定,而是由 OPEC、石油需求和国际石油资本共同决定的局面,国际油价基本实现市场定价。布伦特原油均价在 14.3 美元/桶—20 美元/桶的水平徘徊波动（1990—1991 年的海湾战争时期,油价出现短期大的涨落除外）。

（5）1997 年至今,国际油价波动上升时期。受亚洲金融危机、需求下降以及 OPEC 不时地增长,布伦特原油价格从 1997 年 1 月的 24.53 美元/桶下降到 1998 年 12 月的 9.25 美元/桶的最低价,然后从 1999 年 3 月开始反弹并一路攀升。

专栏 1-2 石油峰值辩论和石油价格变动

有关石油峰值具体时限的辩论在世界范围内已经进行了几十年了——即石油产量会有一个最高值，达到此最高值后，产量便逐渐缩减，直到最后再没有可抽取的石油为止。但有关石油峰值的预测一次又一次地失败。

我们能从地下抽取的石油似乎总比我们想象的要多。无数的警告，结果到最后都被证明是危言耸听。每当能源价格上涨时，世界上就会出现"能源荒"的恐慌。就在 2008 年金融危机出现之前，石油价格创造了历史新高，于是有关石油时代将要终结的预言泛滥成灾。危机过后，油价暴跌，灾难预言家们便又发布了国际金融系统崩盘、全球化时代将结束或自由经济将死亡等言论。

其实，能源价格与真正的生产成本或已知储量之间并无多大关联。价格的涨涨跌跌反映的是新油田的发现及技术进步和日益增加的能源需求之间的关系。虽然地球内部并没有生成新的石油，但不断进步的技术让我们每年都能发现新的储备。新油井的发现从未间断，新的抽取技术在不断提高。与 10 年前相比，如今的钻井平台可以应用于更大的油田，也钻得更深。倾斜钻井技术的出现使得我们能够同时抽取多个方向的石油。这些技术也能应用于小型油田。过去 20 年里，技术的进步使世界上可抽取的石油量上升了 30%，因而使用石油的前景又往后推了好些年。

仔细看看这些变化，会觉得很有趣。与 20 世纪 70 年代和 80 年代出现的剧烈波动相比，20 世纪 90 的石油供应局面相对平缓。大小波动似乎是以一种特殊的方式交替出现。这意味着影响供需关系的各种因素之间难以达到均衡状态。石油市场充斥着各种紧张的因素，这些紧张关系相互刺激和升级，积累到一定程度时，一个小事件就能成为引爆点，让整个市场陷入崩溃。石油供应的波动往往超乎我们的想象。由于石油经济完全不具备均衡性特点，大的波动时有发生，这就是为什么石油价格会突然之间暴涨，造成石油危机的原因。不过，新油田的发现和能源相关技术的发展又会使危机得到缓解。总之,能源经济一直以震荡的方式来适应变化。

（资料来源:《2030 技术改变世界》,中国商业出版社 2011 年版,第 35—36 页。）

自 20 世纪 80 年代中期以来,特别是进入 21 世纪以来,俄罗斯、非洲、中亚和中南美洲新能源中心的出现对传统的中东海湾地区 OPEC 国家世界能源中心地位构成极大的挑战,其战略地位不断下降。10 年来,中东地区的石油储量在世界能源总储量中的比例从 1999 年的 63.17% 下降到 2009 年的 56.6%,石油产量在世界石油总产量中的比例从 1999 年的 31.02% 到 2009 年的 30.3%,虽然保持基本稳定,但中东地区产油大国沙特阿拉伯长期雄踞的世界第一大产油国的交椅在 2009 年让位给新诞生的世界第一大产油大国俄罗斯,拉开了世界能源生产中心从中东转移的序幕。由于 OPEC 国家在世界能源供应格局中的地位相对下降,OPEC 对世界石油价格的影响力也相对降低了。

二、IEA 政策协调机制不足以应对世界能源新格局

自欧佩克成立以来,国际油价在其生产配额制的影响下波动上涨,并给西方国家带来了两次能源危机。这不得不引起以西方国家为主的能源消费国的恐慌。为了与欧佩克的能源战略及政策相抗衡,维护石油消费大国的利益,在美国的策划下,欧美一些发达的工业国也成立了它们自己的能源机构,即国际能源机构(International Energy Agency,简称为 IEA)。

1973—1974 年,阿拉伯国家针对美国和其他发达国家采取了石油禁运政策,导致西方出现了能源危机,这场危机加速了经济合作与发展组织成员国之间在集体能源安全体系方面的联合。

为了协调西方石油消费国的能源政策,制定对付和抗衡欧佩克的石油战略政策,1974 年 11 月 15 日,在美国的倡议下,国际能源机构成立,总部设在巴黎。其初期的成员国有 18 个,包括除法国之外的欧洲经济共同体国家以及美国、加拿大、日本、奥地利、瑞典、挪威、瑞士、西班牙等发达工业国,现有 27

个成员国。

国际能源机构的宗旨是,协调各成员国的能源政策,制定一整套从根本上改变国际石油市场格局的战略性经济措施,从根本上改变国际石油市场的力量对比,使欧佩克趋于分裂,以丧失对油价的控制能力。

在长期战略政策上,国际能源机构制定了节能、减少石油消费、开发新油田和新能源等战略政策。

成立之后,国际能源机构一直致力于避免在世界范围内出现石油供应中断;或在必要时,对石油供应紧急事态作出快速有效的反应。国际能源机构通过建立石油储备制度,管理国际石油市场信息系统,在全球范围内通过推广合理的能源政策,开发替代性能源和提高能源利用效率,完善世界能源的供需结构等措施来维护世界石油市场的稳定。

IEA第一次动用能源储备是在1991年的海湾战争期间,当时IEA成员国每天向市场释放出250万桶原油,促使国际油价大跌将近50%。第二次动用能源储备是在2005年9月2日,由于飓风"特里娜"摧毁了墨西哥湾地区原油生产以及炼化设备导致了国际油价大幅攀升,IEA官方网站宣布将释放6000万桶的石油与汽油库存,以缓解危机。

据IEA数据显示,2005年其成员国拥有40亿桶的原油储备,其中政府拥有14亿桶,这些石油存储在美国、欧洲、日本和韩国。

国际能源机构的建立,在一定程度上削弱了欧佩克对国际石油市场的影响力,对于稳定世界市场的石油价格具有重要作用。

但是,IEA作为协调能源需求的主要国际机制,却是经济合作与发展组织(OECD)的下属机构。进入21世纪以来,新兴经济体已经成为世界能源需求增长的主要动力,中国、印度都不会加入。这意味着有效稳定能源需求方的国际能源治理机制还没有建立起来。

三、中国需要积极推动国际能源治理机制变革

欧佩克和国际能源机构的成功刺激了其他国际能源组织的形成。如:独立石油输出国集团,八国集团,世界能源理事会等,如下表所示。不论是能源生产国还是消费国,都努力寻求国际合作,以更好地保护本国的能源安全和能

源利益。

但是,新的国际机制对国际能源的供求协调方面,尚不能与 IEA 和 OPEC 相提并论。如独立石油输出国集团试图仿效 OPEC,但几乎从未取得类似的成功;国际能源会议只是 NGO 性质的非官方论坛;世界能源理事会本身就是一个非政府组织。

表1-3 国际能源治理机制和中国的参与情况

名称	国际法地位	主要目的与任务	中国是否参与
国际能源机构	国际组织	保护工业发达的能源消费国(主要是能源净进口国)的集体利益	未加入
石油输出国组织	国际组织	保护石油输出国的集体经济利益	未加入
独立石油输出国集团	一批独立石油输出国的组织	保护欧佩克以外的石油输出国的集体经济利益	未加入
八国集团	七个工业发达国家+俄罗斯的非官方集团	在"八国集团"框架内讨论西方的能源安全,以及全球能源问题	未加入
国际能源会议	定期举行的非官方论坛	能源出口国和进口国,包括国际能源机构和欧佩克,在国际能源会议框架内进行全球对话	参加
联合国机构:联合国贸易和发展会议,联合国工业发展组织,联合国经济及社会理事会,联合国欧洲经济委员会等	国际组织	在联合国各种讨论框架内,就与世界能源(社会经济和生态等方面)有关的全球和地区性问题进行广泛的讨论	加入
世界能源理事会	非政府国际组织	在世界能源理事会的框架内讨论全球能源发展的社会经济、技术和生态等方面的问题	加入

资料来源:[俄]斯·日兹宁:《国际能源:政治与外交》,华东师范大学出版社 2005 年版。

中国在能源供求领域的变化突显出国际能源治理机制的不足。IEA 是主要的能源需求国协调机制,但却隶属于 OECD,作为世界能源需求第一大国和能源需求增长最快的国家,无法从国际能源需求国的政策协调中直接获益。同时,主要产油国合作环境趋于恶化,目前双边合作为主的机制已经难以保障我国海外能源投资贸易安全。积极参与和推动国际能源治理机制的发展,成为中国能源安全的重要任务之一。

第二章　节能战略:最大的能源

　　积极实施节能战略,意义重大。本章依据我国近年出台的、关于节能的一系列法律文件及政策规划,分总体目标、管理机构、突破口、技术支撑、制度保障五个方面,概括提出"节能战略",即中国的节能战略是指:综合运用行政、法律、尤其是经济激励政策手段,指导并鼓励支持节能技术研究、开发和推广应用,以优先推动重点行业、企业、机构和工程项目的节能降耗为突破口,最终实现能源强度和消费总量双控制目标的战略规划体系。进一步完善和贯彻中国的节能战略必须要基于新的、具有高度不确定性的国际能源市场格局,表现为:市场波动风险加剧,多国围绕能源资源和气候变化的博弈错综复杂且更为激烈,能源生产供应格局发生深刻变化且逐渐东移,以生产和消费双侧技术革命为主要特征的能源科技创新和结构调整步伐加快。通过对国内节能实践的回顾和节能战略的国际比较,本章提出了实施节能战略的政策建议。

第一节　节能战略的意义

　　党的十八大报告明确提出,要坚持节约优先的方针,全面促进资源节约。控制能源消费总量,加强节能降耗,支持节能低碳产业和新能源、可再生能源发展,确保国家能源安全。中国经济社会发展过程中,节能战略意义重大,是构筑国家能源安全体系的首要选择,是建设环境友好型社会的关键抓手,还是避免能源战争风险的重要保障。

一、节能战略是解决转型中的大国能源问题的关键选择

2011 年,我国一次能源消费量为 37.33 亿吨标准煤,占世界份额为 21.3%,但 GDP 只占世界 GDP 的 10.5%。[①] 从单位 GDP 能耗来看,中国单位美元国内生产总值的能源消耗约是日本的 9 倍、英国的 4 倍、美国的 3 倍,[②] 中国主要工业产品单位能耗高出了西方发达国家平均水平的 12%—55%。[③] 因此,在我国节约能源规模巨大、潜力巨大、收益巨大。从这个意义上,我们完全同意 Andrew Warren(1982)把能源效率称为与石油、天然气、煤炭、电力并列的"第五类能源",突出强调了能源效率在能源和社会发展中的重要作用。[④]

解决转型中的大国能源问题,通常包括"开源"、"节流"、"重储"、"保运"等多方面内容。但对中国而言,"节流",较之于"开源"或者开发新能源来说,更处于优先地位,是构筑国家能源安全体系的首要选择。这是因为,对于一个拥有 13 亿人口的大国而言,从粮食到能源,如果主要依靠国际市场供应,很容易引起价格的剧烈波动,表现为"买什么,什么涨钱"、"卖什么,什么掉钱",一旦外部供应中断,影响甚巨,最保险并且也是价格最可控的就是国内的能源资源,但由于国内能源资源的储量是有限的,并且不可再生,如不提高能源利用效率、节能降耗,把能源消费总量降下来,仅凭开源根本无法满足国内需求,保障国家能源安全。此外,由于在我国的能源消费总量中,新能源占比太低,而且新能源的开发、推广和使用受到很多技术条件的限制,成本很高,距离成为占据统治地位的能源形式还要经历漫长的时间。因此,积极实施节能战略,促进节能增效就成为必然。就"节能"来说,它包括减少浪费和增加回收两个部份。其中,减少浪费就是加强对用能的质量和数量的管理,优化用能结构,减

---

① 能耗数据引自《BP 能源统计 2012》,原统计中中国 2011 年一次能耗为 2613.2 百万吨标准油当量,按 1 吨油当量=1.4286 吨标准煤折算。GDP 数据来自 IMF,2011 年,全球 GDP 约为 69.66 万亿美元,中国 GDP 约为 7.3 万亿美元。

② Kenekiyo K, *Energy Outlook of China and Northeast Asia and Japanese Perception toword Regional Energy Partnership*,The Institute of Energy Economics, Japan,2005.

③ 崔民选:《中国能源发展报告》,社会科学文献出版社 2006 年版。

④ Andrew warren, "Does Energy Efficiency Save Energy: the Implications of Accepting the Khazzoom-Brookes Postulate", 1982, http://technlogy.open.ac.uk/eeru/syaff/horae/hbpot-hm. 2006.7.7.

少物流损失,能源介质的无谓排放等。增加回收就是大力回收生产过程中产生的二次能源(包括余压、余热、余能和煤气等)。就"能源效率"来说,它是指用较少的能源生产同样数量的服务或者有用的产出。[1] 但实际上,我国现行的能源开发利用方式和能源利用效率不能适应社会经济可持续发展需要的矛盾非常突出。

建国以来,随着我国节能实践的持续开展,政府对节能战略重要性的认识也在不断深化,从不重视节能工作,到有组织、有计划地开展节能工作,到确立"开发与节约并重,近期把节约放在优先地位"的长期指导方针,再到明确"节约资源是我国的基本国策"、实施"节约与开发并举,把节约放在首位"的能源发展战略。建国伊始,为了支持工业体系建设和国民经济恢复,政府长期刻意压低能源价格,尽管在特定历史时期有其一定的合理性,但这既不利于激励能源供应,又不能有效抑制能源消费的需求,致使能源生产企业处于微利、甚至亏损状态,而"低价格"政策又必然带来终端消费的扩张,由此导致建国后到改革开放前的这一时期,我国始终面临能源供应紧张和短缺的局面。20世纪70年代末80年代初,十一届三中全会召开,我国经济社会工作重点转移到经济建设上来,经济建设规模扩大且速度加快,全国出现能源供应严重短缺的局面,"停三开四"成为当时的专用名词,即企业生产因缺少能源而在一周内停工三天,开工四天,能源成了国民经济发展的"瓶颈",企业用能实行按指标分配。从1979年国家科委在杭州召开第一次能源政策座谈会以来,我国能源界逐渐形成了比较一致的看法,即我国面临着能源短缺。因此,如何弥补能源不足,缓解能源、特别是电力供应短缺局面及其对经济发展的制约,成为政府不得不考虑的重要问题,自此我国政府便开始有组织、有计划地开展节能工作。1980年,国务院批转国家经济委员会、国家计划委员会《关于加强节约能源工作的报告》和《关于逐步建立综合能耗考核制度的通知》,确立了"开发与节约并重,近期把节约放在优先地位"的长期指导方针;1997年出台(1998年实施)并于2007年修订(2008年实施)的《节能法》明确规定:节约资源是我国

---

[1] Patterson,M.G,"What is Energy Efficiency? Concepts, Indicators and Methodological Issues",*Energy Policy*,1996,25,pp.377-390.

的基本国策;国家实施节约与开发并举,把节约放在首位的能源发展战略。

二、节能战略是建设环境友好型社会的关键抓手

环境友好型社会是一种人与自然和谐共生的社会形态,其核心内涵是人类的生产和消费活动与自然生态系统协调、可持续发展。环境友好型社会是由环境友好型技术、环境友好型产品、环境友好型企业、环境友好型产业、环境友好型学校、环境友好型社区等组成。能源资源开发利用过程中的不当措施和行为是引发环境问题的重要原因,比如油气和煤炭资源的过度开采、浪费以及能源的大量消耗。

排放量(单位:百万吨)

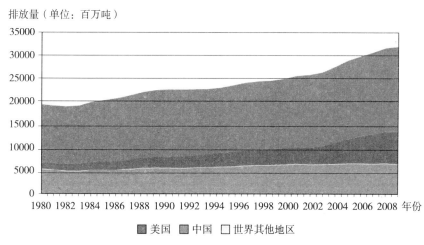

图 2-1　1980—2008 年能源消费所产生的二氧化碳排放量

数据来源:美国能源部长朱棣文在清华大学的演讲,2009 年 7 月 15 日。

如图 2-1 所示,截止 2008 年底,美中两个能源消费大国由于能源消耗所产生的二氧化碳排放量占全球总量的 42%。据《BP 世界能源统计 2012》显示,2011 年,美国基于能耗所产生的二氧化碳排放量占全球总量的 17.7%,中国占 26.4%,美中两国仅因能源耗费这一项就排放了全球 44.1% 的二氧化碳。近年来,基于能源消耗引致的温室气体和其他污染物排放已成为社会各界关注的焦点,正是从这个意义上,世界上很多国家都致力于推进节能增效,并把其作为削减碳排放、应对气候变化的重要抓手。在中国的政策体系中,节

能减排通常被一并提起,并已上升为基本国策,在《国民经济与社会发展第十一个五年规划》中,中国提出了关于节能减排的具体约束性指标,2010年较2005年,实现单位GDP能耗下降20%,主要污染物排放比如二氧化硫(SO_2)、化学需氧量(COD)等分别下降10%。关于节能减排的目标中,截至2010年底,上述目标中仅有节能尚未实现,实际完成19.1%,略低于20%,化学需氧量、二氧化硫排放量则超额完成目标,分别较2005年水平下降了12.45%、14.29%。"十二五"规划继续制定节能减排的约束性目标,包括单位GDP能耗降低16%、单位GDP二氧化碳排放降低17%、化学需氧量和二氧化硫排放量分别降低8%、氨氮和氨氧化物排放量分别降低10%,这些指标逐级分解到地方政府,作为绩效考核的重要标准。从全球范围来看,能源政策实质上已演变为能源——环境政策,因此,在中国建设环境友好型社会的过程中,切实推进节能增效,就会成为关键抓手。

专栏 2-1:"微排地球"战略的提出

"微排地球"是指一整套微排集成及解决方案的节能管理平台。通过对清洁领域技术整合,实现生产生活中的各种能耗排放达到微量,甚至零能耗,这一思路由我国太阳能企业皇明集团董事长黄鸣首次提出,他认为,当前国家节能减排形势严峻,政府要完成节能减排刚性目标难度很大。微排地球战略正是在能源危机、气候变暖的形势下的深度思考,是我国完成节能减排目标与应对气候变化承诺的重要途径,可以说是应时而生。"微排地球"战略是对整个地球的开发利用的有效规划,是整合各行各业优势资源实现微量排放,甚至零排放目标的整体解决方案。将全球气体、粉尘、污染物的排放阀门关闭,遏制生态恶化、改善环境。微排与低碳相对应,低碳仅仅是碳排放,但微排包括二氧化硫、粉尘、废气、污水、垃圾排放,也包括人类活动中不必要的浪费和排放。涵盖了环保、生态、低碳、气候变化、能源、生活水平、污染水平等诸领域,通过综合利用包括太阳能等可再生能源在内的清洁能源技术,减少城乡对废气、废水、固体废弃物等物体的排放。

"微排地球"战略具备可复制性，更易于推广，自概念提出以来，已经得到了全球近30多个国家的认同。据了解，"微排地球"用户可通过手机、电脑、大型展示系统的无线网络或 WIFI 控制。查看光伏发电系统的运行、调整光电遮阳板的角度、打开通风器、热水系统的水温等。在"微排家居"解决方案中，使用者在进入厨房、卫生间或其他需要使用热水的环境，热水系统会事先准备好热水备用；门窗采用温屏节能门窗，隔音隔热，保持室内适宜温度；通过手机、电脑或小型无线网络进行远程控制、查看光伏发电系统的运行参数、调整光电遮阳板的角度、打开通风器等操作。

（资料来源：钟银燕：《为兑现国家节能减排目标和应对气候变化的承诺，黄鸣建议："微排地球"应上升为国家战略》，《中国能源报》2012 年3 月 12 日，第 023 版，有删改。）

三、节能战略是降低能源战争风险的重要保障

国际能源市场竞争日趋激烈，尽管美国受益于"页岩气革命"，初步实现了能源自主或说能源独立，但其仍有大量国内需求依赖进口，同时，随着包括中国在内的新兴市场国家迅速发展，能源需求持续增加，很大程度上直接拉升了全球大宗商品价格，由于像石油、天然气、煤炭等一次能源，主要为非再生资源，接近生产峰值，一方面是供给增产形势严峻，一方面是来自于新兴市场国家的旺盛需求超过其他国家和地区的节能量，势必引发国际能源市场的竞争日趋激烈，全球化浪潮中，无论中国是否愿意，都必须要加入到这个竞争越来越激烈的全球化能源市场中。

激烈竞争的国际能源市场格局至少包括中美、中欧、中日、中俄能源竞争，很快还会出现中国和印度、巴西等国的竞争，这里仅简要分析前四种能源竞争格局：一是中美竞争。尽管美国得益于当前的"页岩气革命"，初步实现能源自主，但因为中美两国能源需求巨大，石油进口量、对外依存度均超过 50%，进口的渠道也大多相似，势必会在能源需求市场上激烈竞争。[1] 在 2011 年一

---

[1] 张生玲、林永生：《中美两国能源竞争博弈之分析》，《国际商务——对外经贸大学学报》2008 年第 1 期。

次能源消费中,中国以 2613.2 百万吨油当量位居世界第一,占世界比 21.3%。美国以 2269.3 百万吨油当量排第二,占世界比例 18.5%,均远远高于排名第三的俄罗斯,685.6 百万吨油当量。未来 10 年,中国化石能源的供求形势会更加紧张,石油为最、天然气次之、煤炭相对乐观。预测数据显示:2015 年,我国石油对外依存度会超过 60%,天然气对外依存度为 6.11%,煤炭对外依存度为 0.72%;2020 年石油对外依存度会高达 70%,天然气对外依存度达到 7.84%,煤炭对外依存度升至 2.13%。① 迄今,"中国能源威胁论"高涨,有些国外媒体把世界能源可能枯竭和油价高涨等原因都归咎于中国,认为中国破坏了世界能源市场的安全和稳定。美国初步实现能源自主以后,会逐渐摆脱对中东地区石油资源的依赖,转向距离更近、也相对更为稳定的美洲、尤其是北美地上。但其并不会任由中国从中东获取稳定、可靠能源,一个可能的情形就是在那里自由推行西方民主和自由的理念,并阻挠中国获取稳定、廉价油源;二是中欧竞争。由于地缘关系,俄罗斯是欧盟主要的能源进口国,欧盟希望将俄罗斯打造成欧洲大陆最稳定的能源基地。但是俄罗斯既依赖欧洲,也希望打破单一的出口局面,能源需求旺盛的中国成为俄罗斯出口能源多元化的首选。目前,中欧在对俄罗斯、北非以及中东等地的能源争夺上形成竞争;三是中日竞争。中日同属亚洲,都是能源消费大国,在石油进口上都具有高度的对外依赖性,再加上地缘位置的原因,无论是进口来源、进口通道,都不可避免的导致中日两国在国际能源市场,尤其是油气资源上展开激烈竞争,如近年中日之间围绕"安大线"和"安纳线"展开的争夺;四是中俄竞争。中俄能源合作总体较好,但由于两国都是大国,在世界政治、外交舞台上仍然存在着错综复杂的大国能源外交博弈。俄罗斯既把中国当做战略伙伴,同时对中国的崛起和发展颇存戒心,甚至认为与中国进行能源合作威胁到了俄罗斯的能源安全。

因此,在中国的工业化和城市化进程中,如果不积极实施节能战略,控制能源消费量和对外依存度,一定会到全球各地去寻求能源供应,由于能源是工

---

① 张生玲:《能源资源开发利用与中国能源安全研究》,经济科学出版社 2011 年版,第 107 页。

业发展的基础性和战略性资源,各国肯定互不相让,可能引发世界范围内的能源战争。节能增效则既可促进国内的资源节约和环境保护,同时还可适度降低对海外能源的需求,朝着中国的能源自主方向迈进,进而避免能源战争风险,为两型社会建设争取和平的外部环境。

第二节　中国节能战略的主要内容

节约资源是我国的基本国策,结合中国的节能实践,《能源发展"十一五"规划》《中华人民共和国节约能源法》(以下简称"《节能法》")及其修订版本,可把中国的节能战略概括为五大方面:一是节能战略的管理机构,为国务院和县级以上地方各级人民政府;二是节能战略的总体目标,实施能源强度和消费总量双控制、并分解到省级人民政府负责落实;三是节能战略的突破口,优先推动重点行业、企业、机构和工程项目的节能降耗;四是节能战略的技术支撑,指导并鼓励支持节能技术研究、开发和推广应用;五是节能战略的制度保障,除行政手段外,综合运用法律、尤其是经济激励政策,建立制度化和规范化的节能奖惩机制。

一、节能战略的管理机构

我国的节能管理机构随着节能降耗的工作实践不断调整。自建国后至改革开放前,我国没有专门性的节能管理机构,主要由国务院出台一些临时性的应急措施,管理节能工作。此后,我国的节能管理机构逐渐调整和完善:《关于加强节约能源工作的报告》(1980)指出,要有步骤、自上而下地建立和健全全国的能源管理机构。国家计委负责长远规划和综合平衡,国家经委负责组织实现节能措施和能源管理。国务院各有关部门,都要加强这方面的工作。各省、市、自治区可根据具体情况,建立由计委或经委牵头的领导小组,研究本地区能源使用和节约工作中的重大问题,协调各方面的工作;1986年1月12日,国务院发布的《节约能源管理暂行条例》明确规定,"国务院建立节能工作办公会议制度,研究和审查有关节能的方针、政策、法规、计划和改革措施,部署和协调节能工作任务。省、自治区、直辖市人民政府和国务院有关部门,应当指定主要负责人主管节能工作,并可建立节能工作办公会议制度";《节能法》在第 2 章"节能管理"中指出,国务院和县级以上地方各级人民政府应当加强对节能工作的领导,部署、协调、监督、检查、推动节能工作。

二、节能战略的总体目标

长期以来,中国并没有设定明确的节能总体目标,只是在能源供应无法满足国内能源需求的情况下,出台一些临时性的政策措施,旨在减少浪费、抑制能源消费扩张。党的十六届五中全会首次提出了节能战略的总体目标,即实现"十一五"期末单位 GDP 能源消耗比"十五"期末降低 20% 左右的目标。第十届全国人民代表大会第四次会议批准的《中华人民共和国国民经济和社会发展第十一个五年规划纲要》将其列为约束性指标。2007 年,国家发改委公布《能源发展"十一五"战略规划》,明确提出到 2010 年万元 GDP（2005 年不变价）能耗由 2005 年的 1.22 吨标准煤下降到 0.98 吨标准煤左右,年均节能率 4.4%。这是一项重大决策,也是一项紧迫而艰巨的任务,节能战略总体目标的提出意味着国家要把节能战略作为转变经济增长方式、调整经济结构的重要途径。"十二五"规划纲要提出了"十二五"期间中国节能战略的总体目标,即 2015 年实现单位 GDP 能耗较 2010 年降低 16%,同时指出要"落实节约优先战略,全面实行资源利用总量控制、供需双向调节、差别化管理,大幅度提高能源资源利用效率"。"十二五"期间我国能源消费总量的控制方案已经上报国务院审批①,将实行能源消费强度与总量双控制,2015 年我国能源消费总量控制在 41 亿吨标准煤左右,既要继续制定积极的节能降耗定量目标,也要试行能源消费控制目标,加强需求侧管理,保障基本用能,限制过度用能,鼓励节约用能。

三、节能战略的突破口

我国早期的节能工作主要从限制特定能源产品开始,此后逐渐寻求重点

---

① 能源消费总量控制方案将上报国务院审批,《上海证券报》2012 年 5 月 24 日。

突破,加强一些重点行业、企业、机构和工程项目的节能降耗工作。1980—1982 年间,国务院先后发布了针对工业锅炉烧油、电、成品油、煤等五个节能专项指令,即《国务院关于压缩各种锅炉和工业窑炉烧油的指令》(节能指令第一号)①、《国务院关于节约用电的指令》(节能指令第二号)②、《国务院关于节约成品油的指令》(节能指令第三号)③、《国务院关于节约工业锅炉用煤的指令》(节能指令第四号)④、《国务院关于发展煤炭洗选加工合理利用能源的指令》(节能指令第五号)⑤。《节能法》出台以后,我国节能战略的突破口开始转向重点行业、企业、机构和工程项目的节能降耗工作,并体现在多个政府颁布的政策文件或倡导实施的工程项目之中,比如《能源中长期规划纲要(草案)》(2004)、《关于发展节能省地型住宅和公共建筑的指导意见》(2005)、《关于做好建设节约型社会近期重点工作的通知》(2005)、《民用建筑节能管理规定(修订版,2006)、《国务院关于加强节能工作的决定》(2006)、《"十一五"资源综合利用指导意见》(2007)、《能源发展"十一五"规划》(2007)、《国务院关于印发节能减排综合性工作方案的通知》(2007)、《民用建筑节能条例(草案)》(2007)、《中华人民共和国节约能源法》(修订版,2007)、节能产品惠民工程(自 2009 至今)、《2010 节能减排工作安排》(2010)、《关于进一步推进公共建筑节能工作的通知》(2011)、《工业节能十二五规划》(2012),等等。

　　依据我国既定的节能战略,首先重点推进三大类行业节能,即工业节能(电力、钢铁、有色金属、建材、石油加工、化工、煤炭等主要耗能行业)、建筑节能和交通运输节能;其次加强公共机构和重点用能单位节能,全部或者部分使用财政性资金的国家机关、事业单位和团体组织,应当厉行节约,杜绝浪费,带头使用节能产品、设备,提高能源利用效率。同时加强对重点用能单位的节能

---

①　《中华人民共和国国务院公报》1980 年第 17 期。
②　《中华人民共和国国务院公报》1981 年第 7 期。
③　《中华人民共和国国务院公报》1981 年第 15 期。
④　《中华人民共和国国务院公报》1982 年第 13 期。
⑤　《中华人民共和国国务院公报》1982 年第 19 期。

管理,开展千家企业节能行动(2005)①、万家企业节能低碳行动②等;最后还要实行重大节能工程,如"十大重点节能工程"③。

四、节能战略的技术支撑

节能战略需要以先进的节能技术为支撑。两个版本的《节能法》(1997、2007)均单列一章,就节能技术进步进行专门阐述:国务院管理节能工作的部门会同国务院科技主管部门发布节能技术政策大纲,指导节能技术研究、开发和推广应用。制定并公布节能技术、节能产品的推广目录,引导用能单位和个人使用先进的节能技术、节能产品。组织实施重大节能科研项目、节能示范项目、重点节能工程;县级以上各级人民政府应当把节能技术研究开发作为政府科技投入的重点领域,支持科研单位和企业开展节能技术应用研究,制定节能标准,开发节能共性和关键技术,促进节能技术创新与成果转化。按照因地制宜、多能互补、综合利用、讲求效益的原则,加强农业和农村节能工作,增加对农业和农村节能技术、节能产品推广应用的资金投入。2011 年国家能源局印发《国家能源科技"十二五"规划》,强调要重点推动能源勘探与开采、加工与转化、发电与输配电、新能源四大领域的技术进步。

---

① 千家企业是指钢铁、有色、煤炭、电力、石油石化、化工、建材、纺织、造纸等 9 个重点耗能行业规模以上独立核算企业,2004 年企业综合能源消费量达到 18 万吨标准煤以上,共 1008 家。由国家发展改革委会同国家统计局提出,并经各省、自治区、直辖市发展改革委或经贸委(经委)核对后确定。

② 万家企业主要包括:以 2010 年数据算,1.综合能源消费量 1 万吨标准煤及以上的工业企业;2.综合能源消费量 1 万吨标准煤及以上的客运、货运企业和沿海、内河港口企业;或拥有 600 辆及以上车辆的客运、货运企业,货物吞吐量 5 千万吨以上的沿海、内河港口企业;3.综合能源消费量 5 千吨标准煤及以上的宾馆、饭店、商贸企业、学校,或营业面积 8 万平方米及以上的宾馆饭店、5 万平方米及以上的商贸企业、在校生人数 1 万人及以上的学校。

③ 十大重点节能工程包括:燃煤工业锅炉(窑炉)改造工程、区域热电联产工程、余热余压利用工程、节约和替代石油工程、电机系统节能工程、能量系统优化工程、建筑节能工程、绿色照明工程、政府机构节能工程、节能监测和技术服务体系建设工程。

五、节能战略的制度保障

节能战略的制度保障主要是指节能管理部门为了实现节能战略的总体目标而颁布实施的一系列政策、措施的总和,随着节能工作不断开展,我国贯彻实施节能战略的制度措施逐渐转变,由过去采取单一行政指令的做法向综合运用行政、立法和经济激励政策相结合的做法转变。20 世纪 70 年代末 80 年代初,我国开始有计划、有组织地开展节能工作,这一时期的节能政策多为行政命令性的,按照"统一分配、凭证定量、控制使用"的方针,通过运用政府强制性的行政手段或管制政策来抑制能源消费的扩张,如 1982 至 1985 年间的五个节能专项指令;1986 年 1 月 12 日,国务院发布了《节约能源管理暂行条例》,同时废止 1980 年至 1982 年间先后发布的五个节能专项指令,该条例对推进节能工作的政策措施有所完善,例如强调通过实行产品能耗定额管理,通过考核制度、节奖超罚等手段,将节能目标与计划分配物资结合起来;1997 年,《节能法》的公布和实施是一项划时代的开创性工作,用法律的形式明确了"节能是国家发展经济的一项长远战略方针",确定了节约能源的基本原则、制度和行为规范,其与相之配套的法规和相应的规章、标准共同构成全社会的节能促进机制,《节能法》标志着我国的节能工作上升到法律高度,进而为中国的节能行动提供了法律保障。《节能法》实施之后,国家陆续颁发了《重点用能单位节能管理办法》(1999 年 3 月,国家经济贸易委员会发布)、《节约用电管理办法》(2000 年,国家经济贸易委员会和国家发展计划委员会联合发布)等相关的配套法规,全国各地根据实际情况,也陆续出台了 27 部地方性节能法规和 10 部节能程序法(节能监察办法),节能法规体系逐渐完善;最新修订的《节能法》专门增加了一章"激励措施",强调在贯彻落实国家节能战略过程中经济激励政策的重要性,比如中央财政和省级地方财政安排节能专项资金,支持节能技术研究开发、节能技术和产品的示范与推广、重点节能工程的实施、节能宣传培训、信息服务和表彰奖励等。此外,政府还可以通过税收政策、政府采购、金融政策以及价格政策等经济手段,出台激励措施,推动节能降耗。在实践上,"十一五"期间,中国政府已经颁布实施了一系列绿色新政,比如绿色税收、绿色补贴、绿色采购、绿色证券、绿色保险等,取得很大成效。

第三节 节能战略的国际比较

中国的工业化和城市化过程起步相对较晚,很多技术仍不成熟,尽管很久以前就开始强调转变经济发展方式,但困难重重,迄今仍未完成由粗放型到集约型生产的转变过程,表现为高投入、高消耗、高污染、低效益,能源浪费严重,使用效率不高。欧美等发达国家拥有很长的工业化历史,资源、能源、环境与经济发展之间的矛盾暴露得也比中国早,尤其是 20 世纪 70 年代石油危机后,发达国家的政府、企业、科学界甚至一般的民众对节能降耗的认识也较为深刻,经过几十年的探索与研究,一批发达国家积极运用法律、行政、经济等综合性的政策手段,充分调动政府、企业和社会的积极性,全面推进节能降耗工作,已经建立了相对比较完善的节能政策体系,取得了很多值得我们总结和学习的经验,鉴于此,本节重点介绍国外发达国家,主要是美国、日本和欧盟的节能战略,最后总结了或对中国有益的启示。

一、美国的节能战略

美国是世界头号经济强国,同时也是世界上能源消耗大国。从 1973 年石油危机开始,美国能源忧患意识不断增强,开始重视能源污染问题,并综合运用法律和经济手段,充分调动政府、企业和社会的积极性,全面推进节能增效工作。

(一)完善战略规划和法律法规

美国政府高度重视有关节能的战略性规划,如 1998 年制定的《国家能源综合战略》要求更有效地利用能源资源,尽可能地提高能源利用效率。进入新世纪,乔治·布什上任第二周就成立了包括能源部、运输部、商业部、财政部等 14 个部门以及有关学者专家在内的能源政策小组,该小组在 2001 年 5 月公布了一篇长达 170 页的美国国家能源政策报告《为美国的未来提供可靠的、可负担的、环境许可的能源》。2005 年,美国能源部又发表了《2006—2010 年五年能源战略计划》,将能源政策的四个目标确定为:提倡能源节约和提高能源效率,以防止能源的浪费和过度消耗;增加国内能源生产,减少对外国的依赖;能源供给多样化,主要开发可替代能源;改造能源基础设施,确保能源输送渠道的畅通。

美国对能源消费的控制和能源效率的提高利用主要是通过立法来实现,美国的能源立法,根据其内容和目的大致可分为三个阶段①:一是紧急应对能源危机的阶段。自1973年石油危机爆发以来,美国先后陆续颁布了《能源政策和节约法》(1975)、《资源保护回收法》(1975)、《资源节约与恢复法》(1975)、《固体废弃物处置法》(1975)、《能源部组织机构法案》(1978)、《国家节能政策法规》(1978)、《机动车辆信息与成本节约法》(1982);二是降低电器设备耗能的阶段。自20世纪80年代中期开始,美国先后颁布制定了《国家设备能源保护法》(1987)、《国家家用电器节能法案》(1987);三是国家能源综合战略逐步制定的阶段。如1988年的《联邦能源管理促进法规》,1990年的《清洁空气法》,1992年的《能源政策法案》,1998年颁布了《国家能源综合战略》。尤其在2005年颁布的《新能源法案》从立法上提出了促进消费者节约能源、使用清洁能源的可行措施,2007年出台《能源独立和安全法》,对能效产品实行了一系列税收优惠和补贴措施,并把节约能源提高能效用的措施运用到建筑、汽车等各方面,同年美国参议院提出了《低碳经济法案》,这表明了美国政府在逐渐构建一个综合、平衡和对环保有利的能源安全长期战略,也意味着节能减排的低碳经济发展道路已经从法律意义上成为美国未来的重要战略选择。以上这些政策法规构成了美国关于节能减排的法律体系,强制性引导全社会的能源消费意识和行为发生政策导向型的转变,是该国开展节能减排工作的重要法律依据和行动准则。

(二)建立促进节能的经济激励政策体系

美国政府长期重视经济手段在推进节能减排工作中的作用,先后出台了一系列的经济激励政策引导和促进企业和社会公众积极参与节能减排,从促进企业研发节能技术、生产节能产品、减少污染排放到鼓励个人购买能效产品,克服新型能效产品在市场转换过程中存在的市场障碍等等,建立起了较为

---

① 汪巍:《美国:构建节能减排制度体系》,《中国经济时报》2010年8月3日。

完善的促进节能的经济激励政策体系,主要包括现金补贴、税收减免优惠、绿色采购、融资优惠等四大类:一是现金补贴。美国联邦政府、州政府以及电力、天然气公司等公用事业组织每年均会给予用户大量补贴,鼓励其购买节能产品。此外,美国 21 个州还设有节能公益基金,主要通过提高 2%—3% 的电价来筹集资金。例如,2001 年美国 40 个州级政府部门和公用事业单位共提供 1.33 亿美元开展现金补贴项目,鼓励用户购买经"能源之星"认证的节能电器和照明产品。美国联邦政府除了向消费者提供补贴用于推广节能产品外,还特别向低收入家庭发放补贴,用于节能投资和支付能源费用。2009 年联邦政府出资 30 亿美元,用来补贴购买节能型新车的消费者,购买新车的消费者每辆可以得到 4500 美元的优惠折扣;二是税收减免。税收优惠是美国联邦政府和各级州政府提高能源利用效率的重要措施之一,美国节能税收优惠政策主要体现在直接税收减免、投资税收抵免、加速折旧等方面,涉及减免税的项目包括新建节能住宅、高效建筑设备、经过认证的能效家用电器、家庭太阳能发电等。此外,2005 年的《新能源法案》还明确了以下方面的税收优惠:联邦政府向全美能源企业提供 146 亿美元的减税额度,以鼓励石油、天然气、煤气和电力企业等采取节能、洁能措施。推出 13 亿美元的个人节能消费优惠预算方案,鼓励人们使用太阳能,并且消费者购买家用太阳能设施开支的 30% 可以用来抵税。对购买汽油——电力混合动力汽车的消费者、在住宅中使用节能玻璃和节能电器的居民减免税收,对居民在住宅中更新室内温度调控设备、更换节能窗户、通过维修制止室内制冷制热设施的泄漏等,给予全部开支 10% 的减免税收优惠;三是绿色采购。美国政府主要以联邦法令与总统行政命令作为推动政府绿色采购的法律基础,并在长期实践中积累了丰富的经验,从 20 世纪 90 年代初以来已经先后制定并实施了采购循环产品计划、能源之星计划、生态农产品法案、环境友好产品采购计划等一系列绿色采购计划;四是融资优惠。节能技术和项目研发实施需要资金投入,为此美国政府制订了许多支持企业节能的金融扶持政策,例如,为有效解决节能服务公司融资难,美国一些官方和商业贷款机构还提供优惠的低息贷款来鼓励节能产品的开发;再如,为推进"能源之星"项目的开展与实施,美国的贷款机构采取诸如返还现金、低利息等措施激励用户购买经"能源之星"认证的住宅,并向购买该建筑的用户提供抵押贷款服务,这不仅有效地促进了节能建筑的建设和开发,降低了建筑物的能耗和维护运行管理费用,更重要的是还带动了墙体、屋面保温隔热技术的发展,刺激了建材市场,增加了就业机会,促进了美国社会经济的发展。

(三)加强对如建筑类重点用能行业的监管

美国建筑业增加值占美国 GDP 的 8.3%,但是建筑业消费了全国 76%的电力,48%的能源,50%的原材料,并且产生 40%的废弃物、增加 27%的碳排放。因此,美国政府格外关注推动建筑业的节能减排,开始关注绿色建筑和建筑节能技术,经过多年的发展,建筑节能技术在美国已经很成熟,建筑节能也从早期的强调建筑密闭性的简单节能技术,发展到包括节能、环保、健康等内涵的绿色建筑。在建筑的最低能效标准方面,美国政府制定了 IECC(国际节能规范)2000 标准和 ASHRAE(美国采暖、制冷与空调工程师协会)标准,对低层住宅、商用建筑和高层建筑能源性能(围护架构、采暖空调),如最小热阻值和最大传热系数等方面作了强制性要求。此外,美国政府在 2005 年的财政预算中,对新建的节能住宅、高效建筑设备等都实行减免税收政策。对于超出最低能效标准的商业建筑,每平方英尺减免 75 美分,约占建筑成本的 2%。美国推出了"能源之星"的项目,得"能源之星"称号的建筑,与一般的建筑相比,能源消耗量少 35%,温室气体排放量也少 35%。据统计,到 2009 年为止美国国内已有超过 6200 所的办公大楼和工厂等建筑获得了"能源之星"称号。[1]

(四)树立政府节能榜样、鼓励发展节能服务公司

美国联邦政府年能源消费量占总消费量的 13%,联邦政府特别强调政府节能,为公众确立榜样。联邦政府助理办公室专门负责机构节能工作,为确保政府节能目标实现,过去 10 年美国制定颁布 13 项总统行政令来具体规范政府机构节能。美国还积极发展节能服务公司(Energy Service Company,ESCO),美国是世界上节能服务产业最发达的国家。政府有关环境保护的法案、有关建筑物和设备能耗标准的制定、联邦政府每年的节能议案、电力公司进行综合规划的法案、能源审计的标准,每年众多与节能有关的公共事务刺激

---

[1] 应斌:《美国大力推行城市节能建筑减排》,《世界文化》2009 年第 5 期。

了美国 ESCO 的发展。

（五）实施强制性与自愿性相结合的能效标准、标识和认证工作

美国能源部负责能效标准的制定，美国有两种能效标志：一是美国能效标签。空调、电冰箱、洗衣机等电器如果达到能源部制定的能耗标准就可以使用美国能效标签；二是美国"能源之星"标志。如果产品的能耗比能源部制定的最低能耗标准还要低，就可以使用美国"能源之星"标志，"能源之星"标志产品一般比最低能耗标准还要节约 13%—20% 能源，美国政府规定政府采购必须是美国"能源之星"标志产品。美国政府对生产者的技术、产品标准、排放和售后服务进行管制和引导，强制性与自愿性相结合，一方面制定并实施家用电器及建筑物的能效标准，且以立法形式强制执行，最低能效标准主要针对即将进入市场的新产品，其必须达到政府规定的能效水平才能进行销售和使用，通过最低能效标准的实施可以强制性、有效性的淘汰高能耗产品，把好节能第一关；另一方面大力推广自愿性的能效标识，即厂家自行标出产品的相关能耗信息，给消费者以消费明示，达到节能产品标准从而获得节能产品标签的"能源之星"项目。

此外，美国通过加强能源管理体制建设以及广泛的社会宣传和教育项目等措施来推动节能工作，如美国设立专门的节能管理机构，能源部设能效和可再生能源局（ERRE），ERRE 设置两个综合办公室，同时还设置六个区域办公室，分布在亚特兰大、芝加哥、费城等地。为推动各种节能项目的顺利实施，美国还开展了广泛的宣传和教育项目，以提升生产者和消费者的节能减排观念和能效意识。例如，每年 10 月是美国的"节能宣传月"，这一传统源自 1991年，每逢此时，政府、商业组织或协会都会举办各种活动向公众宣传节能环保知识，鼓励人们在日常生活中身体力行地减少能源消耗。另外还采取包括发放出版物、公开示范、媒体宣传、开展各种培训，主办由制造商、经销商、消费者及政府工作人员参加的研讨会等多种宣教方式，对电器设备的能耗水平、运行费用、能源效率的影响因素、节能技术等进行消费者教育等等。

二、日本的节能战略

日本能源匮乏，石油、天然气、煤炭等化石能源几乎全部依赖进口，20 世纪 70 年代,第一次"世界石油危机"爆发,导致了石油价格急剧上升,对日本经济产生了剧烈的冲击。此后,日本政府开始反思以往能源战略,非常重视节能降耗工作,果断地把节约能源和新能源的开发和利用作为未来能源政策的基本方针,并积极加大节能投入、开发节能产品,调整产业结构,迄今,日本已经成为世界上能源效率最高的国家,日本汽车因为其能耗少这一重要特征而畅销世界。作为世界公认的提高能效先驱者,日本能源政策的核心是能效方面的改进和提高,其在工业部门和电器设备等领域的节能举措尤为先进和完善。经过一系列的努力,日本的节能减排工作得到了显著的进展,成为现阶段单位 GDP 一次能源消耗量全球最低的国家。①

(一)重视通过立法促进节能

第一次石油危机后,日本通产省在 1974 年颁布了旨在减少石油使用量、开发新能源的《阳光计划》,1978 年颁布研发新节能技术的《月光计划》,此后,日本一直将"节约能源"作为国策,并重视通过立法促进节能,要求各行各业厉行节能。1979 年,日本制定《能源使用合理化法》(又称《节约能源法》或《节能法》,以下简称《节约能源法》),而此后又分别在 1983 年、1993 年、1997年、1998 年、1999 年、2002 年和 2005 年进行了多达 7 次的修订,《节约能源法》对办公楼、住宅、汽车、家电的能耗标准做出明确规定,同时还制定了各种能源的使用细则,如《建筑节能准则》、《汽车燃料消费标准》等。该法旨在促进工厂、建筑物、设备以及器材等的燃料资源的高效利用,在企业、机动车辆、耗能设备方面的能效标准规定愈加严格。1991 年颁布了《再生资源利用促进法》,随后相继出台了《环境影响评价法》、《环境基本法》、《家电回收再利用法》、《容器包装回收再利用法》、《循环型社会形成推进基本法》、《汽车回收再利用法》和《建筑材料回收再利用法》等一系列的节能相关法律、法规。1993 年颁布了《合理用能及再生资源利用法》。2003 年颁布了《促进新能源特别措施法》。特别是 2006 年日本政府颁布了《新国家能源战略报告》,该报告中阐述的 8 大战略及措施,条条都与节能减排、开发利用新能源有关。② 日

---

① 贾若祥:《日本节能经验及对我国的启示》,《宏观经济管理》2008 年第 5 期。

② 王荣、储从江:《日本节能经验及启示》,《中国能源》2007 年第 5 期。

本政府从法律层面对各种能源使用的细化要求使得日本的节能降耗工作取得很大成绩,以油耗少而畅销世界的日本汽车就是一个很好例证。

（二）建立有效节能管理制度

为有效贯彻实施上述的相关节能法律法规,日本政府制定了诸多有效的节能管理制度。日本政府对能源消费总量不同的企业实施分类管理制度:第一是分类指定工厂管理制度,以能源消耗量的不同将用能工厂划分不同类别,分别确定其在节能方面的责任和义务以达到有针对性的管理,日本根据耗能多少将企业分为两类,两类企业每年必须减少能耗1%,经济产业省将年燃料消耗1500千升标准油或是电力消耗600万千瓦时的企业列为第一类,第一类企业必须安排专职管理人员进行节能降耗管理,每年必须向经济产业省报告能耗状况,达标则进行奖励,不达标则进行罚款,政府委托专职节能中心对企业进行能源消耗审计;第二是节能报告制度,该制度规定用能工厂必须定期向政府报告上一年度的节能工作实施情况,包括分类能源使用量、用能设备状况、标准遵守情况、能源利用效率、二氧化碳排放量等五个方面的内容;第三是能源管理师制度,由国家统一认定能源管理人员的从业资格,以专业化队伍来加强企业的节能管理;第四是领跑者制度,即节能标准更新制度。领跑者制度将节能的指导性标准根据最先进的水平即领跑者来制定,五年后这个指导性指标就转换为强制性标准,达不到这个标准的产品禁止在市场上销售,而新的领跑者标准又同时出台,以此来不断推进节能水平的提升;第五是实施"领先产品"能效基准制度,对汽车、电器等产品制定不低于市场上最佳产品水平的能效标准,以利于消费者对产品的能效进行比较购买。①

（三）设立高效的节能管理机构

日本根据"节能法"建立了一套较为完善的能效管理体制,确定节能降耗工作由通产省牵头,建设省、运输省共同负责,2001年机构改革后由经济产业省资源能源厅负责对全国节能工作进行宏观调控和管理,形成了一套从政府到企业,涉及工业、交通、建筑各个领域的纵横交错的能源管理组织结构,②日

---

① 徐明才:《日本节能法律体系建设及节能实践》,《应用能源技术》2007年第3期。
② 朴光姬:《日本的能源》,经济科学出版社2008年版,第310—353页。

本节能工作的主管部门是经济产业省,节能管理职能主要由经济产业省资源能源厅承担。经济产业省资源能源厅负责制定节能工作基本方针、节能政策、节能法规措施、节能办公室,提供节能补助金、优惠税制等支援措施。日本节能中心下设7个分中心,在行业节能管理方面,其主要任务是负责执行"节能法"规定的制度,以及推进产业部门、业务部门、运输部门的节能,调查节能政策、推进节能设备器具的使用,国际节能合作、国家能源管理师资格考试与培训、出版节能宣传刊物、举办节能展览会、普及节能教育、向消费者提供节能信息等任务。在技术层面上,日本建立了能源产业发展开发机构——新能源产业技术综合开发机构,作为新能源和节能资金的投资管理机构。

(四)充分运用市场手段和经济规律

为了推动节能工作顺利进行,日本政府充分运用市场手段和经济规律,认真研究企业在节能工作中遇到的实际问题,制定了一系列行之有效的经济激励政策,包括公共财政支持、税收减免、融资支持和基金互助等:一是公共财政支持。日本政府大力支持节能活动,用于节能的公共财政预算也比较多,尤其是对于研发节能技术的科研机构资助更大,并且日本政府还对国民购买节能产品提供补贴,以降低提高能效的成本。例如,经济产业省从2007年起大幅提高对家庭住宅建设的节能补贴,补贴的总金额将从2006年的每年6亿日元增加到12亿日元,每年大约有1600个家庭可以获得该项节能补贴。同时日本通产省规定,电动汽车的购买者和租赁企业将受到相当于电动汽车与普通汽车价格之差50%的补贴,给当地政府和私人企业的补贴额达到了车辆的50%和25%[①]。二是税收减免。日本的税收优惠措施旨在鼓励工业、建筑业、交通运输和服务等行业采用节能型设备,对于那些使用列入节能产品目录的111种节能设备实施特别折旧与税收减让优惠,减免税收约占设备购置成本的7%,设备除正常折旧外,给予加速折旧优惠。三是融资优惠。在日本,节能领域的投资资金主要来自于政府指定的政策性银行(大约占50%以上),其它部分则通过ESCO和商业银行得以解决。这些政策性银行专门制订了针对

---

① 朱红琼:《国外促进节能减排的财税政策及对我国的启示》,《经济师》2009 第 8 期。

节能技术开发和相关设备更新改造的 5 级特别优惠利率,通常会比商业银行贷款利率低 20%—30%。政府通过设立的产业基础准备基金对那些向商业银行贷款的项目提供担保。对于相关企业的建筑物节能以及余热利用等项目的开展,政府也会给予低息、贴息贷款和贷款担保等融资方面的优惠扶持。

（五）制定能效标准并广泛动员全民节能

日本还是全球最早制定能效标准并执行最严格的国家,1979 年日本制定了家用空调和冰箱的能效标准,1994 年后又制定电视机、荧光灯、复印机、变压器、建筑物等的能效标准,每隔一段时间后,政府又会根据实际情况进行调整,同时对产品实行强制节能标识制度,对达不到能效标准的产品不允许销售。此外,日本国民的节能意识是众所周知的,这与政府的宣传教育是分不开的,政府通过积极宣传,加强全民的节能意识,广泛动员全民节能。政府规定每月第一天为节能日,每年 2 月为节能月,举办能效活动,建立节能信息网站,出版节能杂志和科普读物,通过举办大型节能展览对全民进行节能宣传。每年 8 月 1 日和 12 月 1 日为节能检查日,检查并评估节能活动和生活习惯。经济产业省定期发布节能产品目录,开展节能产品和技术评优活动,表彰能源管理的有功人员、优秀企业、节能集体、节能优秀产品等。日本还在中小学开展建立"节能共和国"活动,从小对公民进行节能意识的强化和宣传。

三、欧盟的节能战略

绝大部分欧盟成员国属于经济发达国家。长期以来,欧盟就扮演着推动国际社会进行节能减排的主要角色。迄今,欧盟及其成员国已经建立起比较完善的节能政策体系,主要依靠市场调节功能促进企业和个人的节能减排行为,行政性政策的辅助作用较小。

（一）欧盟基本立法和成员国的节能法律体系

欧盟基本立法中涉及节能减排的法律文件主要包括《单一欧洲法》和《欧洲共同体条约》,规定了欧盟成员国需要共同遵守的环保政策以及指导原则。除了欧盟国家必须遵守的共同法外,成员国也各自制定了相应的节能法律体系。德国是世界上公认的发展循环经济水平最高的国家之一,德国最早在1976 年就通过了《节能法》,其拥有较为完善的节能减排法律体系,污染者付费、预防、合作是德国制定节能减排法律法规的三项基本原则。① 1995 年英国颁布《家庭节能法》,要求采取措施在 10 年内使居民能耗在 1997 年的基础上降低 30%,2001 年制定的《气候变化计划》确定一系列政策措施帮助公私企业提高能源效率。这些法规和措施鼓励部门、企业和家庭实施节能措施,同时要求能源供应企业必须做出提高能效的承诺,政府通过建立合作关系帮助小型企业向可持续利用能源方向发展。2011 年 10 月 18 日,英国政府提出的《能源法案》获得通过,正式成为法律,该法案旨在鼓励居民通过贷款来提升其住宅的节能状况。

(二)整体行动计划辅以成员国节能创新实践

2007 年,欧盟公布了"能效行动计划",明确提出 2020 年要比 2006 年节能 20%,其中家庭能源使用效率提高 27%,工商企业提高 30%,交通运输业提高 26%,制造业提高 25%。根据行动计划,欧盟委员会计划决定更新器具和设备的标签,为其制定最低工作要求,特别要减少待机耗电量。审批 14 类优先产品,扩大"建筑物能源性能指令"的范围,出台有关低耗能住宅的策略,推动银行部门支持企业节能,开展国际节能合作等。②

在欧盟整体节能战略和行动计划的指导下,各成员国开展了一系列的节能创新实践。比如德国把能源统计作为节能管理的基础,高度重视能源统计工作。德国在节能统计中建立了非常完善的节能统计体系,制定了严谨的科学统计程序,并坚持统计信息的公开和共享。建立了近 400 家节能咨询机构,为企业和公众提供节能咨询。丹麦则开辟了一条通过技术创新立国的成功途径。近年来,丹麦在新能源技术,特别是风力发电、生物质能源及能源效率方面处在世界领先地位。丹麦实现可持续发展的经验主要包括以下几点:利用价格和税收杠杆引导能源消费方式及结构调整,丹麦实行能源税和碳税的合一,鼓励企业和个人节约能源;丹麦地处北欧,很多建筑一年四季需要供热,所以丹麦以集中供热为重点,发展建筑节能技术。

---

① 黄海峰、任培:《中欧节能减排政策比较》,《再生资源与循环经济》2009 年第 12 期。

② 欧盟发布能效行动计划:《中国经贸导刊》2007 年第 8 期。

(三)强制性的行政能效指令与行业自律相结合

欧盟节能战略的重要特征之一就是包括很多带有强制性的行政指令所组成的能效标识方案及最低能效标准。比如在家用电器设备领域,要求所有生产和销售家用电器设备的企业和部门必须以明确的标签或其他形式注明该电器设备的耗能级别和耗能参数,并且允许生产与销售的产品只能是符合最低能效标准的。欧盟把家电设备领域的节能政策经验,逐步向其他部门和领域(建筑物、热电联产等)推广,2002 年,在《建筑物能源指令》中不仅规定了所有新开工的建筑物都必须达到最低节能标准的要求,而且明确了具体的量化指标——要求从 2008 年到 2016 年的时间段里年均节能 9%。此外,欧盟各国还有一些自律性行业协议,这是业界为实现节能目标而实施的自律性行为,在北欧部分国家,如挪威、荷兰、瑞典等,实施效果较为显著,此后,行业协议范围逐步扩大,不仅涉及家用电器设备类,而且扩大至汽车等领域。

(四)注重经济激励政策

欧盟在推动成员国节能降耗过程中,注重经济激励方面的政策设计,调动企业、居民等各方面用能主体的节能积极性,其形式主要有政府直接资助和补贴、税收和融资优惠等。首先是政府直接资助。欧盟通过设立节能消耗基金的形式资助了许多诸如余热利用、热电联产技术、新建筑材料和设计等能效项目计划,比如引导各成员国合理用能的"欧洲聪明能源计划"的实施,使欧盟成为世界上能源利用效率最高的经济体①。其次是财税政策。自 20 世纪 70年代石油危机后,随着欧盟提出节能战略,财税政策就一直是欧洲国家改进能效的主要经济激励手段。欧盟从 1997 年就开始对能源税收体系进行整合,希望构建完整的能源税收框架,2003 年,在尽量不增加总体税负的情况下,欧盟对能源税的整体框架做了较大修整,明确规定了欧盟各成员国能源税征收额度的最低标准,基本涵盖了所有能源及其附属产品(如液化石油、重油、汽油、煤油、柴油、天然气以及电能等),同时针对高耗能行为采取加重税负的负向激励,而对低能耗行为(如可再生能源、清洁能源等对环境损害较低的能源)

---

① 肖主安、陆根法:《欧盟可持续能源政策及其对中国的启示》,《环境保护》2005 年第 1 期。

实施较低税负或税收减免的正向激励。并且计提一定比例的能源税收收入对节能降耗技术的研发、以及节能降耗产品的普及与推广进行资助。例如,英国政府一方面对购买符合能耗和排放标准的绿色住宅给予税收优惠,另一方面则安排财政资金直接资助家庭节能改造活动的开展(住宅能效、热电联产和区域供暖等)。对绿色车辆(即电动车和小排量汽车等节能汽车)的购买者实施诸如购车折扣或减免消费税等正向的激励措施,而对非绿色车辆(即高耗型汽车和重污染汽车等)则采取加倍征税等负向的激励措施。此外,英国政府还用征收能源税的方法来促进企业减少能耗、提高能源效率,能源税从2001 年开始征收,根据热当量换算,电力按 0.043 英镑/度、天然气按 0.015 英镑/度征收,同时企业可以与政府签订节能减排目标,完成目标的企业政府给予减免 20%能源税的奖励。再比如,德国主要通过减免税、提高设备折旧率和税前计提研发费用的方式鼓励企业积极参与节能减排,另外,德国政府从2000 年开始对国内太阳能企业实施比例为 50 欧分/1000 瓦时的税收返还政策。最后是金融扶持。欧盟国家制定了许多支持企业节能减排的金融扶持政策,主要包括绿色信贷、绿色保险以及绿色证券政策。例如法国设立了节能担保基金,该基金由法国环境与能源控制署和中小企业开发银行共同成立,专门对中小企业在节能方面的投资提供贷款担保,以保证中小企业提高能源效率方面投资的贷款。

(五)普及节能理念和信息技术

欧盟各国注重宣传节能观念、普及节能信息与技术。成员国通过很多手段和媒介宣传相关节能知识,例如,法国在全国设立了 100 个能源信息点,通过电视公益广告、发放宣传资料、设立公用咨询电话等形式为个人、企业和政府提供服务。德国鼓励民众对政府、企业在节能与环保领域的工作进行监督,负责组织全国节能工作的德国能源局不仅开设了免费电话服务中心,解答人们在节能方面遇到的问题,还设有专门的节能知识网站,以便更好地向民众介绍各种节能专业知识,并制作展板在全国各地进行节能宣传。每年在全国开展节能知识和技能竞赛,对优胜者给予奖励,不仅提高了民众的节能减排意识,还宣传了节能减排知识。此外,在欧盟各国还存在很多针对普通人员和节能管理人员的教育与培训项目,例如"聪明用能培训项目"、"安全和燃油经济性驾驶标准"培训项目等①。

四、相关启示

欧美日等发达国家的节能战略,是在长期的实践中不断摸索出来的,具有很高的实践价值,为中国的节能降耗工作提供了宝贵的经验:一是完善节能法律和制度体系建设。发达国家大多重视法治,在节能战略实施过程中强调完善节能法律和制度体系建设;二是尊重市场机制和经济规律。绝大多数情况下,利用市场机制配置资源具有有效性和稳定性,利用市场机制和经济规律来促进节能通常会比利用法制或行政命令更好,所以发达国家都很重视市场的作用,利用市场机制来促进节能减排;三是公共财政的有力支持。节能降耗需要更多研发项目和投资,除了微观主体以外,离不开政府公共财政的有力支持;四是通过宣传教育等手段提高公众节能意识和知识。发达国家广泛利用报纸、电视、杂志等媒体向公众宣传节能减排,提高公众的能源意识,先是树立能源忧患意识,日本、丹麦,在节能和新能源开发方面处在世界领先水平,其重要原因是这些能源匮乏的国家,能源忧患意识强,然后才是通过各种途径宣传节能,提高公众节能意识。

第四节　实施中国节能战略的建议

回顾过去,中国的节能战略在实践中逐步形成,政府在推进节能降耗工作中出台了很多政策措施,涉及各个方面,也取得了不错的效果;展望未来,中国节能降耗形势依然严峻,凸显为能源消费总量持续攀升,单位 GDP 能耗相对较高。新时期,进一步完善和贯彻中国的节能战略必须要基于新的、具有高度不确定性的国际能源市场格局,表现为:市场波动风险加剧,多国围绕能源资源和气候变化的博弈错综复杂且更为激烈,能源生产供应格局发生深刻变化且逐渐东移,以生产和消费双侧技术革命为主要特征的能源科技创新和结构

---

① 李占五:《德国推动节能的主要做法和经验》,《节能与环保》2008 年第 12 期。

调整步伐加快。在中国既定的节能战略中,尽管目标明确、手段多样,但仍存在一些不足:一是过分强调政府功能、相对淡化市场机制尤其是价格引导功能;二是过分偏重短期有效的政策措施,相对缺乏能够引致节能技术进步的长期考量;三是过分依靠带有强制色彩的行政约束,相对忽略尊重微观主体节能意愿的经济激励;四是过分聚焦在社会生产领域,相对淡化对居民生活消费领域的节能需求侧管理。

一、推进能源价格市场化,发挥价格机制的节能作用

中国过去的节能战略贯彻实施中,由于政府直接或间接对能源价格进行管制,刻意压低油、电、气的价格,使得微观主体节能动力不足。之所以对能源价格进行管制这种做法很受青睐,就在于错误地认为,当能源价格大幅上涨时,这是避免大量收入从消费者转移给生产者的最好的方式。然而,在经济理论当中,为达到调节收入分配目的,收入政策远比价格政策有效①。国际经验尤其是美国自 70 年代以来连续变更的石油管制政策表明,不顾国际能源市场上的供求状况,人为压低国内能源价格以及企业和居民生产生活中能源消费价格的做法,只会造成该国经济发展对能源的过度依赖性,不利于节能目标的实现②。相反,如果让能源产品价格形成机制市场化,那么企业和居民就会根据能源价格信号,决定自己的生产和生活决策,那些低效高能耗的生产设备和生活用品就会加速退出市场,客观上刺激节能技术和设备的研发、生产,最终会降低经济对能源的过度依赖性,加速经济增长模式由粗放向集约的转型过程。现在的能源市场远比过去几十年更加灵活,干涉和控制只能适得其反,从而阻碍市场系统的自我调整。因此,真正实现全民节能,就必须加快建立与完善能源产品市场化的价格形成机制,让价格反映真实成本,价格信号成为经济

---

① Gerard M. Brannon,"U.S. Taxes on Energy Resources",*American Economic Reviews*,Vol. 65, No. 2, 1975.

② Walter J.Mead,"The Performance of Government in Energy Regulations",*American Economic Reviews*,Vol. 69, No. 2, 1979.

主体决策的依据①。从节能战略的最终效果来看,政府资助的能源储备项目或者其他非市场性力量在多大程度上降低了能源需求并不知晓,然而,至少80%或者更多的需求减少可以归因于价格以及经济活动的变化②。

中国下一步的节能战略要重在发掘能源价格对微观主体的信号引导功能,让以价格调节为核心的市场机制在节能战略中起到基础性作用,尤其是当耗竭性能源因供求紧张而出现价格上涨时,政府要尽量取消能源价格管制。实际上,在节能降耗过程中,相对于政府武断地"关、停、并、转"或出台诸多形同虚设的规定而言,放任耗竭性能源价格上涨或许更为有效:首先,从一次能源生产供应商的角度来看,若能源价格上升,未必会导致市场能源供给的增加。因为能源厂商的生产和供给决策,一方面取决于未来的能源预期价格,若预期价格会继续上升,则往往会造成延迟供应;另一方面,还取决于厂商当前的生产、炼化和运输能力,由于能源产业的投资巨大、技术要求较高,无论是短期,还是长期的生产价格弹性(Price Elasticity of Supply,缩写为 PES)较小,因能源价格上涨造成能源供给增加,进而又造成能源价格下跌,再次引发大量消耗廉价能源的可能性很小③;第二,从一次能源消费者的角度来看,尽管居民对能源及能耗产品的价格需求弹性(Price Elasticity of Demand,缩写为 PED)较小,但是如果能源价格相对于其他商品来说上升了,那么经济体中的能耗会由于一系列行为改变而降低:人们会降低其温度调节器、车也开得更慢,用市场上买得到的能耗更低的产品换掉现有的熔炉和轿车,进而长期可以影响技术变革的速度和方向,因此待售资本品的清单上自然包含更多能效选择的内容。也就是说,能源价格上升,在中长期内可能会促使居民改变的消费结构,转向更为节能型产品,也会使得居民延迟对大宗能耗型的耐用消费品的购买。

---

① 林永生、李小忠等:《石油价格、经济增长与可持续发展》,《北京师范大学学报》(社会科学版)2010 年第 1 期。

② James L. Sweeney, "The Response of Energy Demand to Higher Prices: What have We Learned", *American Economic Reviews*, Vol. 74, No. 2, May, 1984.

③ 林永生:《节能降耗应该发掘价格指导功能》,2010 年 9 月 10 日,见搜狐财经,http://business.sohu.com/20100910/n274850952.shtml,最后访问时间:2012 年 7 月 27 日。

政府在节能战略中的功能边界主要表现为四大方面:一是运用财税政策促进节能降耗,比如政府直接资助、节能项目的税收减免优惠、节能产品的补贴等;二是加强节能立法和管理制度建设,包括制定强制性的能效标准、标识方案等,使节能工作在合法、规范的程序和制度体系中运行;三是继续推进当前行政垄断现象较为严重的石油和天然气产业的市场化改革①;四是加强对节能减排的宣传教育和信息平台建设,这类产品和服务在某种程度上属于公共产品,也具有很强的正外部性,可由政府直接提供,也可由非政府组织或志愿者提供,但政府需要资助和支持类似活动。

二、加大财政支持和体制机制改革力度,推动技术进步

从节能战略的角度考量,短期内,政府可以颁布实施那些能够取得立竿见影效果的政策措施:比如为了应对临时性的电力短缺状况,政府可以出台短期应急措施,如"拉闸限电"等;为了抑制那些高能耗、高污染、高投入、低产出的建设和投资项目上马,促进产业结构优化升级,政府可以出台强制性规定,如"关、停、并、转";为了推动建筑、交通等重点行业节能,政府可以出台行业管理规定,制定强制性地能效标准;为了让各个政府机关和事业单位起到节能减排的模范带头作用,政府可以规定办公区内的空调温度范围,……,等等。在"十一五"期间,由于硬性的节能降耗指标分解到各个地方政府,纳入地方官员的政绩考核标准,因此,每到年终收官之时,各个地方政府便会花样迭出,颁布实施多种短期的、临时性促进节能降耗的举措,不再赘述。

节能战略贯彻实施的好坏,关键还是要靠技术进步。节能技术可以有效降低经济增长和节约能源之间的替代,而且研究结果表明当技术进步速度超过能源消费降低速度时经济就会增长②。尤其是在能源价格上涨的情况下,要保证能源使用效率和产出的增长,就应联合使用 R&D 和其他相关的能源政

---

① 岳振:《盲目打破所有垄断肯定要走弯路——访北京师范大学校学术委员会副主任李晓西》,《中国经济时报》2011 年 3 月 17 日。

② Agustin Perez-Barahona, Benteng Zou, "A Comparative Study of Energy Saving Technological Progress in a Vintage Capital Model", *Resource and Energy Economics*, Vol28, No. 2, May 2006.

策①。总体来看,技术进步主要通过三种传导机制利于推动节能降耗:一是技术进步有利于改进与创新能源设备,提高能源节约意识。人力资本的积累将通过改进或创新能源设备、管理和组织能源要素的优化使用、提高能源节约意识进而推进能源消费方式由粗放型向集约型变革。新工艺、新改进或更新设备,提高工具系统的使用寿命,可以降低能耗物耗,提高能源利用效率。二是技术进步可以优化经济结构,提高能源效率。科技是第一生产力,经济结构的优化升级往往是以技术进步为支撑。从历史上看,产业结构的每一次重大变化或调整都与技术的发展密切相关。三是技术进步产生技术扩散效益和竞争效益,进而提高能源效率。

技术进步并非一朝一夕的事情,因此,从长期来看,节能战略中要包含更多有助于引导企事业单位、有关团体或个人进行节能技术研发、应用和推广的政策措施。在节能技术开发、推广和应用过程中,往往需要巨额投资,需要政府资助或者协同企业一道拓宽技术投入渠道,多方筹措资金。政府还需资助那些重大节能技术改造项目,或者给予一定的税收优惠政策,鼓励企业投入,或者为这些项目提供融资优惠,如更低的利率或给予一定的利息补贴。此外,政府还应鼓励和支持培育那些开展、推广节能的中介组织、志愿者、尤其是节能服务公司(ESCO),美国、日本以及很多欧盟成员国均建立了很多中介组织或机构,为本国企业提供节能改造的信息、技术和方案。中国应当借鉴其经验,政府支持或者发起一些中介,帮助和指导企业进行节能技术改造。

三、减少行政性的节能指令,注重经济激励手段

从政策生效的传导机制来看,节能战略要处理好约束与激励的关系,即政策措施主要凭借行政性指令,强制约束企业和居民的能耗行为,还是主要依靠经济激励手段,引导微观主体去自愿性地选择能耗更低、能效更高的行为、产品和服务。

---

① Adriaan van Zon, I. Hakan Yetkiner, "An Endogenous Growth Model with Embodied Energy-Saving Technical Change", *Resource and Energy Economics*, Vol, 25, No. 1, February 2003.

中国以往的节能战略过多依赖政府行政力量来推动,比如千家重点企业节能减排行动、建筑和交通运输等重点行业的节能行动、十大节能工程等,与此同时政府再把约束性的节能降耗指标分解到地方,地方政府再分解到重点能耗企业,层层分解,最终的结果就是,一系列限制高能耗企业和产业发展的政策措施会引发不同层级、不同经济主体之间的博弈。倘若在节能技术和创新能力没有明显改善的情况下,大型能耗企业执行来自政府带有强制约束性的节能降耗指令的成本很高,经济利益受损。因为,资本设备和能源这两种生产要素在短期内具有高度稳定性的互补关系①,由此引申出来的含义就是,如果政府强令企业停止或削减能源使用,就会造成企业被迫降低设备开工率,辞退工人。再加上对通胀过度担忧的政府往往严控油、气、电等能源价格上涨,企业用能成本不高,进而使得许多企业对节能减排缺乏兴趣,视国家相关标准于不顾,仍在进行非节能减排行为的生产经营活动。换句话说,政府出台的带有约束性的节能政策措施容易引发企业与居民直接或变相的抵制行为,监管成本很高。约束性政策措施难以取得理想效果的根本原因就是没有从微观经济主体的角度回答"我为什么要节能"这个问题,即合理的经济激励政策手段设计。

如何真正让企业和居民愿意少消费能源,关键还是在于在合适政策的引导下,制造经济激励。Jeffrey A Drezner 对一些已经实施能源政策的国家,从直接约束性管制、经济激励等政策措施的实施效果等方面进行评价和分析,结果表明经济激励政策取得了相对较好的效果,并一致认为税收优惠将是未来能源政策的发展方向②。可以看出,激励政策并非意味着不要政府干预,而是强调政策作用的机制是间接引导和激励微观主体进行节能减排,而不是直接约束。从本质上来讲,经济激励政策是借助市场机制进行间接规制的一种手段,主要通过税收、收费、补贴、贷款优惠等刺激措施,影响经济主体对资源、产品的生产和使用取向,促进资源、产品的节约和使用,鼓励企业的利润最大化

---

① Andrew Atkeson and Patrick J.Kehoe,"Models of Energy use:Putty-putty versus Putty-Clay",*American Economic Reviews*, Vol.89, No.4 ,1999.

② Jeffrey A Drezner, *Designing Effective Incentives for Energy Conservation in the Public Sector*,California:Doctor Dissertation of The Claremont Graduate University, 1999.

决策、居民的效用最大化决策与两型社会建设之间找到最佳平衡点。采用经济激励政策手段促进节能降耗较之于行政约束手段,成本更低、也更为灵活,关键是能够充分调动节能主体的积极性,进而节能效果更好。根据 DECD 的实践和研究,经济激励政策的有效使用必须满足以下条件:一是参与者拥有足够相关信息的知识基础;二是健全的法律体制;三是充分竞争的市场体系;四是政策的执行者具备高水平的管理能力①。

　　未来的中国节能战略既要从具有经济激励性质的传导机制设计上逆推政策内容和措施,对于个体开展的节能项目、选择的节能产品予以透明而规范的税收减免、直接资助或购置补贴、融资优惠,又要分别从加强节能宣传、节能立法、推进市场化改革、提高节能管理机构的效率四大方面做好确保激励机制生效的配套建设。

专栏 2-2:北京市的节能做法与成效

　　近年来,北京市在推动节能降耗过程中不断创新工作机制和政策措施,取得了不错的成效。北京市的节能做法可归纳如下:**首先是建立奖惩机制**。2007 年,北京市在全国率先出台《固定资产投资项目节能评估和审查管理办法》。对未按规定取得节能审查批准意见和未按规定提交节能登记表的固定资产投资项目,北京市发改委不予审批、核准或备案。对没有节能验收记录的建设项目,建设行政主管部门同样不予验收备案。在此之前,2006 年,北京市出台了《北京市节能监察办法》,成立了市节能监察大队,编写了全国首部《节能执法实用手册》,各区县积极配合市节能监察大队开展了系统节能执法监督检查。为了更好地实现"十二五"节能减排目标,2010 年,北京市发改委制定了《北京市节能减排奖励暂行办法》。节能减排奖励工作实行公正、公开、择优原则,奖励资金与节能减排及空气质量改善工作成果挂钩,奖励资金纳入年度预算,由市级财政

---

① 吕晨光、周珂:《英国环境保护命令控制与经济激励的综合运用》,《法学杂志》2004 年第 6 期。

安排。在国家发改委将节能目标分解到各地后,北京市发改委根据本地企业的生产条件和产品结构特点,科学分析其节能潜力,给各个企业下达了节能指标,并与之分别签订《企业节能目标责任书》。**其次是节能服务和监督并重。**"十一五"时期,北京市节能工作领域初步形成部门联动、市区协调的工作机制。每季度结束后15个工作日内召开季度会商会,由相关部门参加并提供书面材料,形成季度分析报告,发布预警等级。**最后,北京市还实行能源消耗等额管理、建立能源审计制度、探索开展碳排放交易等一系列措施。**北京市在获批成为国家首批碳排放权交易试点省市后,2012年3月,北京市碳排放权交易试点正式启动,成立了北京市应对气候变化专家委员会,组建了北京市碳排放权交易企业联盟、中介咨询及核证机构联盟和绿色金融机构联盟,启动了碳排放权交易电子平台系统。2011年12月,北京市首批135名能源管理师获颁证书。今后,重点用能单位将根据实际情况及政府部门相关规定聘任能源管理师上岗,无法保障能源管理师履行职责的,将在年度GDP能耗考核时予以扣分。

得益于这些节能创新举措,北京市的能源需求增速明显回落,能源利用效率大幅提高。2011年,北京市以不到1%的能耗增量支撑了8.1%的经济增长,万元GDP能耗下降6.9%左右,为完成"十二五"节能目标奠定了坚实的基础。近年来,北京市的节能成效主要表现在以下六个方面:一是能源利用率位于全国首位。北京市万元GDP的能耗,由2005年的0.792吨标准煤,年均下降26.59%,下降幅度位居全国首位,绝对值全国最低,是全国唯一连续5年完成年度目标的省级地区。二是低消耗低排放的绿色经济特征初步显现。全市第三产业增加值占GDP的比重由2005年的69.6%提高到2011年的75.7%,低能耗服务业快速发展。高耗能企业加快退出,首钢石景山厂区钢铁主流程、焦化厂、化工二厂等搬迁调整或全面停产,累计推动180多家"三高"企业退出。三是能源结构优质低碳化调整成效显著。2011年,电力、油品、天然气等优质能源消费比重达到70%,煤炭消费比重大幅降低,太阳能、风能等可再生能源利用开发总量占能源消费总量的比重达到3.2%。能源结构调整对碳排放强度下降贡献约11%。四是应对气候变化工作迈出坚实步伐。成立市应对气候变化及节能减排工作领导小组,组织编制应对气候变化方案。成立北京市林业碳汇工作办公室,水资源适应气候变化能力持续提高。五是科技创新支撑能力逐步增强。连续4年编制发布《节能节水减排技术推荐目录》,推广了45类175项新技术、新产品。累计推广节能灯3200只,在全国率先实现居民家庭、公共机构绿色照明推广工作的基本覆盖。六是政策机制创新取得明显成效。节能降耗管理体制建设取得显著进展,在北京市应对气候变化及节能减排工作领导小组的领导下,强化落实节能属地管理责任,开展区县、重点用能单位节能目标责任考核,加强工业、统计等部门联动。

(资料来源:白雪:《北京为何能成节能范儿?》,《中国经济导报》2012年6月30日,第C01版,有删改。)

四、重视生活环节的节能行为,引导消费方式转变

新时期的中国节能战略除了要关注生产领域重点企业和行业的节能降耗,还要重视居民终端生活消费环节的能源节约行为和选择。表2-1给出了1996—2010年我国居民生活消费耗能情况。

如表2-1所示,居民生活消费能源量占全国总能耗的份额长期稳定保持在大约8%的水平上,近年来呈逐渐上升的趋势。因此,在制定和实施未来的节能战略规划中,不能忽视居民终端生活消费环节。

从能源使用的角度而言,企业生产与居民生活都属于能源终端消费领域,但过去的中国能源战略太偏重于企业生产、尤其是能源企业生产,聚焦于供应侧,对居民生活消费领域或者说是需求侧重视程度不够,比如2007年发表的《中国的能源状况与政策》白皮书(简称"白皮书")详细介绍了中国能源发展现状、发展战略和目标、全面推进能源节约、提高能源供给能力、促进能源产业与环境协调发展、深化能源体制改革以及加强能源领域的国际合作等政策措施。白皮书提出,中国要在五大领域加快推进能源技术进步,即大力推广节能技术(重点攻克高耗能领域的节能关键技术)、推进关键技术创新、提升装备制造水平、加强前沿技术研究、开展基础科学研究,基本上聚焦于国内生产侧。此外,我国"十一五"期间重点实施的十大节能工程,分别是燃煤工业锅炉(窑

表 2-1　1996—2010 年中国居民生活消费能耗占全国份额

单位:万吨标准煤

年份	全国能耗总量	居民生活消费能耗	占比(%)
1996	129664.55	11545.34	8.90
1997	130082.34	11064.09	8.51
1998	130260.35	11062.17	8.49
1999	135132.43	11347.23	8.40
2000	139444.7	11470.19	8.23
2001	142971.59	11689.45	8.18
2002	151788.67	12493.96	8.23
2003	176074.32	14399.11	8.18
2004	204218.9	16717.2	8.19
2005	225780.73	18046.94	7.99
2006	247562.13	19504.85	7.88
2007	268413.46	21241.59	7.91
2008	277515.17	21855.35	7.88
2009	292027.96	23113.59	7.91
2010	307986.96	24474.18	7.95

数据来源:根据历年能源统计年鉴中的"全国能源平衡表"计算整理,表中能耗单位是采用电热当量计算的万吨标准煤;全国能耗总量除了居民生活消费能耗(城镇、乡村),还包括各个分类产业的能耗(广义农业、工业和建筑业、交通运输业和邮电业,等等),还包括能源生产、转换过程中的损失量以及平衡差额部分。

炉)改造工程、区域热电联产工程、余热余压利用工程、节约和替代石油工程、电机系统节能工程、能量系统优化工程、建筑节能工程、绿色照明工程、政府机构节能工程以及节能监测和技术服务体系建设工程等,只有绿色照明工程更多涉及到居民生活消费领域,其余也是偏重生产领域。

一系列能效技术和集约型的生产,固然利于降低能耗、提高能效,但在市场经济体制中,消费者用脚投票,进而引导生产,因此,如何培育居民生活中对节能产品的偏好和消费也是推进节能降耗的重要途径,政府在这个领域已经颁布实施了一些政策,但力度仍然不够,未来要继续加强和完善这个领域的相关政策措施。比如 2009 年,国家发改委、工信部、财政部联合发布《财政部国家发展改革委关于开展"节能产品惠民工程"的通知》,连续 3 年推进节能产品惠民工程,通过财政补贴方式对能效等级 1 级或 2 级以上的十大类高效节能产品进行推广应用,包括已经实施的高效照明产品、节能与新能源汽车。节能产品惠民工程的补贴对象是高效节能产品的购买者,包括消费者和用户;2012 年 3 月财政部、国税总局、工信部联合出台的《关于节约能源使用新能源车船车船税政策的通知》①,明确规定自 2012 年 1 月 1 日起,对节约能源的车船,减半征收车船税。

推动居民生活消费领域的节能降耗,至少要包括三大方面工作:一是继续实施包括节能产品惠民工程在内的经济激励手段,对于居民生活中选择节能型产品和服务给予财政补贴;二是尝试出台对居民对耗能产品和行为选择的负向激励手段,比如继续加大对居民用水、用电、用气的阶梯定价改革力度,提高用能大户的成本,如有必要,还可适度延伸至居民用油、用煤领域,当然,对于城乡生活确有困难的群众,予以适度财政补贴;三是加强节能宣传倡导的力度,广泛培育公民节能意识。中国人均资源匮乏,应将节能教育纳入国民教育系列之中,使公民从小培养节能意识,鼓励公民使用节能产品、选择节能型的出行方式和生活习惯。

---

① 《关于节约能源 使用新能源车船车船税政策的通知》(财税〔2012〕19 号),2012年 3 月 7 日,见财政部网站,http://www.gov.cn/zwgk/2012-03/07/content_2085582.htm,最后访问时间:2012 年 7 月 29 日。

第三章 绿色战略:美丽中国

在人类寻求可持续发展的过程中,无论是国内还是国外,无论是政府还是学界,无论是社会还是民众,绿色战略逐渐成为全球共识,在人们的心中产生了共鸣。2008 年,联合国环境规划署(UNEP)提出了"全球绿色新政"(Global Green New Deal),公布了《全球绿色新政政策概要》报告(A Global Green New Deal),并详细地阐述了"全球绿色新政"所具有的六大内容。2009 年,美国奥巴马政府开始推行包括应对气候变化、开发新能源、节能增效等多个方面的"绿色新政",并强调美国必须进行全面改革,实行绿色经济(Green Economy)。英国、法国、日本等多个国家和地区也纷纷推出自己的绿色战略,全世界掀起了一股绿色发展的浪潮。面对日趋强化的资源环境约束,中国必须增强危机意识,树立绿色、低碳发展理念。

本章立足于绿色,兼顾市场,剖析与阐述能源绿色战略的主要内容、能源绿色战略的意义、能源绿色战略实施的国际比较等内容,以促进全球能源绿色化进程,为推进中国能源绿色战略建言献策。

第一节 能源绿色战略的主要内容

在探讨能源的绿色战略之前,我们必须明晰绿色战略与其两个相关概念之间的关系,即能源绿色与绿色能源的关系,绿色战略与节能战略的关系。

能源绿色与绿色能源的关系:能源绿色战略不等于绿色能源问题。能源绿色可理解为能源在生产、消费过程中的清洁、低碳与可持续,其是一种方法与途径,既包括煤、石油、天然气等传统能源的绿色化问题,又包括太阳能、风能等新能源的绿色化问题。而绿色能源则仅是较之于传统能源的一种分类,现多理解为新能源,如太阳能、风能、生物能等。由于绿色能源在能源结构中所占的比重不超过 10%,因此本章阐释的能源绿色战略主要针对传统能源使用过程中的绿色问题,绿色能源则较少涉及。

绿色战略与节能战略的关系:绿色战略强调的是能源环境问题,多指在能源生产中减少污染排放、避免环境破坏、实施环境恢复,同时兼顾能源的绿色消费。而节能战略强调的是能源效率问题,在能源的生产消费和生活消费中提高能源使用效率,减少能源消耗。绿色战略早在《中华人民共和国国民经济和社会发展第十一个五年规划纲要》中便有所体现,其要求"十一五"期间主要污染物排放总量减少 10%,即"节能减排"政策中的"减排"。同时,绿色战略还分散在环境保护、能源产业的各种规章制度中,在特定的领域解决能源的绿色问题。而节能战略主要表现为"节能减排"政策中的"节能",其要求单位国内生产总值能耗降低 20% 左右,比绿色战略更加系统与明确。

较之于绿色能源、节能战略,能源绿色战略的核心思想是:人类不应该通过减少绿色来获取能源,而应该通过增加绿色来获取能源。其主要包括四个方面的内容,即能源的绿色生产、能源的绿色技术、能源的绿色消费、能源绿色战略中的执行主体。这里,绿色主要指广义的环境保护和资源生态可持续,而不仅仅指狭义的植物绿色。

一、能源的绿色生产

能源的绿色生产是指能源在开采、转化、研发等过程中,减少污染排放,避免生态破坏,同时对能源作业环境进行修复,以实现能源生产中的环境友好。具体地,能源的绿色生产主要包括以下四个方面的内容:化石能源的绿色开采、二次能源的绿色转化、新能源的绿色研发与生产、能源生产中的减排与废弃物处理。

(一)化石能源的绿色开采

煤、石油、天然气等化石能源作为当前能源生产、消费的主体,其开采过程中的绿色问题值得我们重视。近年来，化石能源粗放型、无节制的开采模式，导致了严重的资源消耗与生态破坏，造成了不可估量的环境损失。

1.煤炭的绿色开采

占全球能源消费量29.6%的煤炭，其开采中的环境问题较为严峻。研究表明，煤炭开采往往导致地表坍塌、水资源污染、空气污染等问题，严重破坏生态环境。

煤炭开采通常会剥离地表覆盖层，导致土地和植被破坏，造成矿区严重的风化和水土流失，进而引发地面下沉、山体滑坡、泥石流等地表坍塌灾难。目前中国每生产1吨煤便会造成2.45平方米的水土流失，中国60%的大型煤矿区均为地面坍塌严重区，且仍以每年40000平方米的速度塌陷。[①]

煤炭开采中的水资源污染主要体现在两个方面，一是矿区的挖掘破坏地表和地下水系结构，导致地表和地下水水位下降、干涸、改道等；另一方面是矿区排出的废水往往含有高浓度的颗粒、重金属、放射性物质、矿物质等，非降解性和酸性较强，对地表和地下水的污染严重，直接影响了矿区的工业和生活用水。目前中国每生产1吨煤便会破坏7吨水资源，全国大型煤矿区普遍缺水，超过40%的煤矿区严重缺水。

煤炭开采中的空气污染主要是指矿区瓦斯排放、煤矸石自燃、粉尘污染等。煤矿瓦斯不仅会造成严重的瓦斯爆炸，其还是含碳高的温室气体，温室效应远高于CO_2。煤矸石自燃会产生大量的温室气体和有毒气体，如CO_2、CO、SO_2等，既造成空气污染，又引起温室效应。中国目前对煤矿瓦斯的利用率不到20%，在全国近1500座煤矸山中，有超过400座长期自燃，这些既是重大的安全隐患，又是重大的污染源，对矿区及周边环境造成严重威胁。[②]

统计资料显示，2005年中国由于煤炭开采造成的环境经济损失为960.9亿元，每吨煤开采的环境成本为43.5元。每吨煤带来的土地资源成本、水资源成本和大气资源成本如表3-1所示。

---

① 中国能源中长期发展战略研究项目组：《中国能源中长期（2030、2050）发展战略研究——电力·油气·核能·环境卷》，科学出版社2011年版，第241—252页。

② 见国家煤矿安全监察局网站，http://www.chinacoal-safety.gov.cn/mkaj。

表 3-1   2005 年中国煤炭开采的环境成本

项目		成本（亿元）
土地资源成本	采煤水土流失	162.4
	煤矿区土地复垦	10.6
	地表坍塌恢复	47.7
	采煤占地成本	65.2
水资源成本	采煤水体破坏	481.5
	采煤漏水	1.5
	水质污染	1.3
	矿井排水	56.2
大气资源成本	人体健康成本	89.7
	农业损失	15.7
	矿尘清洗费用	29.0
合计		960.9

数据来源：中国能源中长期发展战略研究项目组：《中国能源中长期（2030、2050）发展战略研究——电力·油气·核能·环境卷》，科学出版社 2011 年版，第 258 页。

煤炭的绿色开采，就是要解决煤炭在挖掘过程中的土地污染、水资源污染、空气污染等问题，通过科学规划、合理布局、适度开发，实现煤炭开采的环境亲和。首先，根据矿区土地、植被等的实际情况，合理规划开发强度，控制生态较为脆弱地区的开采规模和开采面积，在技术条件达不到时少开采或不开采；在开采过程中实现"边开采、边复垦"，恢复由于开矿带来的水土流失、环境污染。其次，根据矿区的地表、地下水系合理设计煤矿采掘方式，保证矿区水系不被破坏，实行"保水采煤"；提高矿区井水的重复利用率，对排放出的废水进行净化和处理，减少高污染废水排放。此外，充分利用煤层中的瓦斯气体，将煤矿瓦斯变害为利，降低瓦斯对矿区的安全威胁；提高煤矸石的利用率，做好煤矸石自燃防护工作，减少其 CO_2、CO、SO_2 等温室气体和有害气体排放。

2.石油的绿色开采

随着人类对石油依赖度的增强，全球石油产量的提高，石油开采中暴露出来的绿色问题也越发突出。近年来,由石油开采引起的海洋污染、环境破坏等时有发生,给我们带来了严重的灾难。

石油开采中的绿色问题主要分为三类,即石油开采造成的水体污染、土壤污染和大气污染。石油开采水体污染包括海洋污染、江河湖泊污染及地下水污染。造成石油开采水体污染的原因有以下几种:炼油厂含油废水直接注入或渗入水体;油船泄漏、恶意排放或发生事故;海底油田在开采过程中的溢漏及井喷等。进入新世纪以来,全球重大漏油事故发生多起,如2002年利比里亚籍油轮"威望"号在西班牙西北部海域解体沉没,至少6.3万吨重油泄漏;2007年俄罗斯油轮"伏尔加石油139"号解体沉没,3000多吨重油泄漏;2010年美国南部墨西哥湾"深水地平线"钻井平台发生爆炸,形成200多公里的海洋污染带;2010年大连油库爆裂,1500吨原油泄漏等。这些石油进入水体以后,在水的表面产生一层油膜,阻碍水体与大气的物质交换,影响周围的水文气象条件,产生海洋沙漠现象。同时,不少鱼、鸟等生物一旦被石油污染,则无还生可能,破坏生态平衡。

石油开采土壤污染多指石油生产中油罐或输油管道泄漏,或含油废水随意排放,导致石油进入土壤,造成土壤盐碱化、毒化等。石油中的有毒物质一旦通过农作物等进入食物链,将会给人类带来严重的后果,使人类患上多种疾病。石油开采大气污染则是指石油生产中产生的碳氢化合物、硫氧化合物等形成酸雨和光化学烟雾,刺激人的呼吸系统,诱发呼吸道疾病等。

此外,众多位于公海上的海底油田由于主权尚不明确,多个国家对这些油田进行掠夺式开采,导致这些油田开采效率低下,造成的环境污染严重,这一现象也值得我们重视。

石油的绿色开采,即是要解决石油开采中的这些环境污染和生态破坏问题。在开采过程中,减少废油废气的排放,提高油气的利用效率。同时,在石油的运输及存储中,以切实有效的措施防止油田溢漏、油船泄漏,避免重大漏油事故出现。此外,恢复由石油污染造成的土壤破坏,降解土壤中的重金属、有毒物质等,减少油气对人类身体健康的影响。

专栏 3-1　美国墨西哥湾漏油事件

2010年4月20日,位于墨西哥湾的"深水地平线"钻井平台发生爆炸,平台底部油井发生严重泄漏。事故发生初期,油井每天漏油量达到10000余桶,10天之内海上浮油面积超过10000平方公里,并且仍在不断扩张。随后,美国、墨西哥、挪威等数个国家紧密合作,共同采取措施阻止原油泄漏,但由于各种原因收效甚微。5月底,海底油井漏油量由每天10000桶上升到每天30000余桶,最高时甚至达到每天160000余桶,原油漂浮带长200公里,宽100公里,墨西哥湾漏油事件成为美国历史上最严重的油污灾难。

由于钻井平台经营者英国石油公司(BP)采用"灭顶法"堵塞油井失败,6月23日,墨西哥湾漏油事故再次恶化,大量原油在被压制了数周后重新喷涌而出,油污进一步扩大。直到7月15日,在钻井平台发生爆炸86天以后,泄漏的油井才得以封住漏油,墨西哥湾漏油事件得以停止。

此次漏油事件造成了11名工作人员死亡,17名工作人员受伤,巨大的环境污染和经济损失难以估量。美国多个州海岸线受到严重破坏,渔业、农业、林业等产量明显降低,路易斯安那州、阿拉巴马州、佛罗里达州以及密西西比州等先后进入紧急状态。在被原油污染的墨西哥湾海域,大量鸟类、鱼类及海洋植物等的生存都受到影响,生态多样性遭受毁灭性打击。据统计,墨西哥湾漏油事故漏油总量在1700万至3900万加仑之间,海洋污染面积达到50000平方公里,漏油期间墨西哥湾及附近海域约有6104只鸟类、609只海龟和超过100只海豚死亡,相当长一段时间内墨西哥湾将会是一片废海。美国总统奥巴马表示墨西哥湾漏油事件的影响如同"9·11"恐怖袭击。

(资料来源:(1)Liz Day,"Animal Deaths Form Gulf Oil Spill Estimated",*Discovery News*,Nov 2,2010.(2)钱新:《墨西哥湾漏油事件影响深远》,《石油石化节能》2011年第1期。(3)王慧:《中美海上石油泄漏应急机制的比较研究——以墨西哥湾石油泄漏事件和大连湾石油泄漏事件为例》,《中国政法大学学报》2011年第3期。(4)吕建中、田洪亮、李万平:《墨西哥湾海上泄漏事故历史分析及启示》,《国际石油经济》2011 年第 8 期。)

3.美国页岩气革命中的地下水保护

美国页岩气开采中的地下水污染争议,再一次引发了各界对传统能源开采中绿色问题的思考。可以肯定地说,页岩气作为新开发出能够大规模工业使用的化石能源,其对于缓解全球能源紧张,调节能源结构有积极的意义。然而,有学者研究表明,美国页岩气开发区附近的地下水中甲烷含量非常高,几乎接近水中甲烷的溶解度。通过对这些甲烷进行同位素跟踪与测量,发现地下水中的甲烷与页岩气的钻探明显相关。[1]

诚然,从能源的安全战略和能源的结构战略等考虑,美国页岩气对全球能源格局产生了举足轻重的影响,各国陆续开始开发国内的页岩气资源。但是从能源的绿色战略考虑,由于现阶段页岩气开发技术尚不成熟,开发过程中的环境风险很大,环境成本较高,因此对页岩气的开发规模和开发方式一定要慎重。我们必须更加理性地看待"页岩气革命",在利用其能源本身的同时,重视开发过程中可能存在的环境污染,实现能源的绿色开采。

(二)二次能源的绿色转化

二次能源是由一次能源经过加工转换而得到的能源,如电力、汽油、柴油等。二次能源在由一次能源转化的过程中会出现资源浪费、环境污染等情况,其中最为突出的即是电能的转化。

据国家统计局、环境保护部统计数据显示,2010 年全国"电力、热力的生产和供应业"工业废水排放量达到 129623.5 万吨,占全行业工业废水排放量的 6.12%,在全国各行业中高居第五位,仅次于造纸业、化学品制造业、纺织业和农副食品加工业。其中,直接排放入海的工业废水达 59682.7 万吨,占全行业的 50.58%,高居各行业首位。工业废气排放方面,2010 年全国"电力、热力的生产和供应业"工业废气排放总量为 182550.4 亿立方米,占全行业工业

---

[1] Stephen G. Osborn, Avner Vengosh, Nathaniel R. Warner, and Robert B. Jackson, "Methane Contamination of Drinking Water Accompanying Gas-Well Drilling and Hydraulic Fracturing", *Proceedings of the National Academy of Sciences of the United States of America*, May 17, 2011, Vol. 108, no. 20, pp.8172-8176.

废气排放总量的 35.16%,在全国各行业中高居首位。其中,由煤等燃料燃烧产生的废气为 182477.2 亿立方米,占全行业的 60.05%,在各行业中也高居首位。工业固体废弃物方面,2010 年全国"电力、热力的生产和供应业"工业固体废弃物产生量为 53823 万吨,占全行业工业固体废弃物产生量的 23.91%,在全国各行业中高居首位。其中,实现综合利用的为 44820 万吨,仍有 9003万吨固体废弃物无法实现回收利用。①

全国"电力、热力的生产和供应业"工业废水、废气及固体废弃物排放量的具体情况如表 3-2 所示。

表 3-2　2010 年中国"电力、热力的生产和供应业"
工业废水、废气及固体废弃物排放情况

项目	电力、热力的生产和供应业	行业总计	项目	电力、热力的生产和供应业	行业总计
工业废水排放情况					
排放总量(万吨)	129623.5	2118585.3	直接入海量(万吨)	59682.7	118000.5
化学需氧量(吨)	54843.8	3656347.0	石油类(吨)	304.4	10139.3
氨氮(吨)	4677.9	245372.3	氰化物(吨)	0.1	241.8
工业废气排放情况					
排放总量(亿立方米)	182550.4	519166.6	燃料燃烧产生量(亿立方米)	182477.2	303896.0
二氧化硫(吨)	8997910.7	17054509.9	氮氧化物(吨)	8957688.9	13749015.4
烟尘(吨)	1989462.6	5492438.9	粉尘(吨)	6216.5	4089407.3
工业固体废弃物产生量					
产生总量(万吨)	53823	225094	粉煤灰(万吨)	37203	42907
炉渣(吨)	11125	21899	脱硫石膏(吨)	5328	5941

数据来源:中华人民共和国环境保护部编:《2010 中国环境统计年报》,中国环境科学出版社 2011 年版,第 157—172 页。

---

① 中华人民共和国环境保护部编:《2010 中国环境统计年报》,中国环境科学出版社 2011 年版,第 157—172 页。

除了电能生产时的环境污染以外,电厂在建设时的绿色问题也值得我们重视。以水电为例,水力发电所需的大坝通常会截断河流,由此会干扰河流原有的水环境、动植物环境等,甚至改变水电厂所在区域的小气候,对周围的生态造成不可逆的影响。同时,水电厂的建设还会淹没土地,造成土壤盐碱化,使有限的耕地进一步减少。另外,大型水电厂建设造成的移民问题也越发突出,大量原住民被迫搬离原居住地,由此带来较为严峻的社会问题。

实现二次能源的绿色转化,我们应该做好以下一些工作。首先,加大煤炭清洁发电技术的研发力度。目前我国 30 万千瓦的煤清洁技术已经掌握,且基本成熟,但 60 万千瓦的煤清洁技术尚待开发,未来需要加大投入。其次,深入贯彻落实国家节能减排政策,关停部分小火电。小火电由于其发电效率低、环境成本高等原因,既不利于资源节约,也不利于环境友好,关停改整是有必要的。"十一五"期间,我国已陆续关停部分小火电,为能源的绿色战略打下了坚实基础。再次,加强对我国各电厂污染物排放的监督与管理。电力生产和供应业是我国污染物排放的重点行业之一,加强对这些行业的监管,对其减少环境污染有积极的意义。此外,做好电厂建设时的环境保护工作,科学地对电厂建设区域进行环境与社会评估,尽量减少其不利影响。

(三)新能源的绿色研发与生产

传统能源的紧张与稀缺,刺激了我们对新能源的追求。无论是缓解能源的供需矛盾,还是调节能源生产与消费结构,新能源都有着重大的意义。然而,在我们目前所拥有的新能源中,是否所有新能源都是绿色? 是否所有新能源的生产和消费过程都是绿色? 这值得我们探讨。

以太阳能为例,近年来,全国各地都在开发太阳能,光伏发电随处可见。但有研究表明,作为新能源的代表,太阳能获取设备的生产过程其实是高污染、高能耗的。太阳能的生活和工业使用需要太阳能电池板,在现有的技术条件下,太阳能电池板的生产会产生镉、锗、铅、汞等重金属,以及气体硅烷、三氯氢硅、盐酸等氯化物和温室气体。这些重金属和气体被排放到外界,会形成严重的土壤污染和空气污染,使环境受到影响。同时,由于太阳能光伏组件表面易聚集尘埃,其会大幅降低电池板的发电效率,需要大量的水进行清洗。因此,太阳能发电给水资源也带来较大压力,产生巨大的水耗。

本身是绿色环保的太阳能,在现有的技术条件下,其生产却是高污染与高能耗,这让我们在使用新能源的过程中更加慎重。未来,在技术水平提高的前提下,我们期待太阳能的生产和消费均实现清洁无污染。

除了太阳能外,核能、潮汐能、风能等新能源的生产与消费也存在一定的环境风险。如核燃料放射性对环境的影响,风能发电厂应该建在戈壁沙滩上,而不该建在耕地农田上等。在新能源的研发与生产中,我们应该尽量做到绿色环保,不要为了换取绿色能源而伤害原有的绿色,"以绿伤绿"。我们要努力提高新能源开发水平,降低环境成本,让新能源成为真正的绿色能源。

(四)能源生产中的减排与废弃物处理

煤炭、石油、天然气等能源在生产过程中会产生诸多包含重金属、有毒气体、温室气体的废水、废气,以及煤矸石、炉渣、粉煤灰等固体废弃物,有效处理这些生产垃圾是能源绿色开采的重要内容之一。

目前,能源生产中对于废水的处理主要是降低废水中的化学需要量,去除废水中的氨氮化合物、氰化物、挥发酚、废油等,常用的去除方法有物理处理、化学处理、物化处理、生物净化等。对于废气的处理主要是去除废气中的二氧化硫、氮氧化物等有毒气体,减少二氧化碳、甲烷等温室气体排放,清除废气中的粉尘、烟尘,常用的处理方法包括脱硫处理、脱氨氮处理、碳捕捉和碳封存等。对于固体废弃物的处理主要是去除能源生产中的危险废物、冶炼废渣、粉煤灰、炉渣、煤矸石等,常用的处理方法如固体废弃物的粉碎和分选、有机固体废物堆肥、危险废物的固化与稳化、固体废弃物热解等。

2010 年,我国"煤炭开采和洗选业"、"石油和天然气开采业"两大行业切实推行能源的绿色生产战略,对能源生产中的废水、废气和固体废弃物进行有效处理,成效显著(如表3-3所示)。

对能源生产中的废水、废气和固体废弃物进行无害化处理固然是绿色的,但倘若能够将其转化为资源加以利用,则更符合能源绿色战略的要求。随着技术的进步,我国在不断提高对煤炭瓦斯、煤矸石、煤矿井水等的重复利用率,将其作为其他行业中的原材料进行使用,收到了较好的效果。此外,我国还在不断研发与完善将农作物、生活垃圾等转化为生物能源的技术,使这些废弃物变废为宝,既保护环境,又提高了资源利用率。

表 3-3　2010 年中国"煤炭开采和洗选业"、"石油和天然气开采业"废水、废气及固体废弃物处理情况

项目	煤炭开采和洗选业	石油和天然气开采业	项目	煤炭开采和洗选业	石油和天然气开采业
工业废水污染物去除量					
化学需氧量（吨）	136901.5	123759.2	石油类（吨）	839.6	172504.0
氨氮（吨）	2304.3	5869.7	氰化物（吨）	2.1	0.1
工业废气污染物去除量					
二氧化硫（吨）	49633.1	60876.4	氮氧化物（吨）	661.8	103.3
烟尘（吨）	1186506.4	83519.9	粉尘（吨）	161705.7	52.9
工业固体废弃物处理情况					
综合利用量（万吨）	20906	78	贮存量（万吨）	1627	7
处置量（万吨）	5327	123	排放量（万吨）	188	0

数据来源:中华人民共和国环境保护部编:《2010 中国环境统计年报》,中国环境科学出版社 2011 年版,第 157—172 页。

二、能源的绿色技术

能源的绿色战略离不开科技的支撑,绿色技术是实现能源绿色战略的有力武器。为使目前的能源使用格局从低效、污染、粗放的模式向高效、绿色、节约、精细的模式转变,能源的绿色技术必不可少。能源的绿色技术是指能实现能源绿色生产和绿色消费的技术,如煤清洁技术、碳捕捉和碳封存技术、大容量储能技术等。能源绿色技术的核心在于通过科技创新等手段,使能源从生产到消费不减少绿色,反而增加绿色。

(一)煤清洁技术①

煤炭的消费占全球能源消费量的三分之一,煤炭的清洁利用对能源绿色战略的实现有重要意义。研发煤炭清洁技术,重点在于加大对这一研究领域人力、物力和财力的投入,通过制定适当的经济激励政策和强制政策,健全研

---

① 中国能源中长期发展战略研究项目组:《中国能源中长期(2030、2050)发展战略研究——综合卷》,科学出版社 2011 年版,第 130—132 页。

发机制。目前,国际煤炭清洁技术包括但不限于以下几个方面:

煤炭加工技术。通过煤炭洗选技术、水浆煤技术、型煤技术等,增大煤炭燃烧的接触面,提高煤炭的燃烧程度,从而改善煤炭的利用效率,减少二氧化硫、氮氧化物、二氧化碳、一氧化碳等有毒气体、温室气体的排放。

煤炭洁净燃烧技术,包括循环流化床燃烧技术(CFB)、增压流化床联合循环发电技术(PFBC)、整体煤气化联合循环发电技术(IGCC)等。以物理化学方法改变煤炭物理形态,去除煤炭中的硫化物、氮化物、粉尘等,使煤炭变为清洁能源。

煤炭转化技术,包括煤炭液化技术和煤炭气化技术等。通过将煤炭液化和气化后,去除煤炭中的硫、氮等化合物,提高煤炭的燃烧程度,使之成为无硫、无烟、无尘、无烟的绿色环保能源。

(二)碳捕捉和碳封存技术(CCS)

在煤、石油、天然气等能源燃烧以后,捕捉其排放到大气中的碳,将其压缩、收集,封存于安全稳定的地下场所,或将其资源化利用,从而阻止温室气体排放到大气中。国内外将碳捕捉和碳封存技术看成是缓解全球气候变暖的重要方案之一,但由于技术水平、技术成本、封存地点等因素的限制,这一技术尚未广泛使用。

除了减少温室气体排放以外,碳捕捉和碳封存技术还有利于石油的开采。据美国能源部发布的报告显示,目前美国石油可采储量为 200 亿桶,如果将二氧化碳注入油田,其可采储量最多可增加至 1600 亿桶,采油效率提高 7 倍。

(三)大容量储能技术①

大容量储能技术是提高能源利用效率的有效途径之一,尤其是在太阳能、风能、电力等能源的使用中。大容量储能技术可以平滑能源的使用频率,保证能源的高质供应和稳定供应。同时,大容量储能还可以提高能源系统的使用效率,避免用能高峰期设备紧张和用能低谷期设备闲置等情况的出现。此外,大容量储能为可再生能源的工业化利用提供了条件,生物能等只有通过存储转化以后才可以大规模使用。

---

① 见中国储能网,http://www.escn.com.cn/2012/0625/444826.html。

目前全球已经探索了多种大规模储能方式,如物理储能、电磁储能、电化学储能、相变储能等。我国也在大力开发大规模储能,以期其在智能电网等领域的使用。

三、能源的绿色消费

能源的消费,是能源开采、挖掘的最终目的。自从工业革命以来,人类对煤、石油、天然气等传统化石能源的消费不断增多,其在地球上的储量越来越少。难以想象,当若干年后地球上的化石能源被消耗殆尽,我们的经济社会是什么样? 在这样的背景下,为实现能源消费的可持续,保证我们的子孙后代有足够的能源储备,能源的绿色消费应运而生。

能源的绿色消费指在能源的消费过程中绿色环保,提高能源的消费效率,如开发新能源汽车,推广智能电网等,以达到能源消费端的资源节约和环境友好。推进能源的绿色消费,是实现能源绿色战略的重要抓手。

(一)新能源汽车

较之于传统汽油、柴油汽车,新能源汽车是未来能源绿色消费发展的主流方向。新能源汽车主要有混合动力汽车、燃料电池汽车、氢能源动力汽车、太阳能汽车、醇醚燃料汽车等,这一类新型的动力汽车以电、太阳能、生物质能等作为燃料,通过减少铅、氮氧化物、二氧化碳等重金属、有毒气体和温室气体的产生,几乎实现了污染物的零排放或近似零排放。同时,新能源汽车还避免了因汽车润滑油等使用、泄漏带来的水污染、土地污染,较大程度提高了发动机的燃烧效率,其运行过程平稳、无噪声。

我国的新能源汽车产业始于 21 世纪初。2001 年,国家将新能源汽车纳入"十五"期间"863"重大科技课题。随后,国家提出新能源汽车战略,将新能源汽车的发展上升到更高的层次。2008 年,我国的新能源汽车开始进行产业化生产,当年被称为中国的"新能源汽车元年"。2010 年,国家在上海、长春、深圳、杭州、合肥五个城市进行新能源汽车补贴试点,不久将试点城市扩展到25 个。2012 年,国务院讨论通过《节能与新能源汽车产业发展规划(2012—2020 年)》,中国的新能源汽车进入全面发展阶段。

新能源汽车受到社会各界的青睐,其为能源的绿色消费提供了一个正确方向。虽然它仍然存在众多技术难题急需解决,如电池充电、新能源汽车的长途行驶等,但不可否认的是,这是我们解决能源可持续消费问题的重要途径之一。我们要大力倡导、发展新能源汽车,改变现有的能源消费模式,实现能源的绿色消费。

(二)智能电网①

智能电网是以科技为基础,通过高速的传感技术、精确的测量技术、先进的设备技术、敏感双向的控制技术及高效的决策支持系统,与传统电网交融的现代化电网。智能电网以智能输电变电站和智能配电变电站为前后终端,凭借智能决策系统的调度与配给,实现用户的智能用电。智能电网中除了有常规的火力发电、水力发电等能源,还包括风力发电、太阳能发电、生物质能发电、燃气热电联产等,较之于传统电网更加稳定、经济,其发电效率更高,发电过程更加环保绿色。由于智能电网大大地促进了清洁能源的开发与利用,其对减少温室气体排放,推动绿色经济发展有重要作用。

目前,我国正在大力发展建设智能电网,高校、研究机构、企业等联合攻关,在部分关键技术上取得了较大突破。国家电网公司等还通过了《关于加快推进坚强智能电网建设的意见》,全面促进智能电网发展。

(三)日常生活中能源消费的绿色选择

除了新能源汽车、智能电网以外,日常生活中能源的消费还有很多绿色的选择。如我们在利用植物作为燃料时,要尽量保护树林,尤其是原始森林;如我们在传统汽车中选择无铅汽油;如我们在燃烧煤时尽量使用清洁煤等。只有全民树立了节约能源、消费绿色能源的理念,能源的绿色战略才能够实现。

四、能源绿色战略中的执行主体

能源绿色生产、绿色技术、绿色消费的贯彻落实,最终离不开能源绿色战略中的执行主体。在能源的绿色战略中,政府、企业、社会和民间组织各自扮演着不同的角色,共同实现能源的绿色战略。

---

① 《国家电网公司年鉴》编辑委员会:《2010 国家电网公司年鉴》,中国电力出版社2010 年版,第 65—69 页。

(一)政府的绿色政策

联合国环境规划署执行主任阿希姆·施泰纳曾表示,绿色经济的持续增长并非偶然,政府为可再生能源产业的发展设立明确目标、提供政策和资金方面的支持是可再生能源可持续发展的坚实基础。政府在能源的绿色战略中起着引导、支持和激励的作用。强制性的能源绿色法律法规,将规制能源的生产、研发和消费主体向绿色道路靠近,引导其重视绿色;强大的资金、人员与基础设施支持,将全方位推动着能源绿色战略的进行,让相关者无后顾之忧;适当的经济、精神激励机制,则是催化企业和民众进行能源绿色生产、消费的强大动力,保证能源绿色战略的实现。

我国政府对能源的绿色战略持肯定态度,多年来设计了多项绿色制度推行能源绿色战略。"十二五"期间,我国政府又提出以绿色、低碳的发展理念加快构建资源节约、环境友好的生产方式和消费模式,以政策推动能源绿色战略的施行。

(二)企业的绿色生产

政府是能源绿色战略的环境营造者,而企业才是能源绿色战略真正的执行与实施者。无论是能源的绿色生产,还是能源的绿色技术,企业都起着主导作用。企业在政府的引导和激励下探索着绿色道路,而企业也因此获得绿色收益。

据国家统计局、环境保护部统计数据显示,我国的能源企业在进行绿色生产以后,其排放到环境中的废水、废气和固体废弃物大量减少,对环境的友好程度上升。同时,在技术进步的刺激下,企业对能源的消耗减少,企业生产效率也大幅提高。此外,在全球资源紧缺、气候变暖的背景下,企业实行绿色生产将有助于打破国际贸易中的绿色壁垒,增强企业在国际市场的综合竞争力。

(三)社会的绿色理念

仅有政府的政策支持和企业的绿色生产,能源的绿色战略还是不能实现,因为能源的消费主体更多的是社会和大众。社会的绿色理念将决定着日常生活中人们对能源的绿色消费。只有绿色意识深入人心,人们在衣食住行中才会注意自己的行为,节约能源,选择更多的绿色能源。同时,社会又对企业的绿色生产起着决定作用,因为社会是企业的消费者,只要顾客有绿色需求,企业就会多进行绿色生产。当全社会都拥有能源的绿色理念时,能源的绿色生产与绿色消费便指日可待。

(四)民间组织的绿色监督

监督机制往往是保证一个战略得以正确实施的重要手段,民间组织的绿色监督在能源绿色战略的实施中显得尤为重要。民间组织凭借其专业的绿色素养和广泛的市场受众,在生产和消费端监督着人们的绿色行为。通过与政府、企业、社会的联系,其能发现绿色需求,推动绿色生产。当在某一生产消费环节或某一地域出现非绿色的能源行为时,民间组织能够迅速地以监察员的身份出现,及时制止这种行为。在民间组织有效的绿色监督之下,政府、企业和社会才能够在能源的绿色战略中准确定位,充分发挥各自在能源绿色战略中的作用。

第二节　能源绿色战略的意义

在全球能源资源紧张,全球气候变暖的背景下,能源的绿色战略意义重大。无论是解决经济发展与环境污染之间的矛盾,实现人类社会的可持续发展,还是积极应对全球气候变化,防止全球变暖,亦或是深入贯彻落实国家节能减排政策,加快经济发展方式转变,能源绿色战略都能发挥重要作用。

一、能源绿色战略有利于实现能源与环境的双赢

在能源的生产与消费端,能源浪费与环境污染屡见不鲜,随时都有石油污染海洋、重金属污染河流等环境恶性事件见诸报端。多年以来,低效、污染、粗放的能源生产与消费模式给我们带来了严重的资源环境问题,使我们的能源无以为继、环境污染破坏。能源与环境的双重制约,要求我们发展高效、绿色、节约与精细的能源生产消费模式。

在此背景下,能源绿色战略为我们带来了实现能源与环境双赢的方法与途径。能源的绿色生产将大幅降低由能源开采等带来的能源浪费与环境污染,通过资源节约与环境友好的开采方式,减少其向环境中重金属、有毒气体、

温室气体等的排放。能源的绿色技术将对被污染、破坏的土地、河流、海洋等进行生态修复,在能源生产与消费后留住绿色,还绿色于自然。能源的绿色消费将有利于提高能源的利用效率,在能源的使用中注重节约能源与环境保护,选择绿色、低碳的能源生活。

二、能源绿色战略有利于推动能源产业的升级换代

能源的绿色战略需要能源绿色技术的支撑,而能源绿色技术源自于科技创新。改革开放总设计师邓小平曾经说过,科学技术是第一生产力,而绿色技术就是绿色生产力。众多研究表明,科技创新是产业升级换代的源泉,而能源绿色战略中的绿色技术,则是能源产业升级换代的绿色动力。

能源绿色战略推动绿色技术的发展,绿色技术则改变了传统的能源生产消费模式。通过绿色战略,能源产业的生产效率更高,环境成本更低,产品竞争力更强。通过绿色战略,能源企业可以克服国际贸易中的绿色壁垒,在国际谈判中增强竞争筹码,为国家为企业争取更多的利益。同时,借助绿色战略,能源企业可以研发资源节约与环境友好产品,调整产业结构,推动能源产业的升级换代。

三、能源绿色战略有利于聚焦社会对能源绿色的关注

资源节约与环境友好型社会建设不可能只由政府和企业完成,社会也是其中的重要组成部分。能源绿色战略的推出,有助于吸引社会公众对绿色的兴趣,使绿色能源深入人心。能源绿色战略有利于加强人们对能源绿色生产与绿色消费的意识,通过人们日常的工作与生活,节约能源,保护环境。同时,能源绿色战略有利于加强社会对能源发展的理解,从自身做起,推动中国能源产业的绿色化进程。此外,通过能源绿色战略唤起人们对能源资源的紧迫感,迫使人们以实际行动参与绿色,关注绿色,为绿色做出自己的贡献。

四、能源绿色战略有利于完成中国的减排任务

2009 年 9 月,国家主席胡锦涛在联合国气候变化峰会开幕式上发表题为《携手应对气候变化挑战》的演讲,胡锦涛主席向全世界庄严承诺:中国将进

一步把应对气候变化纳入经济社会发展规划,采取强有力的措施,争取到2020年单位国内生产总值二氧化碳排放比2005年有显著下降,争取到2020年森林面积比2005年增加4000万公顷,森林蓄积量比2005年增加13亿立方米。

推行能源的绿色战略,正是中国完成减排任务,实现中国向全世界承诺的有力举措。能源的绿色生产将是中国节能减排的基础,通过对煤炭的清洁利用、石油的绿色开采、二次能源的绿色高效转化,二氧化碳等温室气体的排放将大大减少,能源生产的环境友好度将大幅提升。能源的绿色技术是完成减排任务的重要手段,能源清洁转化技术、碳捕捉和碳封存等技术将最大限度降低温室气体的产生与排放。能源的绿色消费是中国减排的重要抓手,通过保护森林、减少对传统能源的消费、增加对新能源的利用等,在消费端减少碳排放。

五、能源绿色战略有利于加强中国与世界的能源交流与合作

自哥本哈根世界气候变化大会以来,绿色经济已经成为全球发展的共识。能源绿色战略作为绿色经济的重要组成部分,将为全球的绿色发展做出巨大贡献。推行能源的绿色战略,将有利于加强中国与世界的能源交流与合作,为中国融入世界能源绿色发展体系提供契机。中国可借此机会与世界共同搭建绿色平台,推进能源的绿色生产与绿色消费。同时,在能源绿色战略的框架下,中国可实现与美国、欧盟等发达国家的绿色对话,共同研制能源的绿色技术,制定能源的绿色规则,使中国由以往的规则服从者演变为规则制定者,提高中国在能源领域的国际话语权与竞争力。此外,借助能源的绿色战略,中国还可以深化与发展中国家的合作进程,推动发展中国家的可持续发展,提升中国的国际地位。

第三节　能源绿色战略实施的国际比较

随着当下能源对人类经济、社会发展的约束逐渐加大,世界主要经济体空前重视开发新型可替代能源、提高传统能源利用效率。加之生态退化、环境污染、全球气候变化等问题日益加重,水能、太阳能、风能、地热能、生物能等绿色能源发展备受各国青睐。传统化石能源是当下主要消费能源,也是引起温室气体排放、环境污染、生态恶化的主要原因,使传统能源的生产和消费更加高效、清洁、"绿色"已然成为一种趋势。

欧美日等发达国家和地区很早便开始尝试传统能源的绿化行动,并积极改变能源利用结构以实现能源利用的转型。尤其是最近20年,世界各国纷纷出台能源绿色战略。本节将系统地梳理和归纳美国、日本、欧盟、英国等国家和地区历史上和正在实施的能源绿色发展战略,并比较分析各国的成功措施和先进经验,为我国实施能源绿色战略提供历史借鉴。

一、能源绿色生产的国际比较

世界发达国家能源绿色发展史较长。20世纪70年代爆发的石油危机促使美国、日本、英国、德国等发达国家和地区开始建立能源绿色发展战略,之后的30多年时间里,各国能源绿色发展战略的实施从未间断,政府支持力度和企业投入力度不断加强,逐步完善了能源的绿色化生产战略体系。

(一)美国领先全球的能源绿色生产战略

1973年第一次石油危机给过度依赖石油等传统能源的美国带来了巨大麻烦。出于能源安全和能源可持续利用的考虑,美国政府、企业、NGO等开始大力提高能源利用效率和转向开发新型绿色能源。同时,美国通过立法的形式确立了能源绿色发展国家战略。

1.长期、全面支持能源的绿色开发

1977年美国联邦政府制定了《土地恢复法》,这个法案规定采矿企业需要进行环境和地质恢复规划,并在递交相关计划书、缴纳环境恢复履约保证金后方可取得申请采矿证书。若企业按计划书进行土地恢复,政府将履约保证金退还给企业;否则,政府就强制动用这笔资金来修复和治理被破坏的矿山环境。采矿企业还必须根据采矿量缴纳矿山修复基金,从事地下煤炭开采的企业每产一吨煤炭需缴纳15美分,地面采煤则是每吨35美分。[①]

---

① 吴志华:《借鉴外国经验　保护矿山环境》,《人民日报》2001年7月9日第七版。

2005 年能源政策法提出清洁煤电厂倡议和实行清洁电厂工程,美国传统能源的绿色开发的力度加大,为美国在利用传统能源过程中降低对环境的破坏有重要意义,见表 3-4。

表 3-4 清洁煤电厂倡议和清洁电厂工程

401 条	清洁煤电厂倡议,2006 到 2014 年间每一财政年度将授权向部长划拨 2 亿美元以支持清洁煤生电,并出具相应报告。
402 条	建立清洁煤电厂倡议的技术标准;施行汽化工程,确定 401 条款资金中至少 70％用于资助以煤为基础的汽化技术工程;2020 年前完成煤汽化工程,包括除去至少 99％的二氧化硫、汞排放至少下降 95％等;通过设备分离并吸收二氧化碳潜在排放的 50％。
404 条	把具有竞争性的、以绩效为本的补贴颁发给高等教育机构,建立优秀的清洁煤中心。
411 条	施行清洁电厂工程,提供贷款担保给低于 7000Btu 的煤能源工程,工程使用先进的整体汽化联合循环技术;与其他再生能源相联合,将二氧化碳排放物减至最低并使隔绝二氧化碳排放物成为可能,为清洁煤生产投资退税。
412 条	使阿拉斯加州的清洁煤技术设施用于服务的贷款。
413 条	施行西部综合性煤汽化示范项目,通过利用综合汽化联合循环技术从美国西部所储藏的煤中得到生产能源,示范项目应设置在海拔超过海平面 4000 英尺以上的西部州。
414 条	为煤的汽化提供贷款担保,支持使用至少 400 兆瓦的综合汽化联合循环技术。
415 条	对石油焦炭进行汽化,为石油焦炭汽化项目提供贷款担保。
416 条	电子净化示范,划拨 500 万美元来探索在商业上利用高含硫煤发电的可能性。
417 条	建立多个大学能源及煤炭研究中心和汽化产品测试中心,并给与补贴,从 2006—2010 年授权拨款 8500 万美元。
421 条	实行清洁空气煤计划;减少清洁煤生产的成本,提高清洁煤生产的环境性能;发展具有成本效益并能充分满足环境需求的汽化、汽化燃料电池、汽化联产、氧化燃烧技术等。

数据来源:杨翠柏:《国际能源法与国别能源法(下)》,四川出版集团 2009 年版,第 227—248 页。

美国环保署 2012 年发布一项页岩气开采法规,对页岩气开采中因使用水力压裂技术所造成的空气污染加以控制。该法要求到 2015 年 1 月,所有采用水力压裂法进行页岩气开采的气井都必须安装相关设备,以减少可挥发性有机化合物及其他有害空气污染物的排放,如苯和正己烷等。目前美国新气井中约有一半已安装了相关设备,以便在进行页岩气开采时能够根除可挥发性有机化合物的排放,捕集空气污染物及甲烷。①

2.持续发展并保持领先的绿色能源生产

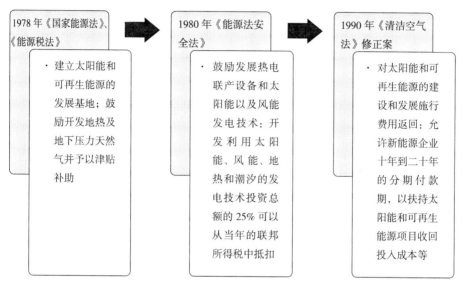

图 3-1 20 世纪后 30 年美国重要能源法案中的主要能源绿色生产政策

资料来源:

1.美国《国家能源法》,见中国百科网,http://www.chinabaike.com/article/baike/1000/2008/200805111450650.html。

2.何建坤:《国外可再生能源法律译编》,人民法院出版社 2004 年版,第 19—75 页。

3.张宪昌:《美国新能源政策的演化之路》,《农业工程技术(新能源产业)》2011 年第 1 期,第 8—10 页。

4.*Comprehensive Energy Strategy*,1998,http://books.google.com.hk/。

从图 3-1 可以看出,20 世纪后期美国重点发展对象为太阳能、风能、水能等,尤其注重太阳能发展,并通过税收、补贴、成本返还等政策支持新能源产业发展,同时鼓励绿色能源的生产。美国绿色能源生产政策由能源安全为导向逐渐转向能源安全和环境保护为目的,绿色能源生产政策重要性越来越大,比

---

① 见中国石油新闻中心,http://news.cnpc.com.cn/system/2012/04/27/001375370.shtml,2012-04-27。

如,1992 年制定了到 2010 年再生能源供应比 1988 年增加 75% 的长期量化目标。

21 世纪初美国能源向绿色转向的支持力度明显加大,其中最重要的是通过修正 1986 年国内税收法案,制定了《2003 年能源税收激励法案》,建立了能源绿色生产的税收激励机制。从表 3-5 可以看出,美国税收政策对绿色能源生产的支持效率较高,风能、太阳能、生物质能、水能等绿色能源发电享有包括免税在内的税收优惠政策,而且鼓励性税收政策期限较长。

表 3-5 《2003 年能源税收激励法案》部分内容

条款	关键内容
101 条	利用风能和家禽粪便发电的税收支持政策的期限为三年。
102 条	利用规定的生物能设备发电享有免税待遇,并规范了生物能的定义。
103 条	利用家畜粪便、地热能、太阳能发电者享有免税待遇,并规范了其定义。
104 条	税收优惠政策不针对个人。
105 条	对小水电生产者实行免税政策,小水电源指不使用堤坝或是水坝通过或是沟渠的灌溉系统发电,并且设备容量小于 5 兆瓦特。
106 条	利用地方性的固体生物资料和可循环的淤泥进行发电的免税政策。

数据来源:何建坤:《国外可再生能源法律译编》,人民法院出版社 2004 年版,第 53—58 页。

除了税收激励,布什政府还密集通过了《2005 年美国能源政策法案》(Energy Policy Act of 2005)、2006 年《先进能源倡议》(Advanced Energy Initiative)、2007 年《十年二十倡议》(Twenty in Ten Initiative)、《2007 年能源独立和安全法案》(Energy Independence and Security Act of 2007)等能源法,州政府自身也出台了大量的能源政策法案,能源绿色战略的实施取得实质性突破。如《2005 年美国能源政策法案》,该法案提倡石油、天然气、煤炭的绿色生产,加强能源基础设施建设,提高能源效率,增加利用可再生能源等,具体政策和战略有:

(1)在落基山区开发非传统碳氢化合物能源;(2)新的 6000 兆瓦容量核电站在最初运行 8 年时间内,每生产 1 千瓦小时发电量给予 0.018 美元的税收抵免;(3)为公用事业公司新建立的 6 个核电站提供风险保险,风险范围包括非公司自身原因造成的诉讼延误和调控成本;(4)制定可再生燃料利用标准,即到 2012 年每年利用 75 亿加仑的乙醇汽油和生物柴油,大约占到汽油消费总量的 3%,相当于 1.8 亿桶原油;(5)现行的风能、生物能、填埋废物气体发电税收减免政策延长至 2007 年 12 月末。[①]

布什政府时期的能源绿色战略有如下特点:(1)开发新能源与节能成为美国能源安全和能源可持续的两大主要措施,新能源的战略地位是作为传统能源的补充和替代,能源绿色战略已经成为美国能源战略的最重要内容之一;(2)绿色能源生产和消费有了长期的量化指标;(3)氢能、生物质燃料能源、太阳能、核能是这时期绿色能源重点发展对象。

2009 年 6 月美国众议院通过了《2009 年美国清洁能源与安全法》(American Clean Energy and Security Act 2009),该法的目标在于减少国外石油依存度,实现能源独立;减少温室气体排放,将美国经济转型为清洁的能源经济。该法案中能源绿色生产战略有:(1)清洁能源。2012 年发电量在 100 万 MWH 以上的电力供应商应保证 6% 来自可再生能源,之后逐年增加,到 2020 年达到 20%;2020 年各州电力供应中 15% 以上必须来自可再生能源,5%以上来自节能,若州长提出申请,可再生能源比例可调整至 12%。(2)能源效率。第 272 条提出到 2012 年美国能源产品的能效至少每年提高 2.5%,这种势头要保持到 2030 年。(3)向清洁能源经济转型。确保工业部门真正实现减排目标,制定有约束力的协定。促进绿色就业和工人转岗,教育部门有权在公平竞争的基础上自主寻求有能力的合作伙伴,以着重研究在清洁能源、可再生能源、能源效率、气候变化的缓和与适应等领域正在出现的就业项目和岗位。《2009 年美国清洁能源与安全法》是奥巴马能源新政的重要内容,该法强调发展新能源和可再生能源,要求电力公司到 2020 年通过可再生能源发电和提高能源效率满足 20% 的电力需求。[②]

奥巴马能源新政将发展绿色清洁能源定位为美国国家经济复苏和长期发展战略,旨在通过政府大量的财政投入和长期的经济鼓励将绿色能源产业发展成国家经济的支柱产业,支撑经济发展,创造大量就业,保持美国在全球的

[①]　"Energy Policies of IEA Countries", *the United States* 2007 *Review*, www.iea.org.

[②]　杨泽伟:《发达国家新能源发展与政策研究》,武汉大学出版社 2011 年版,第 3—12 页。

领导地位。

（二）日本 3E 战略领先全球

与美国相似,20 世纪 70 年代的石油危机促使日本能源战略加快转变。起初,日本开启新能源战略,发展太阳能、核能、地热能等绿色能源,力图能源供给和需求实现多样化。随着环境污染、温室气体过量排放、气候变暖、极端天气等问题日益突出,日本能源战略制定过程中越来越考察环境保护因素,并逐渐演绎成能源安全(Energy Security)、经济增长(Economic Growth)和环境保护(Environmental Protection)兼顾的 3E 特色。

日本 1974 年"新能源开发计划"指出到 2000 年政府投资超过 1 万亿日元,开发利用太阳能、地热能、合成天然气、氢能等,尤其是把发展太阳能定位为国家战略;1994 年"新能源推广大纲"在国家层面上要求政府全力推进新能源和再生能源;1997 年《促进新能源利用特别措施法》全面支持发展风力、太阳能、垃圾发电和燃料电池发电等新能源与可再生能源,并确定了新能源供给企业、制造企业和利用者的基本事项,日本能源绿色生产体系初步建立。2004年日本出台"新能源产业化远景构想",提出在 2030 年前把太阳能、风能等新能源技术扶植成市场产值达到 3 万亿日元的支柱产业,将日本石油消费占总能源消费量的 50%降至 40%,新能源上升到 20%;绿色能源领域就业达 31 万人左右;燃料电池 2010 年市场规模达 8 万亿日元,日本能源绿色生产开始真正成为国家重点培养和发展的大工业,详见表 3-6。

表 3-6　日本能源绿色战略演进路线图

能源绿色战略	主要内容
1974 年"新能源开发计划",即"阳光计划"	到 2000 年政府投资超过 1 万亿日元,开发利用太阳能、地热能、合成天然气、氢能等,尤其是把发展太阳能定位为国家战略;重点研发上述绿色能源的采集、输送、利用和储存等技术;加强风能、海洋能等的基础研究。
1978 年节能技术开发计划,即"月光计划"	开发能源有效利用技术,推进以燃料电池发电技术、热泵技术、超导电力技术等"大型节能技术"为中心的技术开发。
1980 年《替代石油能源法》	设立新能源和产业技术开发机构,大力扶植实用化新能源技术的研发、推广和运用。

续表

能源绿色战略	主要内容
1993 年"新阳光计划"	在政府领导下采取政府、企业和大学三者联合的方式,进行非晶硅太阳能、燃料电池、陶瓷汽轮机等革新技术开发;开展国际合作,研发氢能利用、二氧化碳固定与贮藏等技术;帮助临近的发展中国家开展生物质能、太阳能等技术研究。
1994 年"新能源推广大纲"	投入能源事业的任何人都有责任与义务全力促进再生能源推广工作;在国家层面上要求政府全力推进新能源和再生能源,在地区层级上要求当地县市政府全力配合宣传新能源战略,增强企业、大众对该政策的认知程度。
1997 年《促进新能源利用特别措施法》	大力发展风力、太阳能、垃圾发电和燃料电池发电等新能源与可再生能源;确定了新能源供给企业、制造企业和利用者的基本事项。
2002 年《日本电力事业者新能源利用特别措施法》	电力事业者有义务利用一定量的新能源,经济大臣每 4 年根据经济产业省令的规定,负责制定以后 8 年间电力事业者新能源电力的利用目标,达不到目标的企业必须改进,不服从改进命令者,最高罚款 100 万日元。
2004 年"新能源产业化远景构想"	在 2030 年前把太阳能、风能等新能源技术扶植成市场产值达到 3 万亿日元的支柱产业,将日本石油消费占总能源消费量的比例由 50%降至 40%,新能源上升到 20%;绿色能源领域就业达 31 万人左右;燃料电池 2010 年市场规模达 8 万亿日元。
2006 年《新国家能源战略》	支持新能源产业自主发展,支持以新一代蓄电池为重点的能源技术开发,促进未来能源(科技产业)园区的形成;2030 年前使太阳能发电成本与火力发电相当,生物质能发电等原产性能源得到有效发展,区域能源自给率得到提高。

资料来源:1.何建坤:《国外可再生能源法律译编》,人民法院出版社 2004 年版,第 190—221 页。

   2.杨泽伟:《发达国家新能源法律与政策研究》,武汉大学出版社 2011 年版,第 142—151 页。

专栏 3-2:日本《新国家能源战略》八大能源战略

战略一:节能先进基准计划

制定支撑未来能源中长期节能的技术发展战略,优先设定节能技术领先基准,加大节能推广政策支持力度,建立鼓励节能技术创新的社会体制,显著提高能源效率,到 2030 年能源效率比目前提高 30%。

战略二:未来运输用能开发计划

降低汽车燃油消耗,促进生物燃料、天然气液化合成油等新型燃料的应用,推动燃料电池汽车的开发普及,使运输对石油的依存度从目前的98%减少到80%左右。

战略三:新能源创新计划

提出支持新能源产业自立发展的政策措施,支持以新一代蓄电池为重点的能源技术开发,促进未来能源(科技产业)园区的形成。2030年前使太阳能发电成本与火力发电相当,生物质能发电等区域自产自销性能源得到有效发展,区域能源自给率得以提高。

战略四:核能立国计划

以确保安全为前提,继续推进供应稳定、基本不产生温室气体的核电建设,2030年核电比例从目前的29%提高到30%—40%,争取更高。

战略五:能源资源综合确保战略

积极有效利用政府援助贷款,促进投资交流和人员交往,全面强化与有关资源国关系。制定能源确保战略,整合政府资源,积极支持承担资源开发任务的核心企业,提高石油自主开发比例。争取2030年拥有资源开发权的原油占石油进口总量的比例,从目前的15%提高到40%。

战略六:亚洲能源环境合作战略

以能源需求不断增加的中国、印度为重点,以节能为主要合作领域,并在煤炭有效利用及安全生产,新能源及核电等方面,积极与亚洲各国开展能源、环境合作,促进共同发展。

战略七:强化国家能源应急战略

以建立成品油储备为重点,完善现有以石油为中心的能源储备制度,研究建立天然气应急储备机制,充实完善能源应急对策。

战略八:引导未来能源技术战略

研究提出具体未来能源技术战略纲要,明确政府投入方向,引导民间资源积极参与,推动全社会共同努力,使日本在未来能源技术,尤其在先进节能技术方面成为世界领先国家。

日本新国家能源战略将形成正式文本,并在今年秋季据此修改日本能源基本计划后付诸实施。

资料来源:见中华人民共和国发展和改革委员会官网,http://www.

sdpc.gov.cn/nyjt/gjdt/t20060728_78143.htm。

(三)欧盟最具挑战性的能源绿色生产战略

欧盟在国际社会一直积极应对气候变化、环境恶化等全球问题,积极领导成员国开展能源的绿色生产。1997 年 6 月欧盟部长理事会出台关于可再生能源的决议,提出到 2010 年共同体把其内部使用的可再生能源数量所占全球的份额扩大一倍;1998 年 6 月理事会又发表关于可再生能源的决议,指出扩大可再生能源利用在共同体能源消耗中的份额,并实现到 2010 年可再生能源利用增长 12%的目标。[1]

为解决能源进口依赖、气候变化、内部市场发展等问题,2000 年 9 月欧盟委员会制定了《绿皮书:能源安全供应的欧洲战略》。该绿皮书指出,欧盟有权干涉会员国的环保、内部市场、税收等议题,并在三个方面为欧盟制定了统一的战略,其中包括鼓励再生能源的供给政策和评估从中期看核能的贡献。[2] 2003 年的《欧洲智能能源消费计划》为期四年(2003—2006),目的是节约能源、大力发展可再生能源和保护环境。[3]

2006 年 3 月欧盟委员会出台一部中期能源战略,即"获得可持续发展、有竞争力和安全能源的欧洲战略"能源政策绿皮书,该绿皮书主要的能源绿色战略内容有:(1)开发具有竞争力的可再生能源和其他低碳能源和载体,特别是替代运输燃料;(2)增加本地资源特别是可再生资源利用,加强能源结构多元化,进口来源和运输路径多元化;(3)到 2020 年实现节约能源 20%;(4)选定可再生能源长期路线图,加大力度实现现有目标,积极推进清洁和可再生能源市场化进程。[4] 2007 年欧盟理事会制定了 2020 年应

---

[1] 何建坤:《国外可再生能源法律汇编》,人民法院出版社 2004 年版,第 102—104 页。

[2] "Green Paper on the Security of Energy Supply", http://europa.eu/legislation_summaries/energy/external_dimension_enlargement/l27037_en.htm, 02. 10. 2007.

[3] 国土资源部信息中心:《世界主要国家能源供需现状和政策分析》,地质出版社 2008 年版,第 44 页。

[4] 参见《欧盟能源政策绿皮书》主要内容,见中华人民共和国发展和改革委员会网站,http://www.sdpc.gov.cn/nyjt/gjdt/t20060519_69404.htm, 2006(5)。

对能源和气候变化问题的目标,即到 2020 年温室气体排放减少 20%(状况允许 30%),可再生能源利用占总能源利用达到 20%,能源利用效率提高 20%。

欧盟委员会于 2010 年 11 月 10 日正式公布《能源 2020:具有竞争力的、可持续的和安全的能源战略》(Energy 2020: A strategy for competitive, sustainable and secure energy),提出未来 10 年欧盟的能源绿色战略:(1)未来 10 年投资 1 万亿欧元于能源多元化和更新能源设备;(2)增加投资,使来自低碳能源的电力从目前的 45% 到 2020 年增至三分之二,且优先发展可再生能源,到 2020 年使可再生能源及技术在经济上具有竞争力;(3)必须公开客观地评估核电的安全性;(4)欧盟委员会启动大规模生物质、水电站、氢能等项目,启动 90 亿欧元的欧洲工业生物能计划,促进第二代可持续生物能的发展。①

2011 年欧盟委员会发布"2050 能源路线图",制定了欧盟绿色能源发展的长期战略,提出到 2050 年碳排放量比 1990 年下降 80%—95% 的目标,目标实现方式有提高能源利用效率、发展可再生能源、发展核能以及采用碳捕捉与储存技术等;其中预计到 2050 年可再生能源占全部能源利用的比例将从目前的 10% 达到 55% 以上,初级能源的需求将比 2005 年的峰值降低 32%—41%,核能占全部能源的比例仍将维持在 15%—18% 之间。②

欧盟十分重视新能源和可再生能源的直接立法,包括《可再生能源电力指令》、《可再生能源交通指令》、《可再生能源指令》等,法律体系的建立保证了欧盟能源绿色生产的实施和推进。

(四)英国低碳能源之路

过去 30 多年,英国在能源行业思想和政策发展方面走在世界前列,包括 20 世纪 80 年代能源的自由化和私有化以及 90 年代世界能源战略转向应对气候变化、环境污染等问题。21 世纪初,英国出台了一系列法令、白皮书和政

---

① "Energy 2020, A Strategy for Competitive, Sustainable and Secure Energy", http://ec.europa.eu/energy/strategies/2010/2020_en.htm.

② 《欧盟发布"2050 能源路线图"》,见新华网,http://news.xinhuanet.com/world/2011-12/15/c_122431264.htm.

策文件,不断促进能源绿色生产的发展。

2000 年 6 月英国皇家环境污染委员会向议会提交一份名为《能源——气候变化》(Energy-the Changing Climate)的报告指出,能源政策与环境政策需要保持一致方能缓解能源利用对环境日益加重的影响,可持续能源战略必须保护后代人的利益,同时也要保证社会正义、提高生活质量和保持产业的竞争力;该报告的主要内容有征收碳税,用部分碳税补贴低碳新能源的研发及提高能源利用效率;研究化石燃料替代能源的直接和间接碳排放;发展水能尤其是小水电站等无碳新能源;没有处理核废弃物和保证核电站安全之前,不能再建核电站;政府应优先立项探求无碳燃料能源;积极发展潮汐能、风能、生物能;继续支持无碳新能源行业的发展,为其提供贷款担保和补贴等①。

2002 年英国颁布了"可再生能源义务条例",规定在向管理机构提交电力证书的义务期间内,指定的电力供应商应履行所规定的 25% 可再生能源义务。② 2003 年布莱尔政府公布了《我们能源的未来——建立低碳经济》白皮书,确立了英国绿色能源的基本战略,其主要内容有:(1)未来 20 年更新和替换能源基础设施,发展氢能电池、混合动力车等。(2)到 2050 年二氧化碳排放量降低 60%,到 2020 年碳排放减少 1500 万吨—2500 万吨,其中通过增加可再生能源利用降低 300 万吨—500 万吨;英国政府投入几亿美元以提高能源效率和鼓励使用再生能源,到 2020 年全国 20% 的电力来自风能、波浪能和潮汐能,建议 2010 年使家庭能源利用效率提高 20%。(3)为大规模集中式电站建立全国和地区范围内的电网、测试装置等,支持未来 20 年更多可再生能源和小规模分散式的电力生产等。③

2009 年出台了《英国低碳转型计划》白皮书,确定了英国到 2020 年的第一个综合性的低碳转型计划,即 2020 年废气排放比 2008 年减少 18%(比

---

① "Energy-The Changing Climate", http://www.viewsofscotland.org/library/docs/RCEP_Energy_The_Changing_Climate_Jun_00.pdf.

② 何建坤:《国外可再生能源法律汇编》,人民法院出版社 2004 年版,第 134—137 页。

③ "UK Energy White Paper: Our Energy Future-Creating a Low Carbon Economy", http://www.managenergy.net/resources/126.

1990 年减少三分之一),增加利用可再生能源的电力供应商,使英国利用可再生能源生产的电力达到 30% 左右,建设 4 个火电站二氧化碳捕收与储存示范中心,2020 年之前实现电力供应的 40% 来自低碳能源。[①]

英国具有很强的环保意识,其能源战略的长期规划带有明显的环保特色。英国是低碳经济概念的起源地,制定了高标准的减排目标,以应对气候变化、生态破坏、环境污染等威胁人类可持续发展的问题。而支持和促进能源绿色生产、培育无碳化能源产业是英国追求低碳经济和无碳经济最重要的途径。同时,降低对一次能源进口的依赖也是英国能源绿色战略的出发点。

比较来看,美国和日本能源的绿色生产起步最早且均衡发展全面领先,而欧盟绿色能源则相对较晚,成员国之间发展不均衡;美国偏向综合运用经济和金融手段来直接支持绿色能源生产,欧盟和日本多通过立法促进能源的绿色生产;日本和欧盟能源绿色生产有明确的统一性目标,其中欧盟目标最具挑战性,而美国缺乏全国统一的能源绿色生产目标。

二、能源绿色技术的国际比较

近几十年来,世界主要国家大力支持能源绿色技术的研发、推广和运用,能源绿色技术成为各国争夺能源绿色革命的着力点和制高点。实现传统能源的绿色开发和利用,促进可再生能源的开发和利用,都需要能源绿色技术的支持,如碳捕捉和碳封存技术、熔融还原技术、分离膜技术和黑液气化技术等等。

(一)美国全面领先的能源绿色技术

美国能源的绿色技术一直居于世界领先地位。1998 年美国《国家综合能源战略》提出发展先进的可再生能源技术,开发非常规甲烷资源,发展氢能的储存、分配和转化技术。2002 年出台《国家氢能路线图》,明确提出美国要转

---

① "The UK Low Carbon Transition Plan National Strategy for Climate and Energy", http://www.decc.gov.uk/assets/decc/White%20Papers/UK%20Low%20Carbon%20Transition%20Plan%20WP09/1_20090724153238_e_@@_lowcarbontransitionplan.pdf.

型为"氢经济"，并于 2003 年启动氢燃料计划，投入 12 亿美元研发氢燃料电池。2005 年美国《能源政策法》全额拨款支持"氢能源倡议"，以发展燃料电池技术和氢能源生产与存储方式，为加快研发混合动力应用技术提供资金，并为运用清洁能源创新和先进技术的项目提供贷款担保，这些贷款担保可占到项目总费用的 80%。

布什总统在 2006 年国情咨文中宣布了《先进能源倡议》，提议能源部清洁能源技术研发资金提高 22%。这个倡议支持新交通和新能量技术，以持续降低空气污染和温室气体排放，提高经济和能源安全。2007 年国情咨文中提出运用美国的创新和技术来确保能源安全，发展碳捕捉等技术，补贴生物能技术，并要求能源部长进行以藻类为燃料的生物燃料研发，研究生物燃料发动机的耐久性和性能，研究 E-85 在灵活性生物燃料交通工具上的最优化利用，确保美国的能源独立和能源安全。①

《2009 年美国清洁能源与安全法》中新能源技术革命相关项目的支持拨款达到 970 亿美元，开发太阳能、风能等新能源相关投资总额超过 400 亿美元，未来 10 年在可再生、可替代能源方面的投入将达到 1500 亿美元。美国将培育高级生物燃料产业、混合动力汽车和纯电动汽车产业、用于储存的高效电池、太阳能、风能等相关新能源产业为国民经济的新型支柱产业。② 美国还通过 134 亿美元专项能源产权拨款，其中 130 亿美元支持包括新能源在内的科学研究，内容涉及综合能效和可再生电力标准、碳捕捉与碳封存、清洁交通、州能源和环境发展基金、输电计划、智能电网、清洁能源创新中心等。

美国未来几年新清洁能源技术和能源效率技术投资规模将达到 1900 亿美元，其中用于提高能源效率和开发可再生能源的资金达 900 亿美元，碳捕捉与封存技术 600 亿美元，新能源基础科学研发经费 200 亿美元，同期电动汽车和其他新进技术交通工具研发费用 200 亿美元。③ 美国将制定碳捕捉与封存

---

① "Energy Independence and Security Act of 2007", http://www.gpo.gov/fdsys/pkg/PLAW-110publ140/pdf/PLAW-110publ140.pdf.

② http://www.recovery.gov/Transparency/fundingoverview/Pages/fundingbreakdown.aspx.

③ 杨泽伟：《发达国家新能源发展与政策研究》，武汉大学出版社 2011 年版，第 3—12 页。

的国家战略,清除碳捕捉与封存技术商业利用中的法律、法规障碍等。另外,美国还将出口清洁能源技术,包括碳捕捉封存技术、风能、太阳能、地热能、潮汐能、电力传输分配等。

美国能源绿色技术起步早,有很长的历史积淀,实力雄厚,发展全面,领先全球。美国能源绿色技术的发展得到了政府强有力的法律支持、战略指导和资金支撑,政府长期有力的支持是新技术、新工艺进步的重要保障。

(二)能源绿色技术是日本能源战略的根本

经历 20 世纪 70 年代石油危机的冲击后,日本政府除了对外积极经营其能源外交战略,支持国内企业在海外参与能源资源开发外,还从提高能源使用效率和大力研发新能源技术入手,调整能源结构,重点发展节能技术和核能、可再生能源、氢能与燃料电池等替代能源技术。

1.立法推动能源绿色技术的发展

1978 年日本启动节能技术开发计划,即"月光计划",提出开发能源有效利用技术,推进以燃料电池发电技术、热泵技术、超导电力技术等"大型节能技术"为中心的技术开发。1980 年《替代石油能源法》规定设立新能源和产业技术开发机构,大力扶植实用化新能源技术的研发、推广和运用。1993 年日本开始实施"新阳光计划",在政府领导下采取政府、企业和大学三者联合的方式,进行非晶硅太阳能、燃料电池、陶瓷汽轮机等革新技术开发,日本能源绿色技术进入全面发展阶段。进入 21 世纪以来,日本启动了新一轮国家能源战略研究,并于 2006 年制定《新国家能源战略》,大力支持新能源产业自主发展,支持以新一代蓄电池为重点的能源技术开发,促进未来能源(科技产业)园区的形成。日本政府在 2008 年公布的创新能源技术计划中确定了电力、交通、工业、商业、建筑以及共性领域优先研发的 21 项能源相关创新技术,这些技术 2030 年前后能够实际应用和普及,是日本在世界市场上具有较强竞争力的技术。

2.能源技术创新能力世界领先

通过持续 30 多年的研发,日本的节能和新能源技术已居于世界领先位置。从 1974—2009 年日本能源领域的研发经费投入总额为 1312.7 亿美元,仅次于美国的 1598.6 亿美元;1988—2007 年日本在清洁能源领域的专利数量雄踞全球第一，替代能源技术前 100 位申请机构中有 45 家是日本机构；日本洁净煤工艺和高端能源装备技术世界领先，燃煤电站的热效率已达到世界最高水平，并有一批掌握关键核心技术的工业企业；日本是世界上最早推行太阳能政策的国家，已经处于太阳能电池产业链条的制高点；氢能与燃料电池技术是日本重点发展的能源技术之一，2002 年启动了国家级氢能和燃料电池示范项目，日本企业在该领域的专利申请量远大于其他国家，并计划到 2015 年实现燃料电池汽车商业化。日本绿色能源技术开发重点放在产业链上游，并在诸多领域取得领先，使日本成为绿色能源竞争力最强的国家之一。①

（三）欧盟先进的能源绿色技术

1998 年欧盟理事会提出，制定有关支持可再生能源技术的研究、发展、论证及推广的计划，消除法律体制、行政体制和机构体制障碍，采用财政措施补贴、优惠关税、税收等促进可再生能源发展，消除在实际应用中已经具有竞争力的可再生能源发展过程中的障碍等。2002 年《能源战略绿皮书：能源供应安全的欧洲战略》，提出了基于需求管理的清洁能源战略，建议制定建筑节能法令，提高交通能源利用效率，把能源发展战略作为科技发展战略之一。

2006 年欧盟能源绿皮书制定了能源技术战略计划，以欧洲技术平台为依托，对欧洲技术资源进行最佳配置，优选联合技术攻关，为能源领先技术开发市场。②《能源 2020：具有竞争力的、可持续的和安全的能源战略》提出欧盟成员国需要统一行动，建立一体化新能源市场，实现欧盟能源效率技术、低碳、清洁能源等绿色能源技术的一体化；开发无污染能源，增加低碳能源投资，大范围开发集中式和分布式可再生能源以及储能和电气交通（主要是电动汽车与公共交通）关键技术；加强执行欧洲战略能源技术计划，加快发展风能、太阳能、生物能、智能电网、核能、二氧化碳捕捉与储存、下一代核能、再生能源加热与冷却等技术，促进战略能源技术研究基础设施建设；提议 10 亿欧元的科研计划，支持低碳、绿色能源前沿技术研发的突破，保持欧盟能源技术的竞

---

① 《日本能源：从进口大国到技术出口大国》，2011 年 04 月 26 日，见新华网，http://news.xinhuanet.com/coal/2011-04-26/c_121349631.htm。

② 参见《欧盟能源政策绿皮书》主要内容，见中华人民共和国发展和改革委员会网站，http://www.sdpc.gov.cn/nyjt/gjdt/t20060519_69404.htm，2006（5）。

争力和全球领导力。① 2011 年欧盟委员会发布"2050 能源路线图"提出发展核能以及采用碳捕捉与储存技术的长期战略。

三、能源绿色消费的国际比较

国际油价上涨、鼓励性消费政策、环保和低碳消费的宣传等因素使绿色消费逐渐深入人心，世界各国消费者逐步掀起绿色出行、低碳生活等热潮，能源的绿色消费成为一种趋势，也成为一种时尚。

（一）美国鼓励性能源绿色消费

美国一直提倡能源的绿色消费，政府立法中鼓励能源绿色消费的内容层出不穷。早在 1978 年，《国家能源法》《能源税法》实施了 1 亿美元的太阳能低息贷款，规定住户利用太阳能可以享受优惠，另对酒精燃料免征商品税。1980 年，《能源安全法》规定，购买太阳能和风能能源设备的房屋主人，所付的金额中 2000 美元的 30% 和 8000 美元的 20% 可从当年须交的所得税中抵扣。1992 年，《国家能源政策法》开始实施居民住宅节能计划；《2003 年能源税收激励法案》中第 201 条规定，对可替代机动车辆实行免税政策；2005 年，《能源政策法》对混合动力交通工具施行税收优惠，对家庭太阳能系统建设进行税收抵免。《2007 年能源独立和安全法》是美国鼓励能源绿色消费的一个里程碑式法案，其目的之一就是提高商品、建筑、交通工具的能源利用效率，提倡大规模进行插电式汽车基础设施建设；规定每个电力公司都要制定一个支持插电式交通工具的实施计划；还规定各州应确立智能电网峰值需求减少目标，将智能电网能力建设整合进入"能源之星"项目。2009 年 2 月美国颁布的《美国复苏与再投资法案》安排 108 亿美元用于可替代能源设备、电动汽车和家庭节能税收抵免。2009 年 6 月美国众议院通过了《2009 年美国清洁能源与安全法》，规定美国到 2014 年新建的民用建筑能效提高 50%，到 2015 年新建的商用建筑能效提高 50%；政府设立"电力热能回收利用奖"，鼓励企业回收利用发电所产生的余热等；设立专门的"能源效率和可再生能源工人训练基金"；

---

① "Energy 2020, A Strategy for Competitive, Sustainable and Secure Energy", http://ec.europa.eu/energy/strategies/2010/2020_en.htm.

对消费者进行援助,补助他们因为法案实施引起的购买力下降,为符合条件的低收入家庭支付现金等。

(二)日本精细的能源绿色消费

作为能源匮乏的岛国,日本能源绿色消费行动令世界印象深刻。绿色消费得到日本政府的大力提倡和支持,如 2006 年《新国家能源战略》规定用部分石油进口税补贴绿色能源的消费,家庭消费 1KW 新能源电补贴 9 万日元。日本能源的绿色消费还得到企业、民众的积极响应,展现出全社会性和精细性。

日本政府 2011 年补充预算案中安排了 3000 亿日元的购车补贴预算,包括符合标准的电动汽车、混合动力汽车、天然气汽车、燃料电池汽车、清洁柴油汽车、巴士和货车等;补贴标准规范较细,如普通新上牌照车辆 10 万日元、3.5t —7.5t 以下的小型货车为 20 万日元等。日本 2009 年开始实施太阳能发电剩余电力收购制度,对住宅等太阳能发电设备满足家用消费量之外的剩余电量,按一定的价格在 10 年之内由电力公司全部收购且从 2012 年 7 月开始,收购范围扩大到风电、水电、地热发电、生物质等,要求电力公司必须根据规定价格、时间期限全部收购上述能源生产的电力。①

此外,日本交通省还实行绿色住宅生态返点制度,对建造、改造绿色住宅的民众进行返点,1 点等于 1 日元,可兑换商品券用于消费,以鼓励发展绿色住宅。具体见表 3-7。

表 3-7 住宅改造生态返点项目表

		大	中	小
窗的隔热改造	加内窗换玻璃	(≥2.8m²)1.8 万点 (≥1.4m²)0.7 万点	(1.6—2.8m²)1.2 万点 (0.8—1.4m²)0.4 万点	(0.2—1.6m²)0.7 万点 (0.2—0.8m²)0.2 万点
外墙/屋顶/地板等的隔热改造 无障碍改造(上限 5 万点) 住宅设备改造 加入改造瑕疵保险		外墙 10 万点 安装扶手 0.5 万点 太阳能利用系 2 万点 1 万点	屋顶/天井 2 万点 削减落差 0.5 万点 节水型卫生间 2 万点 抗震改造	地板 5 万点 扩大走廊宽度 2.5 万点 高隔热浴盆 2 万点 15 万点

数据来源:崔成、牛建国:《日本绿色消费与绿色采购促进政策》,《中国能源》2012 年第 6 期,第 22—25 页。

---

① 崔成、牛建国:《日本绿色消费与绿色采购促进政策》,《中国能源》2012 年第 6 期。

(三)欧盟强制和激励性能源绿色消费

1998 年欧盟理事会发表关于可再生能源的决议,提出与工业界在自愿基础上达成协议,设定购买义务,制定长期购买合同及支持能源供应的合同;《能源 2020:具有竞争力的、可持续的和安全的能源战略》提供节能奖励,平均每个家庭每年最高可达 1000 欧元。

德国能源绿色消费战略的制定实施与其新能源立法息息相关。2000 年,德国联邦参议院制定了《德国可再生能源优先法》,目的是为了保护气候和环境,保证能源供应的可持续发展和显著提高可再生能源对电力供应的贡献,实现到 2010 年可再生能源在能源消耗中比重至少翻一番的目标。该法规定电网运营商有义务将水力、风力、太阳能、地热能、垃圾堆气体、污水气体、矿井瓦斯、生物质能电力生产公司纳入其运营网,并优先购买其提供的全部电量,并对不同类型不同规模的电站进行补偿。① 这部法案清晰地展示了德国 21 世纪初的绿色能源生产、购买与补偿战略,从经济和法律上保证了绿色能源电力的持续发展。得益于此,2007 年德国可再生能源电力份额达到 14%,2008 年增至 14.8%。随后,德国 2009 年修订的可再生能源法将 2020 年目标提高 10 个百分点,即可再生能源电力比重到 2020 年达到 30%。

2006 年德国在修订多项相关法律基础上,颁布了《生物燃料配额法》,主要内容包括为第二代生物燃料、纯生物柴油和 E85 提供免税,修订《联邦排放控制法》,按时间表提高生物燃料在燃料中的含量等。2008 年 8 月德国出台《可再生能源供热法》,规定凡新建建筑都有使用可再生能源供热的义务,如果选择不使用可再生能源供热,必须采取其他能够减少温室气体排放的措施。2009 年德国修订了《生物燃料配额法》,提出到 2020 年可再生能源在交通领域最终能源消费总额中占 17%的目标。德国交通领域的新能源利用发展迅速,使其成为世界上最大的生物柴油生产国,绿色能源占交通能源消费比重从 2003 年的 1%增至 2007 年的 7.3%。②

---

① 何建坤:《国外可再生能源法律汇编》,人民法院出版社 2004 年版,第 125—129 页。

② 罗涛:《德国新能源和可再生能源立法模式及其对我国的启示》,《中外能源》2010 年第 15 期。

德国还在生物质能、海洋风能等领域制定了大量具体可行的战略,既构成了德国新能源发展的法律体系,也形成了德国绿色能源发展的战略体系,大大推动了德国新能源的发展,提升了德国在其优势领域的竞争力。

(四)能源绿色发展国际比较

通过以上分析可以看出,美国、日本、德国能源绿色战略全面发展且全面领先,形成三足鼎立之势。美国在生物能、风能、核能等方面具有核心优势,德国在太阳能、生物能、垃圾发电等方面有核心优势,日本在核能、垃圾发电、水

表 3-8 能源绿色竞争优势的国际格局

	挪威	德国	美国	英国	芬兰	日本	法国
生物能	0.13%	4.38%	1.19%	2.43%	11.70%	1.34%	0.39%
		★★	★★	★	★★	★	
垃圾	0.08%	1.63%	0.54%	0.88%	0.71%	0.71%	0.73%
		★★	★			★★	
核能	0.00%	22.77%	19.82%	18.39%	32.65%	26.70%	75.57%
		★	★★	★	★	★★	★★
水能	95.70%	4.17%	7.12%	2.38%	17.60%	7.84%	11.42%
	★★		★★		★★	★★	★
地热能	NA	NA	0.41%	NA	NA	0.28%	NA
			★			★	
太阳能	0.00%	1.11%	0.06%	0.01%	0.01%	0.26%	0.03%
		★★	★			★	
风能	0.74%	6.52%	1.77%	2.48%	0.38%	0.28%	1.46%
		★★	★★	★	★		
潮汐能	NA	NA	NA	NA	NA	NA	0.09%
							★

注:表中数据为 2009 年绿色能源发电占总发电量的比例;太阳能包括太阳能热能和太阳能光伏;★代表有优势,★★代表有核心优势,NA 代表无数据。

资料来源:根据国际能源机构统计数据整理,http://www.iea.org/stats/index.asp。

能方面有核心优势,法国的核心优势是核能,芬兰的核心优势是生物能,挪威的核心优势是水能。下表展示了 2009 年主要发达国家不同类别的绿色能源发电占其总发电量的比例和国际能源绿色竞争优势的整体格局。

第四节 推进中国能源绿色战略的政策建议

中国是传统能源生产和消费大国,中国传统能源的绿色水平较低,在推进中国传统能源绿色发展的工作任重而道远。2012 年 7 月 20 日国务院出台了《国务院关于印发"十二五"国家战略性新兴产业发展规划的通知》,明确指定节能环保、新能源、新能源汽车等 7 大战略性新兴产业,规划到 2015 年核电、风电、太阳能光伏和热利用、页岩气、生物质发电、地热和地温能、沼气等绿色新能源占能源消费总量的比例将提高到 4.5%[①],远远低于日本、欧洲等发达国家和地区的目标水平。发达国家在发展能源的绿色生产、绿色技术和绿色消费方面拥有丰富的经验,其发展水平领先世界,值得中国等发展中国家借鉴和学习。

一、建立健全能源绿色战略法律体系

中国虽然已经制定了《中华人民共和国可再生能源法》、《可再生能源能源发电上网电价和费用分摊管理规定暂行办法》等,但法律体系仍不完善,而且法律设计相对粗糙。欧美发达国家新能源发展初期法律建设就已经开始,新能源法律体系较为完善。尤其是欧盟,通过渐进式的改革不断推进能源立法,初步形成了统一的电力和天然气市场,并建立了健全的监督体系。

发达国家新能源立法不仅包含了不同时期国家能源绿色化转型的战略,还具体规定了新能源发展的中长期目标和实施政策等。新能源立法应加强体制和机制设计,典型例子有德国的《能源经济法》和《新能源和可再生能源电

---

① 《国务院关于印发"十二五"国家战略性,新兴产业发展规划的通知》,见中华人民`共和国人民政府网,http://www.gov.cn/。

力立法》。日本、德国、英国等从法律角度详细规定了新能源的发展目标，并在电力企业新能源利用、可再生能源电力上网等方面做出了强制性规定。我国应提高能源绿色发展的战略性、前瞻性和可操作性，为我国能源转型提供坚实的法律保障。

另外，我国还应该及时、灵活地对不同绿色能源进行转向立法，提高风能、太阳能、生物质能、水能等具体行业的发展战略，并修订新能源法律以增强新能源发展在立法上的连续性和一致性，保证能源绿色战略的不断改善和持续执行。

二、推动完善能源绿色战略支持体系

新型产业的发展初始阶段离不开政府和社会的支持，发达国家大都建立了具体而行使有效的新能源发展支持体系，支持体系大概包括法律支持、财政支持、税收支持、金融支持和贸易支持等。法律强制生产和购买，投资贷款及贷款担保，低息贷款，税收减免与抵扣，消费激励及奖励，贸易鼓励，财政补贴等等支持性政策是各国的共同特征。

在完善能源绿色化转型的支持体系、扩大支持范围的同时，还要增加支持力度。新能源关乎经济社会和人类生存发展的未来，应从长远利益考虑，大力支持绿色能源的开发和利用。特别是要加强财政投入、税收优惠、投资鼓励等方面的支持力度，确保新能源产业能够在宽松、适宜的环境中发展壮大。

三、鼓励引导能源绿色技术投资

日本、美国、德国、法国等国都十分重视绿色能源研发，将技术视为新能源战略的根本立足点，凭借技术优势取得绿色能源及未来经济在全球的领导权。绿色能源发展要靠公共财政大力投入，如美国投资1900亿美元研发清洁能源技术和能源效率技术，并设立新能源技术风险基金。我国目前新能源技术研发缺乏稳定的专项支持资金，固定的新能源科技发展转向不足，应该学习发达国家新能源技术研发经验。

新能源产业将引领世界经济发展方向，并带动人类社会新的变革，争取绿色能源产业的领导权将大大增加一国竞争力，进而影响国际竞争格局。而我

国的绿色能源技术研发乏善可陈,技术实力已然落后世界先进水平。我国应该明确能源的绿色转型主要集中在电力、交通和供热三大领域,其中电力能源是实现绿色转变的最主要的战场。G20 国家中,绝大部分都对电力能源消耗中的绿色能源占比制定了未来目标。我国应积极整合企业、研究机构和政府资源,制定并实施绿色能源技术中长期研发规划,启动国家级大型科研项目,广泛开展国际合作,力图在以上三大领域的新能源技术方面与国际接轨,并在一些领域取得世界领先,使我国在未来绿色能源竞争中立于不败之地。

四、整合协调能源绿色战略执行主体

能源利用转型将是一个长期过程,能源绿色转型离不开有效的制度设计。新能源开发利用一方面需要区分清楚市场与政府的功能定位,另一方面要充分发挥市场与政府的各自优势,为能源利用转型提供科学可行的组织和制度基础。

一种新能源的广泛运用过程离不开市场本身的调节作用。在社会主义市场经济体制下,市场在资源配置中起着基础作用。新能源产业化必须以市场化为基础,以市场化为导向,使新能源产业成为增加就业、提高经济总量的重要经济部门。

政府应该主导新能源战略的制定、新能源发展总体规划、新能源立法、新能源发展支持体系等方面工作,尤其在新能源开发的初期阶段,要发挥政府的带动性功能。美国、日本等启动了国家主导的新能源技术和技术推广项目,欧盟还为成员国设立了相对统一的新能源发展目标,努力建立欧盟统一的新能源市场。我国应加强向新能源转型过程中政府的作用,提高政府投资力度,巩固政策性支持力度,启动国家重点新能源科研项目,并统筹各地区新能源的发展,提高我国在向绿色能源转型过程中的综合竞争力。

第四章 结构战略：从过度依赖 煤炭向绿色多元转变

目前我国能源结构中，煤炭占据相当大的比重。石油对外依存度不断走高，天然气发展缓慢、一次电力结构不合理也成为了制约我国经济社会可持续发展的重要因素。

调整能源结构是能源发展战略的重要组成部分，是我国转变经济生产方式和经济增长方式的重要举措。国际能源的较量不是规模的对撞，是结构和质量的硬比较。从国家能源安全的长远考虑，必须彻底改变重政绩、重规模、重速度、重投入，轻规划、轻效益、轻统筹、大起大落无序发展的问题。调整能源结构，需要从国家长远战略意义出发，优化各种能源所占比重和相互关系，促进能源结构向清洁化、低碳化发展。

第一节 能源结构调整的战略意义

一、能源结构调整是面临资源瓶颈的应对之举

一般来说，资源分为储存性（或不可更新）资源和流动性（或可更新）资源。储存性资源指所有的矿藏和土地，它们是经过千百万年才形成的物质，因而从人类视角看其当前的供给是固定的。因此，其最终可利用的数量必然存在某种局限。流动性资源指那些在充分短暂的、与人类相关的时间间隔内可自然更新的资源（表4-1）。其中，临界带的所有资源，一旦使用速率超过自然更新的速率，此类资源就可能实际上被开采、甚至被掠夺到灭绝的程度。

表4-1 资源类型的一种划分①

储存性资源			流动性资源	
使用后就消耗掉的	理论上可恢复的	可循环使用的	临界带	非临界带
石油、天然气、煤	所有元素矿物	金属矿物	鱼类、森林、动物、土壤、蓄水层中的水	太阳能、潮汐、风、波浪、水、大气

数据来源:[英]朱迪·丽丝:《自然资源分配、经济学与政策》,商务印书馆2005年版,第24页。

随着全球人口和经济规模的不断增长,能源需求在不断增加。石油、煤和天然气等化石能源的消耗速度加快,然而这些使用后就消耗掉的储存性资源的储量终究是有限的。调整能源结构,开发利用太阳能、风能、水能等资源是人们面临储存性资源瓶颈的重要出路,已成为全球共识。

中国的化石能源储量在世界上属于中等水平,但人均化石能源拥有量远低于世界平均水平。煤炭、石油和天然气的人均剩余可采储量分别只有世界平均水平的58.6%、7.89%和7.05%。中国经济发展所依赖的能源资源储量面临日益严峻的形势。②

随着经济的快速增长,中国对能源的需求逐渐增加。开发可再生能源是补充能源供应缺口的重要途径,也是优化能源结构的需要。而且,近年来我国石油对外依存度不断增加,调整能源结构,提高可再生能源比重也是保障我国能源安全的重要举措。

二、能源结构调整是解决环境约束的当务之急

近几十年来,随着人类经济活动的不断扩张,能源利用与环境保护之间的矛盾越来越突出。化石燃料的燃烧产生的环境污染问题给当前能源结构的变革带来了巨大压力。

煤炭在燃烧过程中会产生黑烟并释放一些有毒有害气体,如二氧化硫(SO_2)、氮氧化物(NO_x)以及一氧化碳(CO)。呼吸含有这些混合物的空气对

---

① [英]朱迪·丽丝:《自然资源分配、经济学与政策》,商务印书馆2005年版。

② 中国能源中长期发展战略研究项目组:《中国能源中长期(2030、2050)发展战略研究:可再生能源卷》,科学出版社2011年版。

人体会造成很大的伤害。这些有毒有害气体一旦进入大气,会产生酸雨和酸沉降。酸雨会造成森林的大面积死亡,落到地面后会浸透到土壤中,引起土壤中一些天然矿物质的分解,产生的元素包括对动植物有害的铝和汞。汞经常会溶解在河流、湖泊和海洋等水生系统中,进而转化成对动植物更有害的甲基汞,在鱼类组织上富集。人类食用含甲基汞的鱼类,甲基汞就在人体内富集。甲基汞是一种神经毒素,如果孕妇在怀孕期间食用含有大量甲基汞的鱼类,甲基汞会损害婴儿的神经系统,新生胎儿就容易患各种先天性疾病。

在石油工业的各个阶段,包括生产、运输、石油精炼以及到成品的使用都会产生各种各样的环境问题。石油工业释放的许多化学物质都是有毒有害的,有些甚至有致癌作用,另外一些与光化学烟雾的形成有关系。原油大部分运输过程是船运与管道的结合,在海上运输大量石油,油轮漏油事故就几乎不可避免(图4-1)。

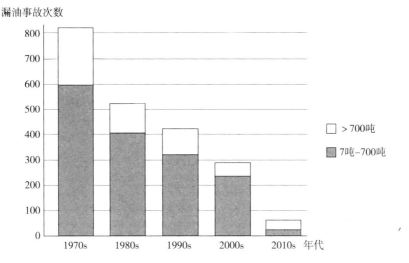

图4-1　1970—2011年全球每10年中型(7吨—700吨)和大型(>700吨)漏油事故次数
资料来源:见国际油轮船东防污染联合会, http://www.itopf.com/information - services/data - and - statistics/statistics/#no。

因此,非清洁的能源结构急需向清洁型能源结构转型,以缓解日益严重的环境污染问题。清洁能源是指在生产和使用过程中不产生有害物质排放的能源。开发和利用风能、水能、天然气及经洁净技术处理过的洁净煤油等是能源结构向清洁型转型的有效途径。

三、能源结构调整是应对全球变暖的大势所趋

全球正发生着以变暖为主要特征的气候变化。人类工业和诸如毁林的其他活动正排放越来越多的气体到大气中,尤其是 CO_2。每年,人类通过这种排放把 70 亿吨碳送入大气中,其中大量碳可能要在大气中停留 100 年或更长时间。CO_2 能很好地吸收来自地表面的热辐射,所以 CO_2 的增加使大气变暖,随着温度的增加,大气中的水汽量也增加,引起更明显的变暖。[①] 全球气候变暖会导致冰川消融,海平面上升,对农林业、生态系统与生物多样性、人类健康等会带来不利影响。

联合国气候变化专家小组(IPCC)第四次评估报告指出,化石能源利用是造成气候变化的主要原因。1906—2005 年的百年时间内,全球年平均地表气温增加了 0.74℃(IPCC,2007),近 50 年来的全球气候变暖主要是由人类排放的温室气体造成的,1976 年以后变暖最为明显,其中 20 世纪 90 年代是最暖的 10 年,1998 年是最暖的年份(IPCC,2001,2007)。为应对气候变化,低碳化已经成为全球能源结构调整的主旋律。[②]

中国气候变化总体趋势与全球是一致的。20 世纪初期以来,中国平均地表气温明显升高,升温幅度为 0.5℃—0.8℃,两个主要增暖期分别出现在 20 世纪 20—40 年代和 80 年代中期以后。[③]

中国政府一贯高度重视气候变化问题,2006 年提出了 2010 年单位国内生产总值能耗比 2005 年下降 20% 左右的约束性指标,2007 年在发展中国家中第一个制定并实施了应对气候变化国家方案。在 2009 年哥本哈根气候变化大会前夕,我国政府提出到 2020 年单位 GDP 碳排放比 2005 年减少 40%—50%,可再生能源比重达到 15%。《中国应对气候变化的政策与行动(2011)》

---

① [英]J.Houghton:《全球变暖》,气象出版社 1998 年版。
② 熊焰:《低碳转型路线图:国际经验、中国选择与地方实践》,中国经济出版社 2011 年版。
③ 气候变化评估报告编写委员会:《气候变化国家评估报告》,科学出版社 2007 年版。

中明确指出要发展低碳能源,加快发展天然气等清洁能源,积极开发利用非化石能源。

四、能源结构调整是占领经济高地的重要机遇

化石燃料的开发和利用使人类摆脱了对于木材、薪柴、人力、畜力等的依赖,解放了生产力。工业革命以来,世界能源消费剧增,使煤炭、石油、天然气等化石能源资源消耗迅速。石油、煤、天然气储量的日益减少,市场供需的矛盾将不可避免地促使化石能源价格上涨。

化石能源价格的上涨会引发一系列问题,其严重程度甚至是目前难以想象的。伴随石油能源危机而来的粮食危机、金融危机和经济危机,随时都有可能发生,甚至可能引起政治和军事危机。[①] 因此,出于保证能源供应安全的考虑,发展新能源和可再生能源是必要的。特别是对于资源匮乏的国家,发展可再生能源是维持其经济持续发展的有效保证。

实现以化石能源为基础的第二次工业革命向以可再生能源为基础的第三次工业革命转型[②],将会在很大程度上解放生产力。国际金融危机后,许多国家都将发展可再生能源作为应对金融危机、刺激经济复苏、增加就业机会的重大举措,作为推进经济长远发展、创造新的经济繁荣的重要引擎。从长远来看,要维持经济的稳定和可持续发展,现有的传统能源难以形成持续支撑,发展可再生能源产业是各个国家抢占未来经济制高点的重要手段。对于我国而言,发展可再生能源还有利于推动区域经济协调发展。我国西南地区水力资源丰富,华北、西北和东北地区的风能资源占全国风能资源总量的85%。在这些地区发展可再生能源,有利于推动当地基础设施建设,加快当地经济发展。

绿色科技是实现这一转型的关键。目前,高成本是制约可再生能源发展的瓶颈之一,随着新技术的突破和推广,可再生能源成本不断下降。在不久的将来,控制新技术会比控制燃料本身更加重要。也就是说,谁占领了可再生能

---

① 冯向法:《甲醇·氨和新能源经济》,化学工业出版社2010年版。

② ［美］杰里米·里夫金:《第三次工业革命》,中信出版社2012年版。

源技术的制高点,谁就能在 21 世纪的国际经济竞争中赢得先机。[1]

第一次工业革命中国落后了 100 多年,第二次工业革命中国落后了至少 50 年,面对即将爆发的第三次工业革命,中国应该适时地调整能源结构,加强可再生能源技术研发,加大对可再生能源产业的政策支持和投资,建立以可再生能源为主体的持久能源体系,以实现经济的可持续发展。

第二节　中国能源结构现状与问题

我国是世界能源消费大国。2010 年中国一次能源消费量占世界一次能源消费总量的比重超过 20%[2]。随着经济的持续增长以及工业化、城镇化程度的加速推进,中国能源消费量呈现出不断增长的趋势。2011 年中国能源消费总量 34.8 亿吨标准煤,比上年增长 7.0%[3]。

我国煤炭资源丰富,石油和天然气储量相对不足。这种"富煤、贫油、少气"的资源禀赋结构决定了我国以煤为主的能源结构。

建国初期,由于我国资源勘探技术落后,加之西方国家对我国实行石油禁运,我国煤炭消费占能源总量的 90% 以上,而石油、天然气在能源结构中的比重不到 5%。随着石油勘探技术水平的提高,我国石油、天然气在能源结构中所占比重逐步上升,煤炭比重逐步下降。

改革开放以来,我国能源消费总量急剧提升,受油气资源储量制约,我国在 90 年代对石油进口的依赖逐步加强。在此阶段,国家大力发展水电、核能等新能源,但由于技术条件和经济成本的限制,不得不加强煤炭资源的开采以弥补能源消费总量的缺口。2010 年我国煤炭消费在一次能源消费总量中仍然占到 70.4%,而世界煤炭消费量占一次能源消费总量的比重不到 29.6%,如图 4-2 所示。

---

①　天星:《突破瓶颈的期待》,中国石油企业 2009 年版,第 52—54 页。

②　中国能源研究会:《中国能源发展报告 2012》,中国电力出版社 2012 年版。

③　中华人民共和国国家统计局:《中华人民共和国 2011 年国民经济和社会发展统计公报》,2012 年 2 月 22 日。

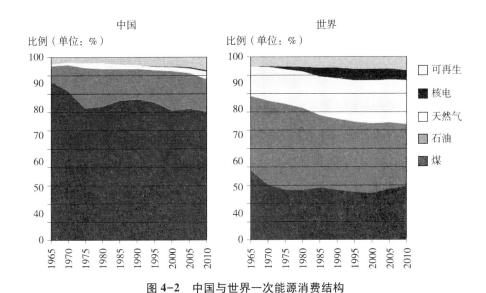

图 4-2 中国与世界一次能源消费结构

资料来源:根据 BP Statistical Review of World Energy 2011 计算。

一、煤炭比重过高,资源环境问题突出

长期以来,我国以煤为主的能源消费结构特征十分突出。近年来,在旺盛的市场需求拉动下,全国煤炭消费量大幅增加。2010 年中国煤炭消费量占世界煤炭消费总量接近 50%。2011 年,中国煤炭消费量达到 34.25 亿吨,比 2010 年增加超过 3 亿吨。煤炭需求仍将保持增长态势。

与其他化石能源资源相比,我国的煤炭资源相对丰富。根据 BP 统计数据,2010 年底中国煤炭探明可采储量 1145 亿吨,位居世界第三,占全世界剩余探明可采储量的 13.3%。近年来,煤炭能源在我国能源消费结构中的比重虽有所下降,但对煤炭能源的依赖程度并没有根本削弱,今后的 30—50 年内,煤炭在我国一次能源中的主导地位不会改变。[①]

但由于煤炭开发受到赋存条件、水资源条件、生态环境、安全因素以及运输条件和环境容量等多方面的限制,能被有效开发利用的煤炭资源量明显不

[①] 中国能源中长期发展战略研究项目组:《中国能源中长期(2030、2050)发展战略研究:节能·煤炭卷》,科学出版社 2011 年版。

足。而且,高强度地开发利用煤炭资源,造成大量的土地沉陷、地下水位下降、植被损害等一系列生态环境问题。全国因采煤形成的土地沉陷面积已达 40 万 km^2。煤炭开采过程中,破坏了地下含水层原始径流,全国每年煤炭排除矿井水约 22 亿 m^3,且利用率不足 40%。采煤造成的矿区水土流失也非常严重。

煤矸石和矿井废水带来了严重的环境污染问题。全国每年产生煤矸石约 1.3 亿吨,已累计堆存超过 30 亿吨,占用了大量土地。经验数据表明,在堆放的煤矸石总量中,大约有 10% 的煤矸石会在堆积过程中自燃,由此产生大量的有害气体。更为严重的是,煤矸石经雨淋会渗透到地下水系,污染地下水资源。据有关专家估计,每开采 1 吨煤就会破坏 2.5 吨地下水,对我国这样一个水资源严重短缺的国家来说,形势十分严峻。

专栏 4-1 地陷——山西八分之一国土面积成采空区

因煤而兴的山西,如今要面对新的问题。长期的煤炭开采使地下矿体层形成了空洞,成为采空区。2010 年 12 月,山西省有关部门统计称,山西采煤形成的采空区达到 2 万平方公里,相当于山西 1/8 的国土面积。山西省国土资源厅提供的最新矿山地质环境调查结果显示,仅 2010 年因矿山开发导致的地面塌陷及采矿场破坏土地就达 20.6 万亩,其中 12.99 万亩是耕地。山西省发改委认为,因此受灾人口达到了 300 万。

有百年采煤史的山西孝义,目前五分之一的面积已被"采空"。孝义市国土局提供资料显示,据不完全统计,目前孝义全市已形成采空区约 180 平方公里,占全市面积的 19%。

过去简单粗放的采掘方式虽然已被山西省政府严令禁止,但其对土地、水源、空气等生态环境造成的伤害仍是触目惊心。孝义市范围内目前仍有各类地质灾害隐患点 168 处,其中地面塌陷 146 处,滑坡 6 处,崩塌 6 处。

孝义市的地质灾害隐患点主要分布于西辛庄镇、柱濮镇、下堡镇、阳泉曲镇、高阳镇、兑镇镇、驿马乡、杜村乡和南阳乡 9 个乡镇,其中距离市区 35 公里的西辛庄镇最甚,有 34 处,占总数的五分之一。

该镇75平方公里的土地上90%是农耕地,自20世纪80年代始,累计采出原煤1.32亿吨,占全市同期煤产量的30%。截至2008年年底,该镇煤矿采空区已达到8.38平方公里,折合约1.25万亩,涉及到23个村庄,其中已形成塌陷裂缝面积约6735亩,占耕地面积59.8%,严重塌陷造成耕地荒芜面积约6735亩,占耕地面积近一半,导致大量地表崩塌、滑坡、沉降、裂缝和塌陷,同时造成房屋、交通设施、水利设施大面积破坏。

该镇韩家岩塌陷坑单坑最大直径达10米,可测深度大于6米,并呈继续发育趋势;梁家沿的地裂缝单缝最长可达169米;杜西沟的第一滑坡体坡度85度,长约16米,高6—10米,距离民宅仅4米。

2010年12月由中国地质矿业总公司与孝义市政府联合发布的《西辛庄镇煤矿地质灾害现状介绍》称,西辛庄镇煤层埋藏浅,在早期煤炭开采过程中由于门槛低,私挖滥采严重,导致该镇坑道遍布,受地质环境影响,进一步形成塌陷坑、裂缝等,残留的煤层由此自燃,采空区和坑道演变成煤火发育的通风供氧孔道,成了煤火自燃的鼓风口,加剧了煤的自燃。

该镇目前有上百个大小的矸石堆、弃渣堆,煤矸石总方量约103万方,破坏占用耕地1500多亩,据初步勘察,除少数明火外,大部分自燃点冒着青烟,并随风散发着刺鼻的气味,其中有大量的一氧化碳、二氧化硫、二氧化碳、粉尘及硫化物,不仅污染空气,而且易形成大范围酸雨,助长温室效应。

郝家湾村周边7座煤矿关闭前即为火区矿井,生产过程中开采巷道相互贯通,纵横交错。关闭后,火区治理无法实施,导致残煤自燃面积不断增大,目前明火灾害区面积0.24平方公里,总火区面积预计达4平方公里。

监测数据表明,郝家湾周边二氧化硫超标755%,可吸入颗粒物超标614%,周边群众发病率提高,恶性肿瘤疾病明显增多,滑坡崩塌时有发生,村内原始地貌及植被破坏殆尽。

除此之外,煤矿排水及洗煤厂等生产、生活污水直接排放地表水体,使全镇境内的季节性河流基本干涸、污染、断流,地表水大量渗漏,矿区水生态惨遭毁灭性打击。

孝义市政府提供资料显示,西辛庄镇 36 个村 3850 户人畜饮水存在不同程度困难,不少群众以每吨 10 元的价格从附近乡镇买水吃,个别村买水历史已有 20 年之久。

《山西省孝义市地质灾害防治规划》显示,截至 2009 年,孝义市地质灾害造成的直接经济损失总额为 43599 万元,其中地面塌陷占去 96.3%。

煤炭开采带来了严重的水资源破坏、地表塌陷、煤矸石堆积、水土流失及植被破坏等生态环境恶化问题,有关机构估算,全省因采煤造成的生态环境损失高达 4000 亿元。

2009 年 12 月 18 日,山西省人民政府办公厅发布《关于印发山西省煤炭开采生态环境恢复治理实施方案的通知》(晋政办发〔2009〕190 号)明确要求建立"不欠新账、渐还旧账"的煤炭开采生态环境补偿机制,坚持"谁开发、谁保护,谁破坏、谁恢复"的基本原则。

但此前甚至更早时候被大规模关闭和兼并的私营煤矿造成的生态破坏,应由谁来买单?而且,地质灾害是不可逆的,再怎么修复也不能恢复如初。

(资料来源:李鹏飞:《山西孝义 1/5 面积成采空区,生态伤口待疗慰》,见中国新闻网,http://www.chinanews.com/gn/2011/08-11/3252161.shtml。)

煤炭的终端消费导致碳排放增加,煤炭燃烧产生的温室气体是全球气候变暖的主要原因。以煤为主的能源结构与全球低碳发展的矛盾将长期存在。煤炭开采还会造成矽肺病问题,严重时影响肺功能,使人丧失劳动能力。

以煤为主的能源结构不利于实现经济、能源和环境协调发展,我国能源结构面临着调整和优化的严重挑战。

二、石油对外依存度日趋走高,能源安全面临挑战

我国是一个石油蕴藏量相对有限的国家,2010 年中国的石油剩余经济可采储量为 23.6 亿吨[1],石油产量为 2.03 亿吨,目前的剩余经济可采储量仅够

---

[1] 国土资源部:《全国油气矿产储量通报 2010》。

用 11.62 年。

近年来,国内原油产量相对平稳,而需求增长较快,进口原油数量逐年增加。

中国自 1993 年成为原油净进口国以来,原油进口数量逐年大幅度上升。2011 年原油净进口达到 25138 万吨。石油和原油对外依存度随之不断上升。近年来,我国原油超过一半依赖进口。2011 年原油对外依存度上升到 55.2%(表 4-2)。石油进口安全日显重要。

表 4-2 2005—2011 年中国原油进出口量及对外依存度 单位:万吨

年份	产量	进口量	出口量	净进口	对外依存度
2005	18135.3	12682	807	11875	39.57%
2006	18476.6	14517	634	13883.3	42.90%
2007	18631.8	16317	389	15928	46.09%
2008	19044	17889	424	17464.8	47.84%
2009	18949	20379	507	19871.8	51.19%
2010	20301.4	23931	303	23628	53.79%
2011	20400	25378	240	25138	55.20%

数据来源:2005—2010 年数据来自《中国能源统计年鉴 2011》,2011 年数据来自《中国统计公报 2011》和中石化经济技术研究院。

经济全球化使国家主权部分让渡于世界和区域性政治、经济组织,使得国家控制风险的能力下降,国家的经济安全问题日益突出,并已成为当今世界的热点问题之一。[1] 石油作为一种战略性资源,在国民经济和国际关系中具有举足轻重的作用。随着中国石油对外依赖程度的增加,受国际市场供应中断影响越来越大。由于石油在经济发展和国家安全中的地位重要,如此大的石油进口量,而且还在持续增加,一旦发生进口中断,将很难用国内产量替补,对我国经济将产生致命的打击,整个国家的政治、经济安全将会遭受难以估量的损失。

同时,国际油价变化对我国国民经济的影响也不能低估。我国作为世界

---

[1] 王礼茂:《中国资源安全战略——以石油为例》,《资源科学》2002 年第 1 期。

上第二大石油消费国,2010 年石油消费量占世界石油消费总量的 1/10 左右,对国际油价的影响力却较小。面对国际市场油价波动频繁的状况,我国可能会受制于人,无论哪一条进口渠道出了问题,都将严重影响我国的经济发展甚至是社会稳定。

从目前的全球形势来看,局部的不稳定因素仍然存在,为防止世界石油供应中断或国际油价上涨对我国社会经济的冲击,必须做好石油的稳定和安全供应。

三、天然气发展缓慢

近年来,天然气的使用呈现出快速增长的势头,其开发利用越来越受到世界各国的重视。究其原因,首先是因为天然气储量要比以前认为的丰富很多。[1] 2010 年世界天然气储量为 187.14 万亿立方米,按照目前 31933 亿立方米的天然气产量,可用 58.6 年。其次,天然气是一种高效、清洁的能源。天然气热值大约是煤气的两倍,是液化石油气的 1/3 左右。天然气的主要成分甲烷是最清洁的化石能源,天然气中甲烷的含量为 70%—90%。与其他燃料相比,天然气燃烧时仅排放少量的二氧化碳粉尘和极微量的一氧化碳、碳氢化合物、氮氧化物。再次,国际油价的不断波动,也使天然气的使用在最近几年逐渐得到推广。[2] 目前,有国外能源研究机构预测,在不久的将来,世界天然气消费总量有可能超过石油,成为世界第一大消费能源。

美国是世界上天然气产业发展最成熟的国家之一,拥有先进的技术、完善的管网体系、比较健全的市场经济基础和完备的监管体系。美国天然气资源丰富,2010 年美国天然气储量为 7.72 万亿立方米。2009 年,美国超过俄罗斯成为世界第一大天然气生产国,天然气产量达到 5828 亿立方米。2010 年美国天然气产量为 6110 亿立方米,保持了世界第一的地位,天然气产量占世界总产量的比重接近 1/5。美国目前有 210 多个天然气管道系统,305000 英里的输气管道,

---

① [英]菲尔·奥基夫、杰夫·奥布赖恩等:《能源的未来:低碳转型路线图》,石油工业出版社 2011 年版。

② [美]M.B.麦克尔罗伊(Michael B.Mcelroy):《能源展望、挑战与机遇》,科学出版社 2011 年版。

1400 多个驱动压缩机站以维持管道内气体流速稳定、400 多个地下天然气储存库、49 个进出口天然气的管道基地、8 处液化进口天然气的设施①。

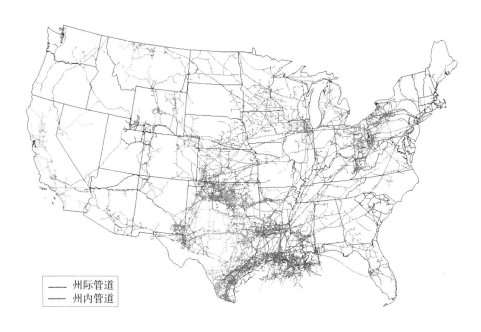

图 4-3 美国天然气管道网络

资料来源:http://www.eia.gov/pub/oil_gas/natural_gas/analysis_publications/ngpipeline/index.html

我国天然气工业发展一直相对缓慢。2010 年中国天然气探明储量为 28077 亿立方米,天然气产量为 968 亿立方米,产量仅占世界总产量的 3%,不到美国天然气产量的 1/6。与世界平均水平相比,天然气供应与消费在能源结构中占比微乎其微。2010 年,我国天然气消费量占能源消费总量的比重仅为 4.03%,世界天然气消费量占一次能源消费总量的比重为 23.81%,美国的这一比重达到了 27.17%。2010 年,中国天然气管道里程为 4 万公里,运输能力 1000 亿立方米,沿海 LNG 接卸能力 510 亿立方米。② 我国天然气发展缓慢

---

① 见 http://www.eia.gov/pub/oil_gas/natural_gas/analysis_publications/ngpipeline/index.html。

② 中国能源研究会:《中国能源发展报告 2011》,中国电力出版社 2011 年版。

主要有以下几个原因。

第一,我国地质条件复杂,天然气勘探难度大。与发达国家相比,我国天然气开发水平长期落后。我国天然气勘探对象普遍具有埋深大、物性差、圈闭条件复杂的特点。与国外相比,我国气田规模较小、地质条件复杂、气藏平均埋深大,勘探难度较大,特别是中西部几大含气盆地(除四川盆地外)大规模勘探起步较晚,许多区带的勘探工作相对滞后。因此,勘探工作更具长期性,更需持之以恒。①

第二,我国基础设施落后,输气管网缺口大,安全供气能力差。天然气主要依赖管道运输,我国地域广阔,资源地和消费市场距离很远,消费市场很不平衡,天然气管道运输压力大。虽然近几年我国天然气管道建设取得了一定成就,与美国、俄罗斯等天然气利用大国相比,差距仍然很大。国内管道和储气库等设施建设的总体规划性较差,一些新建管道的走向、规模、压力等级不合理,缺乏全国性输气管网和完善的区域性管网。现有的大多数管道均是单一气源对单一用户,缺乏足够的配套调峰设施和事故应急储备设施,供气可靠性较差。②

第三,我国天然气价格偏低,不利于天然气行业的快速发展。天然气定价机制尚不完善,目前天然气定价未考虑环境治理成本、安全系数成本、退出成本等外部不经济效应。经过 2010 年的提价后,国产陆上天然气出厂基准价为0.79 元/立方米—1.57 元/立方米,低于进口天然气价格③。

我国天然气发展初期,受政府鼓动消费政策影响,终端价格定价较低,下游天然气企业靠政府补贴得以维持。然而,许多工业企业因气价低廉,生产能耗大、附加值低的产品,影响了整个能源体系的健康发展。此外,偏低的气价会降低上游企业勘探、开发的积极性,也使天然气引进工作因国内气价低于国际市场价格而遭遇较大困难,从而制约我国利用境外天然气资源。④

---

① 魏国齐、焦贵浩、张福东等:《中国天然气勘探发展战略问题探讨》,《天然气工业》2009 年第 9 期。

② 安丰春、涂彬:《我国天然气基础设施建设战略》,《油气田地面工程》2007 年第 11 期。

③ 中国能源研究会:《中国能源发展报告 2012》,中国电力出版社 2012 年版。

④ 陈希:《我国天然气发展问题与对策思考》,《生态经济》2011 年第 2 期。

四、一次电力结构失衡,开发无序

一次电力是指计入一次能源的电力,包括可再生能源(水电、风电以及太阳能等)和核电。表4-3是近年来我国一次电力发展情况。一次电力中,水电的比重最高,水电占总发电量的14.03%,核电和风电占总发电量的比重分别为1.85%和1.55%。太阳能发电量比重很小。

表4-3　2006—2011年非化石能源发电量及占总发电量比重

单位:亿千瓦时

		2006年	2007年	2008年	2009年	2010年	2011年
总发电量		28498.55	32643.97	34510.13	36811.86	42278	47217
增长率(%)		14.11	14.55	5.72	6.67	14.85	11.68
水电	发电量	4147.69	4713.54	5655.48	5716.82	6867	6626
	增长率(%)	4.63	13.64	19.98	1.08	20.12	-3.51
	占总发电量比重(%)	14.55	14.44	16.39	15.53	16.24	14.03
核电	发电量	548.44	628.63	692.19	700.5	747	874
	增长率(%)	3.28	14.62	10.11	1.2	6.64	17.01
	占总发电量比重(%)	1.92	1.93	2.01	1.9	1.77	1.851
风电	发电量	28	57.1	130.79	276.15	494	732
	增长率(%)	75	103.93	129.05	111.14	78.89	48.12
	占总发电量比重(%)	0.1	0.17	0.38	0.75	1.17	1.549
地热、潮汐、太阳能等	发电量				2.65	1.52	10

数据来源:中国电力企业联合会:《2010年电力工业统计资料汇编》,2011年数据来源于《电力工业统计快报》。

(一)水电

根据《中华人民共和国水力资源复查结果(2003年)》,全国水力资源技术可开发量为54164万千瓦,年发电量为24740亿千瓦时;经济可开发装机容

量为40180万千瓦,年发电量为17534亿千瓦,均为世界最高。2011年中国水电发电为6626亿千瓦时,远超过居于第二位的巴西(3910亿千瓦时),居于世界首位。2011年中国水电装机容量也位居世界第一。但从水电占发电量的比重来看,中国仅为14.03%,远远低于巴西的83.85%和加拿大的58.85%。

相对于丰富的水能资源,水电开发程度仍有待进一步提高。如图4-4所示,中国水力发电量占技术可开发量的比重为32.01%,虽高于世界平均水平23.2%,但相对于日本(61%)和美国(53.6%),水电开发率相对较低,水电开发潜力很大。

水电开发率(单位:%)

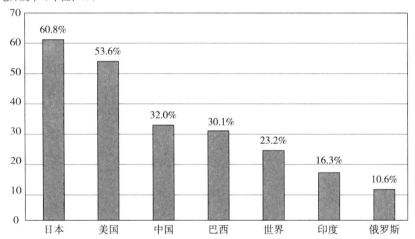

图4-4　世界主要国家和地区的水电开发率

资料来源:《英国国际水电与大坝》季刊《2000年水电地图集》;IEA, "Encrgy of OECD Countries1", *Energy of non-OECD Countries* 2011,转引自《能源数据手册2011》。

我国水资源地区分布不均,水电生产西多东少,与需求分布不一致。从各省区的水电生产量看,2011年水电生产主要集中在湖北、四川、云南、福建等省市,而北京、上海、天津、江苏、山东等东部地区水电生产量较少,但是这些地区是全国用电负荷最大的地区。

(二)核电

核能的应用首先是在军事方面,后来才作为一种新能源用于民用核动力工业。核电作为清洁能源,目前已被世界上大多数人所认识。核能发电改变了全球燃料资源有限的状况,改善了化石能源燃烧造成的环境污染。

从资源利用来看,目前大量使用的煤、石油、天然气化石燃料资源有限。从剩余探明可采储量来看,2010 年世界煤炭储产比为 118,即煤炭只能维持100 多年。核能的资源情况则不同。如果利用核裂变能,目前已探明的铀矿和钍矿按其蕴藏量计算,为所有化石燃料总量的 20 倍。如果利用核聚变能,一吨海水中所提取的氘可产生 350 吨煤燃烧释放出的能量。①

从环境保护来看,国际原子能机构(IAEA)1998 年公布的从 1992 会同其他8 个国际组织一起进行的各种发电能源比较研究项目,对于不同能源作了包括发电厂上游和下游在内的能源链的温室气体排放量估计,核电的 CO_2 排放量只有现行化石燃料发电的 1/100—1/40。核能温室气体排放量甚至小于水电、风电或生物质能。核电站不排放二氧化硫、氮氧化物和烟尘,它的所有气态和液态排出物在排放前均经过严格处理,远低于放射性排放限值,如表 4-4 所示。

表 4-4 1000 兆瓦核电厂与煤电厂废物排放量比较

排放物类别	PWR 核电厂	煤电厂
燃料消费量	25 吨/年	300 万吨/年
二氧化硫排放量	—	5 万吨/年
氮氧化物排放量	—	2.5 万吨/年
二氧化碳排放量	—	675 万吨/年
飘尘排放量	—	1600 吨/年
灰渣排放量	—	36 万吨/年
乏燃料卸出量	25 吨/年	—
中等放射性废物	200—400 吨/年	—
低等放射性废物	400—600 吨/年	—
重金属		300—400 吨/年

数据来源:日本原子能委员会:《原子能白皮书》,见 http://www.aec.go.jp/jicst/NC/about/hakusyo/index.htm。

---

① 朴光姬:《日本的能源》,经济科学出版社 2008 年版。

从运输压力来看,核电燃料运输量小,一个百万千瓦压水反应堆核电机组,每年仅耗用25吨核燃料;而一百万千瓦的燃煤电厂,每年的耗煤量约300万吨。相同功率核电站核燃料量约为燃煤重量的万分之一。因此核电可在距离煤炭资源较远的负荷中心附近建设,是优化能源布局、缓解煤炭运输困难的有效途径。此外,核电能保证24小时连续供电,生产过程不受季节性、气候性资源影响,可大规模提供稳定的电力供应。[①]

世界核能的发展并非一帆风顺。1954年前苏联建成世界首个核电站,紧随其后美国于1957年建成第一个压水堆核电站。随后,世界进入核电大发展时期。美国三里岛核电站事故与前苏联切尔诺贝利核电站事故一度使世界核电发展进入"低谷",发达国家核电发展增速放缓。近年来,随着世界能源需求的不断增长和温室气体减排的呼声越来越高,核能发展再次引起人们的关注。2007年11月在意大利罗马举行的第20届世界能源大会上,多国政府官员和世界能源巨头均呼吁重新恢复核能的地位,并建立稳定的核能政策以应对未来的能源需求。

目前,法国是核电领域的世界领先者。2010年法国核电占总发电量的比重为75.5%,居世界第一位。如表4-2所示,近年来,我国核能发电量持续增长。2011年中国核电发电量为874亿千瓦时,但核电在总发电量中所占比重仅为1.85%,处于世界低水平。2006年我国的《核能中长期发展规划》指出,到2020年,核电在全国发电装机容量中的比例要占到4%,核电投运规模要达到4000万千瓦,因此中国的核电具有广阔的发展空间。

2011年3月日本福岛事故,核能利用再次面临严重的信任危机。核电的发展受到重创,一些国家出现了"去核电化"的趋势。瑞士、德国等先后在国内"反核"舆论压力下宣布暂时放弃核电,我国也宣布暂缓对核电建设的审批工作。但核能是清洁、安全、绿色的能源,福岛核事故改变不了核能的优质能源属性。

(三)风电

我国风能资源储量丰富。2009年国家气象局统一开展的全国风能资源

---

① 杜云贵、郑永刚:《核能及新能源发电技术》,中国电力出版社2008年版。

详查和评价工作得出的结论是:我国陆上离地面 50m 高度、风能功率密度大于等于 300W/m2 的风能资源潜在开发量约为 23.8 亿千瓦,主要分布在西北、华北和东北即"三北"地区及沿海地区。最近来自国家气候中心的一项研究表明,我国海上风能资源的理论技术可开发量(按照风功率密度大于等于 400W/m^2)为 7.58 亿千瓦。

近年来,我国风电发展迅速。如表 4-2 所示,风电占总发电比重由 2006 年的 0.1% 上升至 2011 年的 1.55%。2008 年,我国已分别在甘肃酒泉、新疆哈密、河北、吉林、蒙东、蒙西、江苏等风电资源丰富地区,开展了 7 个千万千瓦级风电基地的规划和建设工作。在 2010 年底,增设山东沿海千万千瓦级风电基地,形成 8 个千万千瓦级风电基地。这 8 个千万千瓦级风电基地风能资源丰富,路上 50 米高度及以上风能资源的潜在开发量约为 18.5 万千瓦。7 个千万千瓦级风电基地总的可装机容量约为 5.7 亿千瓦。① 2010 年中国的风电装机容量为 4478 万千瓦,占世界总量的 22.4%。尽管如此,我国的风电开发利用仍存在一些问题。

第一,产业链上下游发展不协调。我国的多数风电企业集中于制造环节,风电机组的整机制造商超过 80 家,叶片制造商超过 50 家,塔架制造厂 100 多家。风电企业以产能的扩大而不是依靠自我研发能力的提高来增强市场竞争力。国内风电机组的制造能力在短期内超过了国内市场的需要,在当前国际市场尚未取得突破的情况下,国内产能过剩的矛盾将在今后一两年逐渐突出。

第二,技术水平相对落后,核心零部件依赖进口。与国外的先进技术相比,我国风电产品的技术水平相对落后。比如,当前我国的主流商业机型中,都不具备满足有利于电网调度的有功、无功控制及低电压穿越等性能,这些电网友好型的先进技术在国外产品中已经普遍推行。我国仍处于跟踪和学习国外技术阶段。核心零部件的国产化率依然较低。变流器、主轴轴承、控制系统等附加值高的关键零部件的直接进口或采购外资企业产品的比例均在 50% 以上。

第三,技术人才匮乏。风电的开发尤其缺乏系统掌握风电理论并具有风

① 王仲颖、任东明、高虎等:《中国可再生能源产业发展报告 2011》,化学工业出版社 2012 年版。

电工程设计实践经验的复合型人才。与国外企业联合设计的商业模式会使我国风电研发受制于人，不利于我国风电企业风电创新能力的提升和国际竞争力的提高。

第四，产品质量有待改善。近年来，风机倒塌事故不断出现，风电设备的质量问题显现出来。风机质量出现的问题还包括风机叶片、主轴断裂，电机着火，齿轮箱损坏，控制失灵以及飞车等。目前，我国缺乏强制检测认证制度，导致产品质量参差不齐。丹麦早在 20 世纪 70 年代就制定了风电设备强制性检测和认证制度，规定未通过认证的产品不得上市销售，而我国风电设备检测才刚刚起步。

（四）太阳能发电

根据 1971—2000 年近 30 年的资料，我国太阳辐照强度年均为 1050—2450$(kW \cdot h)/m^2$，大于 1050$(kW \cdot h)/m^2$ 的地区占国土面积的 96% 以上。每年太阳辐射到我国 960 万平方千米的土地上的能量，相当于 17000 亿吨标煤。我国太阳能资源总量十分丰富。

太阳能可以用于发电。太阳能发电的技术主要有太阳能热发电和光伏发电两种。太阳能热发电是利用聚光器将太阳辐射能汇聚，生成高密度的能量，通过热功能转化发电的技术。在全球范围内，太阳能热发电技术研发进展很快，目前已进入商业化示范阶段，西班牙、德国、美国、澳大利亚和以色列等国已掌握了商业化的太阳能热发电技术。太阳能热发电系统大都包含转动跟踪和高温吸热部件，运行维护要求较高，同时需要高温传热工质。目前我国太阳能热发电技术的研发尚处于起步阶段。

光伏发电是从太阳光能到电能的直接转换过程。光伏发电系统在运行中不消耗水，没有任何转动和高温部件，维护费用低，非常适合与建筑结合作为分布式发电，以及在沙漠和戈壁等无人值守的地区大规模发电。经过多年的发展，光伏发电目前是一种较为成熟而可靠的技术，并已经逐渐从独立发电系统朝大规模并网方向发展。目前，国际上并网发电占总光伏市场的 90%。除了并网光伏发电，光伏发电的分散利用也是一个非常大的市场，包括太阳能路灯、草坪灯、交通信号标识、城市景观和电动汽车智能充电系统等。

我国的光伏发电始于 20 世纪 70 年代。2002 年后，我国先后实施了"西藏无电线建设"、"中国光明工程"、"西藏阿里光电计划"、"送电到乡工程"以及"无电地区电力建设"等国家计划,使光伏市场有所增长。近年来由于发电成本的下降和技术水平的提高,光伏市场在政府的推动下有了较快发展。2009年我国先后启动了"光电建筑"、"金太阳示范工程"和敦煌大型荒漠光伏电站招标等多个项目,2010年又启动了第二轮大规模光伏特许权招标项目。到2010年底,我国的光伏发电累计安装量达到860兆瓦,当年新增560兆瓦。从市场分布来看,农村电气化、与建筑结合的光伏发电和大型光伏并网电站是我国太阳能发电的主要市场。虽然我国光伏市场在近两年保持了快速发展的态势,但与国际发展情况相比,仍表现为基数低、总量小,2010年全球装机总容量约为13000兆瓦,我国约占3%左右。高成本是我国太阳能光伏发电应用的主要障碍。太阳能光伏发电的建设成本是火电的4—5倍,风力发电的2—3倍。我国太阳能光伏发电要达到"平价上网"仍有较长的路要走。

受《可再生能源法》的影响以及国际市场的拉动,我国的光伏电池制造产业在2004年后飞速发展,开始大量出口,产能和产量也大幅度增加。2007年开始,我国成为世界光伏电池的最大国,2007—2010年连续4年产量世界第一。截至2010年底,我国光伏电池产量为800万千瓦,占世界光伏电池产量的50%(如表4-5所示)。

表4-5　中国光伏电池产量及占世界光伏电池产量的比重[①]

年份 项目	2007	2008	2009	2010
世界光伏产量/MW	4000	7900	10660	16000
我国光伏产量/MW	1088	2600	4011	8000
我国光伏产量年增长率	172%	139%	54%	99.5%
所占份额	27.2%	32.9%	37.6%	50.0%
世界排名	1	1	1	1

数据来源:王仲颖、任东明、高虎等:《中国可再生能源产业发展报告2011》,化学工业出版社2012年版,第75页。

---

① 王仲颖、任东明、高虎等:《中国可再生能源产业发展报告2011》,化学工业出版社2012年版。

过去,我国光伏产业跨越式发展的动力来自国外,原料、关键技术设备和市场需求"三头在外"的问题困扰着我国光伏企业。近年来,随着我国突破多晶硅技术的封锁,生产设备逐步国产化,产业规模迅速扩大,生产成本持续下降,多晶硅材料、关键生产设备依赖国外的局面已有所改观。但目前我国光伏产业的发展仍主要依靠国际市场,2010年国内安装量仅占太阳电池生产量的5%左右,仍有95%以上的产品出口。国际金融危机后,发达国家加强了对战略新能源产业的保护,我国光伏产业发展面临国际保护主义的严峻挑战。

此外,光伏产业链结构也不够合理,光伏产业链呈现上游小下游大的格局,因此做强中游、做大上游尤其是硅材料,将是光伏产业能否可持续发展的关键。随着产业的加速发展,我国光伏产业逐渐暴露出一系列标准体系建设问题,比如多晶硅的生产缺乏统一的能耗、占地及环保标准。

第三节 中国能源结构战略性调整方向与政策选择

面对资源环境约束和碳减排压力,为取得经济发展的制高点,我国能源结构的调整应该向清洁化、低碳化的方向发展,逐步建立起经济、安全、清洁、低碳的能源供应体系。在能源开发布局上,从我国的长远战略利益出发,有计划有重点地推进能源的合理开发和利用,保障能源贸易安全。

一、结构调整的战略思考

根据能源整体发展战略和地缘政治现状,区分轻重缓急,从国家长远战略利益出发,逐步减少进口依赖,在能源的结构、布局、开发上要有大的战略举措。

(一)能源开发的区域布局

陆上,应放缓或收缩内蒙等地的能源开发,加大新疆的开发。目前,内蒙开发混乱无序,要保持平稳发展态势,稳矿护矿,加快蒙西的煤炭通道建设,为以后的大开发做好因应。同时应下大力气开发大新疆,建设大新疆,巩固大边疆,在这次"稳增长"中,放弃撒"胡椒面"项目的作法,重点投资新疆,实施能源优先发展战略,实行煤、油、气并举,大规模发展,带动新疆经济建设的全面繁荣和发展。

海上,先南海、东海,后渤海。海上能源利益是我国的核心利益,这次邻国与我国领海之争是民族资源的生存之争,昔日俄罗斯及外蒙的教训尤为惨痛,改变了我国的能源基本特性。必须坚决地维护国家主权,加强深海石油勘采装备技术,加大东海、南海能源资源开发力度,东海、南海是我国神圣不可侵犯的领海,应举全民族之力誓死捍卫,并大举开发;渤海无争议,应留给子孙后代去开发。

(二)结构调整的产业布局

水电建设要对每条河流进行严格的流域电站清理,在保证生态的可持续利用和移民的基础上,合理确定大、小水电电站布局,确保每一条河流的最优配置和有效利用。实行流域战略设计和流域调度,勿吃干榨尽,要综合发挥河流、水能资源在生态保护等方面的重要功能。

核电是关系子孙后代长远安全的大事,不能急躁,要慎之又慎,要切实解决好核燃料和核废料处理问题,要推进标准化建设和核电人才的培养。

煤电基地以及页岩气的开采不要与农业和生态、环境争水争利,破坏和污染水资源。要理性地分时期有计划地进行基地建设。

风电建设要为采用更高更新技术的项目留有发展空间,宜试验性的有层级的一步步的开发,切弃大哄大起。

切实解决能源通道问题,加强油气管线合理规划和建设,处理好输煤和输电的关系,加强关键点的铁路建设,实现输煤和输电的协调发展。

(三)国际贸易安全

能源国际贸易按照世贸规则,严格遵守《补贴与反补贴措施协定》,公买公卖,公平公正,避免国与国之间贸易冲突和争端。

二、降低煤炭消费增速,实现煤炭清洁生产和高效利用

我国燃煤 CO_2 排放量约为 50 亿吨/年,居世界第二位,约为美国的 90%。近年来,我国燃煤电站烟尘排放总量基本控制在 300 吨左右,实现了"增产不增加烟尘",火电厂烟尘排放对环境的影响已经减弱。但是工业锅炉和窑炉

排放的烟尘仍是影响我国大气空气质量的重要因素。随着气候变暖问题的日益突出,未来温室气体的排放将会得到进一步控制,而降低传统化石能源的消耗强度则是减少 CO_2 排放的最佳手段。

目前国际金融危机的影响仍然存在,我国经济回升的内在动力仍然不足,结构性矛盾仍然突出。投资拉动型的经济增长方式促进了高耗能产业的快速发展,使推进结构调整、促进节能减排的任务更加繁重。[1] 调整以煤为主的能源结构,煤炭在我国总能耗中的比重应该逐步下降,其战略地位将调整为重要的基础能源。应该尽量降低煤炭消费增长速度,使煤炭消费总量较早达到峰值,使一次能源增量尽可能由洁净新能源提供[2]。

煤炭清洁生产与高效利用涉及煤炭生产、加工、储运、转化到利用的全过程,必须建立国家煤炭清洁生产和高效利用协调机制,才能有效进行全产业链管理。同时,完善政策措施保障体系,支持开展煤炭清洁高效开采利用的技术攻关,加大新技术的推广应用。在燃煤电站、燃煤工业锅(窑)炉和煤化工领域推广高效清洁煤炭利用技术,能够解决煤炭利用的环境问题,但需要巨大的更新改造投资,需要得到煤炭加工转化、工业锅炉和窑炉制造、燃煤发电设备、烟气净化等相关行业的配合,尤其需要国家各部门高度的协调及强有力的政策激励和约束。

三、确保石油战略地位,构筑多元稳定的石油供应体系

石油是关系国家经济发展和能源安全的重要战略物资,为确保石油在今后几十年的安全供应和能源支柱之一的稳定战略地位,需要从以下几个方面着手,构筑多元稳定的石油供应体系。

(一)加强石油勘探

我国石油资源丰富,分布具有多样性,但发现难度大、周期长。也就是说,一方面我国勘探发现新石油储量具有比较雄厚的资源基础,另一方面,我国油

---

[1] 曲剑午:《中国煤炭市场发展报告2011》,社会科学文献出版社2011年版。
[2] 中国能源中长期发展战略研究项目组:《中国能源中长期(2030、2050)发展战略研究:节能·煤炭卷》,科学出版社2011年版。

气勘探具有较大的艰巨性和长期性。目前,我国的石油勘探尚处于早—中期阶段。加强国内石油勘探,对于增加我国石油供应有重大意义。

(二)发展石油替代

不断上升的石油对外依存度使我国能源安全面临挑战。有学者建议,我国石油对外依存度应该设置安全上限,最好控制在60%,不超过65%,缺口可以发展石油替代来弥补。[1]

石油替代措施包括用非常规石油直接作为补充资源;用煤或天然气等一次能源替代石油;近期或中期用生物质替代石油生产各种石油产品或化学品;中远期利用风能、核能与太阳能替代石油生产电力、热力或化学品等。[2] 发展石油替代是弥补我国石油需求缺口的重要途径之一,石油替代措施需综合考虑资源、技术开发进展、技术经济、行业综合改革和配套等因素,在不同时期结合国情对有关路线进行严谨的、多轮次的论证,积极推动符合该时期国情的比较现实、可规模发展的石油替代类型。

非常规石油对常规石油资源的补充有着巨大的意义。典型的非常规油藏有重油、油砂和油页岩等。从资源量来看,非常规石油资源远远超过常规石油资源,潜力巨大。但非常规石油开发比较困难,需要特殊工艺技术,成本较高,需要有较高油价和技术进步的支持才能发展[3]。现在非常规油气藏的开发应用在很多国家有了较快发展。如美国、加拿大、俄罗斯、委内瑞拉等国家生产大量重油,澳大利亚、阿根廷和埃及等国家从低渗透油藏中开采石油均见较好的效果。我国非常规石油资源量很大,油页岩储量居世界第四位,油砂资源也比较丰富,应用价值巨大,但目前尚未得到足够重视。

天然气、液化石油气是合理的气体类替代能源。煤间接液化和直接液化使煤成为石油的有效替代能源。我国煤炭资源相对丰富,为解决石油资源的短缺,开发煤基替代燃料势在必行。煤基甲醇是很好的车用替代燃料,可以由

---

① 中国能源中长期发展战略研究项目组:《中国能源中长期(2030、2050)发展战略研究:电力·油气·核能·环境卷》,科学出版社2011年版。

② 陈俊武、陈香生:《试论石油替代的战略与战术》,《中外能源》2009年第5期。

③ 严陆光、陈俊武:《中国能源可持续发展若干重大问题研究》,科学出版社2007年版。

煤和天然气制取。而且,甲醇是清洁燃料,应得到大力开发和发展。

利用风能、核能与太阳能替代石油生产电力将在后文中具体讨论。

(三)建立石油储备

石油储备是抵御风险、保障石油安全最重要的手段之一,也是发达国家普遍采用的方式。美国的战略石油储备项目由联邦政府能源部组织实施,由得克萨斯和路易斯安那两个州内、沿墨西哥湾一带的 5 个地下储备基地构成。目前,美国在该项目上的投资达 220 亿美元,其中 50 亿美元用于设施建设,170 亿美元用于原油储备。日本的石油储备,始于 1972 年石油企业实施的民间储备。现在日本国家石油储备量已超过 5100 万千升。日本政府继续加大石油储备力度,将国家石油储备量提高到全国 90 天的消费量。①

我国已经着手建立石油战略储备体系,并取得了实质性进展。我国于2004 年正式规划建设国家石油战略储备基地,首期 4 个战略石油储备基地分别位于浙江舟山和镇海、辽宁大连及山东黄岛。国家能源局资料显示,到2008 年底,国家石油储备一期项目四个基地全部建成,并实现满储,总容量1640 万立方米。一期石油储备项目由国家出资,分别由中石油(大连 300 万立方米)、中石化(黄岛 320 万立方米、镇海 520 万立方米)、中化集团(舟山500 万立方米)运营。目前,国家石油储备二期工程已开始启动,8 个二期战略石油储备基地包括广东湛江和惠州、甘肃兰州、江苏金坛、辽宁锦州及天津等。到 2010 年底石油战略储备库容达到 2650 万立方米。2010 年 9 月,新疆独山子国家石油储备项目开工,标志着第二期石油储备基地建设全面展开。二期石油战略储备预计 2012 年完成,届时国内石油总储备量将达 2.74 亿桶,中国战略石油储备三期工程正在规划中。按照国家石油战略储备规划,2020年三期石油储备工程完成,国家石油储备能力提升到约 8500 万吨,相当于 90天的石油净进口量。② 未来可根据需求发展趋势,酌情增加石油战略储备规

① 见中国能源网,http://www.china5e.com/special/show.php? specialid=470。
② 海杰:《2020 年国家石油战略储备 8500 万吨》,《21 世纪经济报道》2011 年 3 月 22日。

模和类型,同时要注意储备库选址安全。①

在搞好石油战略储备的同时,还应该注意石油进口资源的多元化,尤其是俄罗斯和中亚地区的石油资源利用问题②。

(四)节约石油资源

确保充足的能源供应,除了实现能源供应多元化外,另一最重要的措施是降低和节省石油能源的消费,包括降低石油生产、加工和运输过程的石油基能源消耗,提高使用石油产品的能效等。

四、重视天然气战略地位,增加天然气比重

随着我国能源结构调整步伐加快和节能减排任务加重,作为清洁、高效、优质的化石能源,天然气的开发和利用越来越受到重视。进一步采取积极有效措施,加快国内天然气资源的勘探开发,积极引进国外天然气资源,加大天然气基础设施建设力度,较大幅度地增加天然气在我国一次能源消费结构中的比重,是我国能源结构调整的重要环节。天然气将成为我国能源发展战略中的一个亮点和能源结构中的绿色支柱之一。

(一)加强国内天然气资源勘探

我国的天然气勘探有近 50 年的历史,但目前仍处于早期阶段。我国天然气勘探最初是伴随石油勘探进行的,多是在以找油为主的钻探过程中发现天然气田。从 20 世纪 80 年代末开始,随着煤成气理论的引入,天然气勘探才发展成为一个相对独立的勘探领域。

近年来,随着勘探认识的深化和勘探技术的进步,我国在前陆区构造气藏、台盆区大面积岩性气藏和叠合盆地深层碳酸盐岩和火山岩气藏勘探中获得了一系列重大突破,我国的天然气资源潜力有了新发展。与石油相比,天然气的成藏条件更为宽松,只要成藏地质条件合适,天然气的生成范围和成藏范围都更多、更广泛。未来天然气勘探将更有远景。

---

① 中国能源中长期发展战略研究项目组:《中国能源中长期(2030、2050)发展战略研究:电力・油气・核能・环境卷》,科学出版社 2011 年版,第 2 页。

② 毛加祥:《如何看待石油资源的战略地位和战略安全》,《中国石化》2003 年第 11 期。

推进非常规天然气资源(煤层气、页岩气和天然气水合物等)的开发利用意义重大。要重点加大煤层气和页岩气的勘探和开发力度。页岩气作为一种新型的清洁低碳能源,加强其资源战略调查和勘探开发,对于改变我国油气资源战略调查和勘探开发格局,甚至对改变整个国家能源结构、缓解我国油气资源短缺、保障国家能源安全、促进经济社会发展等方面,都有着十分重要的意义和深远影响。

(二)积极引进国外天然气资源

全球天然气资源分布不均衡,主要分布在中亚—俄罗斯、中东地区和亚太地区。如表4-6所示,2010年俄罗斯是世界上天然气储量最丰富的国家,天然气储量为44.8万亿立方米,占世界天然气总储量的近1/4。中东地区的伊朗和卡塔尔天然气储量分别为29.6万亿立方米和25.3万亿立方米,分别占世界天然气储量的15.8%和13.5%,沙特阿拉伯和阿联酋的天然气储量分别为8万亿立方米和6万亿立方米。中亚地区的土库曼斯坦2010年天然气储量世界第四,为8万亿立方米,哈萨克斯坦的天然气储量也较丰富。印尼和澳大利亚是亚太地区主要天然气储量大国。

表4-6 2010年世界主要国家天然气储量

	国家	天然气储量(亿立方米)	占世界总储量的比重(%)
1	俄罗斯	447624	23.9
2	伊朗	296100	15.8
3	卡塔尔	253216	13.5
4	土库曼斯坦	80301	4.3
5	沙特阿拉伯	80153	4.3
6	美国	77166	4.1
7	阿联酋	60306	3.2
8	尼日利亚	52920	2.8
9	阿尔及利亚	45040	2.4
10	印尼	30695	1.6
11	澳大利亚	29201	1.6

续表

	国家	天然气储量(亿立方米)	占世界总储量的比重(%)
12	中国	28077	1.5
13	马来西亚	23970	1.3
14	埃及	22100	1.2
15	挪威	20420	1.1
16	哈萨克斯坦	18456	1.0

注:上表仅选取了2010年天然气储量占世界总储量1%以上的国家。
数据来源:BP statistical Review of World Energy 2011.

　　我国在地理位置上毗邻全球三大富气区。无论是通过陆路的管线进口,还是通过海上LNG进口都相对比较便捷,具有利用国外天然气资源的地域优势。我国应发挥这一优势,抓住有利时机,积极引进国外天然气资源。

(三)推进天然气基础设施建设

1.天然气管道建设

　　为加快天然气管网建设,要合理利用国内外两种资源,国产气与进口气相结合,分期建设几条主干管道,横跨东西,贯穿南北,构建国家干线管道系统。同时根据各个区域用气要求,依次落实建设支线管道,逐渐形成与主干线相连的区域管网,最终形成覆盖全国主要市场区域的天然气管网系统,保障主要用气市场的天然气安全供应。[1]

表4-7　2011年中国主要天然气管道情况[2]

管道	所属公司	起点	终点	长度(千米)	输气能力(亿立方米/年)	投运时间
已建长输管道						
崖港线	中海油	南海崖13-1	海南、香港	778	34	1996-06

---

[1]　安丰春、涂彬:《我国天然气基础设施建设战略》,《油气田地面工程》2007年第11期。

[2]　中国能源研究会:《中国能源发展报告2012》,中国电力出版社2012年版,第9页。

续表

管道	所属公司	起点	终点	长度（千米）	输气能力（亿立方米/年）	投运时间
陕京线	中石油	靖边长庆	北京	1256	33	1997－09
涩宁兰线	中石油	涩北1号	兰州	931	34	2001－09
西气东输	中石油	新疆轮南	上海	4000	120	2004－12
忠武线	中石油	重庆忠县	武汉	738	30	2004－12
陕京二线	中石油	陕西榆林	北京	932	120	2005－07
川气东送	中石化	四川普光	上海	1702	120	2010－03
永唐秦	中石油	河北永清	秦皇岛	320	90	2009－06
长岭—长春—吉化	中石油	吉林长岭	吉林石化	221	28	2009－12
陕京三线	中石油	陕西榆林	北京	1000	150	2010－12
西气东输二线	中石油	新疆霍尔果斯	广州	9000	300	2011－06
秦沈线	中石油	秦皇岛	沈阳	406	80	2011－06
江都—如东	中石油	江都	如东	276	120	2011－06
大沈线	中石油	大连	沈阳	430	84	2011－09
长庆—呼和浩特复线	内蒙古天然气有限公司	靖边长庆	呼和浩特	492	60	2011－11
克什克腾旗—古北口	大唐国际	内蒙古克什克腾旗	北京市密云县	359	40	2011－12
已建联络管道						
靖榆线	中石油	靖边	榆林	113	155	2005－11
冀宁线	中石油	仪征	安平	1494	91	2006－06
淮武线	中石油	淮阳	武汉	475	15	2006－12
兰银线	中石油	兰州	银川	401	35	2007－06
在建长输管道						
中缅管道	中石油	云南瑞丽	云南昆明	1727	120	2013

注:靖榆线连通陕京一线和二线;冀宁线连通西气东输和陕京线;淮武线连通西气东输和忠武线;兰银线连通西气东输和涩宁兰线。

资料来源:中国能源研究会:《中国能源发展报告2012》,中国电力出版社2012年版,第83—84页。

2.天然气储气库建设

建设配套的天然气地下储气库及 LNG 储存设施,保证调峰气量及供气的平稳、可靠。同时,为进口管道天然气建设配套地下储气库。

3.LNG 设施建设

加强沿海地区 LNG 接收站的站址筛选,适时建设 LNG 接收站,促进进口 LNG 与管道天然气协调发展,将管道天然气、LNG 与储气库紧密相连成网络,建成我国天然气供应的网络系统。

(四)进行天然气定价机制改革

逐步建立起与国际天然气价格适度接轨的定价机制。天然气价格市场化改革是大势所趋。理顺天然气与可替代能源比价关系,为在全国范围内推进天然气价格改革积累经验。[1]

五、优化一次电力结构,重点开发水电和核电

一次电力的开发是改善能源结构,增强能源供应安全性的重要战略措施。一次电力的开发利用在一次能源的供需平衡,减少大气污染和碳排放,以及提高能源系统效率等诸方面都有重要作用。随着气候变化问题的日趋严峻,一次电力的技术发展和应用已逐渐形成新的高潮。[2] 在能源资源相对短缺的发达国家中,加大一次电力开发力度,已被证明是行之有效的战略措施。比如法国 2010 年核电在发电量中的占比已经达到 75.5%,韩国的这一比重为 31.1%,日本为 26.9%。

我国电源结构中火电比重较高,清洁能源发电占比较低。2011 年火电占发电量比重为 82.54%,火电装机比重过大造成对煤炭的需求越来越大,同时电力用煤需求不断增加直接导致电力行业对煤炭供应和铁路运输的依赖度越来越高,对节能减排造成巨大压力。[3] 我国必须重视可再生能源和核能的开发利用,发展一次电力,着力提高水电和核电的比重,尽早使风能、太阳能等成

---

① 国家发展与改革委员会:《国家发展改革委关于在广东省、广西自治区开展天然气价格形成机制改革试点的通知》,发改价格[2011]3033 号。

② 周凤起、周大地:《中国中长期能源战略》,中国计划出版社 1999 年版。

③ 曹新:《中国能源结构调整探讨》,《中国国情国力》2009 年第 4 期。

为新的绿色能源支柱。

（一）积极、有序发展水电

水电是我国目前可再生能源发电中的主要构成部分。我国水能资源居世界第一，但水能资源的开发程度还很低，水能开发的潜力巨大。

水能在可再生能源中发电成本最低。在可再生能源发电中，如果全面考虑包括纯发电成本、对电网投资需求引起的成本以及外部成本以内的总发电成本，水电实际成本是生物质发电实际成本的 41%—73%，风电实际成本的 16%—24%，太阳能发电实际成本的 9%—15%。[①]

因此，积极、有序发展水电，是促进能源供应结构优化，改善能源结构的有效举措。而且，我国 80% 以上的水能资源分布在西部地区，开发水电有利于实施西部大开发战略，在加快西部水电开发的同时，带动地区的基础设施建设，推动区域经济发展，将西部地区的资源优势转变为经济优势。

加快水能资源的开发，要继续实施"西电东送"战略，在满足西部地区中长期经济发展的能源需求的前提下考虑外送，促进水能资源在更大范围内的优化配置。水电开发过程中，要坚持"有序开发，环境友好"的方针，做好生态环境保护和移民安置工作。始终遵循"开发中保护、保护中开发"的根本原则，使水资源的综合利用和生态环境效益均大幅提高。坚持以人为本，切实做好移民安置工作，推广三峡移民安置工作的经验，进行体制、机制创新，建立合理的长效补偿机制，把开发水电与帮助移民脱贫致富结合起来。

目前，一些地区的水电存在无序开发的问题，特别是审批权在地方的小水电。因此，要加强流域水电规划，提高规划的全面性和权威性，针对河流的重要等级应加强分级管理。[②]

---

① 厦门大学中国能源经济研究中心：《国家电网公司促进清洁能源发展研究专题二——清洁能源发展和中国经济转型及能源战略调整研究》，2009 年。
② 贺恭：《水电若干问题的思考和加大开发力度的建议》，《水力发电》2009 年第 4 期。

(二)在保障安全的前提下,稳步推进核电建设

当前我国除大规模水力发电外,核电成为唯一低碳排放的基本发电方式。[①] 但目前我国核电装机比例仍然偏低,从优化能源结构、保障能源供应出发,发展核电应该是长期战略选择。

发展核电应在保障安全的前提下稳步推进。虽然我国现有技术条件已能保证核泄漏等重大事故的发生几率非常小,但核电具有潜在的严重性风险,会造成大范围的影响后果,关系人类生存的大环境,必须考虑周全。一方面建立有效机制,对安全可靠性、核废料处理、环境影响、核燃料供应等风险进行控制。另一方面完善兴建核电站的前置许可制度,全面评估安全和可靠性等问题,并给公众提供参与评估的机会。[②]

发展核电还需加强自主创新。目前,我国核电机组在运装机 1250 万千瓦,在建装机 2760 万千瓦,我国已经成为"世界核电大国"。在"核电大国"基础上发展成为"核电强国",核电技术进步是关键。[③] 要尽早实现关键部件国产化,加快核电设备设计和制造的自主化步伐,构建以核电机型设计为龙头的中国核电设计、生产、供应产业群,特别要注重和加强标准化建设。2012 年 7月,《"十二五"国家战略性新兴产业发展规划》出台,为我国核电产业发展指明了方向,即在确保安全的前提下,统筹发展三代核电技术。

(三)建立风电产业体系

风电产业是一个高新技术产业,产业集成度很高,从上游到下游有非常完整的产业体系。近年来,虽然我国风能产业发展迅速,但是风能产业体系尚未完全形成,风能产业布局不尽合理,风电设备制造业产能和产量不协调,风能服务业、咨询业和保险业很薄弱,风能产业的国外市场尚未形成。通过市场调节和政府引导建立风电产业体系,对于促进风能健康、快速和可持续发展具有

---

① 杨名舟:《慎重处理制约核电大发展的几个重要问题》,2009 年 5 月 6 日,见国际能源网。

② 杨名舟:《确保我国能源安全的五大关键》,见凤凰网,http://finance.ifeng.com/o-pinion/mssd/20120709/6729115.shtml。

③ 赫然、孙莹莹:《建设核电强国,从项目驱动到技术驱动》,见中国能源网,http://www.china5e.com/show.php? contentid=240691。

重要意义。我国风电的发展在促进风能的规模化发展的前提下,要更加注重风电产业的均衡和质量。支持并逐步建立具有自主知识产权的风电产业体系,形成零部件和整机制造完整的产业链。

加强我国风电的自主创新能力。支持风电技术的公共研发平台建设、试验和检测平台建设、公共技术服务等活动。通过扶持价格等市场政策,实现风电设备制造国产化,大幅降低风电成本,尽快使风电具有市场竞争力。

从风电开发重点来看,要有序推进西北、华北和东北风能资源丰富地区风电建设,稳妥推进海上风电场前期研究和项目示范工作。我国风电基地开发主要集中在"三北"地区,但"三北"地区风电的就地消纳能力不足。为促进风电开发,必须建设跨区大电网,尽可能地扩大风电的消纳市场。因此,必须把风电纳入整个电力系统进行统筹规划。①

专栏 4-2 国家能源局关于规范风电开发建设管理有关要求的通知

各省(区、市)发展改革委(能源局),国家电网公司、南方电网公司、华能集团公司、大唐集团公司、华电集团公司、国电集团公司、中电投集团公司、神华集团公司、三峡总公司、中广核集团公司、中国节能环保集团公司、水电水利规划设计总院、内蒙古电力集团公司:

为进一步加强风电开发管理,规范风电建设秩序,我局于 2011 年 8 月 25 日印发了《风电开发建设管理暂行办法》(国能新能〔2011〕285 号),对风电项目建设实行了年度开发计划管理,并下达了"十二五"第一批风电项目核准计划。但此后仍有部分省(区、市)不按计划开展项目核准工作,擅自核准计划外的项目,扰乱了风电建设秩序,加剧了风电运行矛盾。为规范风电开发建设管理,现将有关要求通知如下:

一、严格执行风电项目核准计划。风电项目核准计划是加强风电开发建设管理的重要措施,也是风电项目核准的重要依据。各省(区、市)

---

① 张运洲、白建华、辛颂旭:《我国风电开发及消纳相关重大问题研究》,《能源技术经济》2010 年第 1 期。

发展改革委要按照《风电开发建设管理暂行办法》的规定,严格按照国家能源局下达的核准计划开展项目核准工作,不得擅自核准计划外风电项目。对未列入风电项目核准计划的项目,电网企业不予接受其并网运行,不能享受国家可再生能源发展基金的电价补贴。

二、加快清理风电项目核准情况。各省(区、市)发展改革委2010年度按照项目核准权限及有关规定核准的风电项目不纳入核准计划管理,核准文件有效,各省(区、市)发展改革委应尽快落实各项建设条件,电网企业应加快项目配套电网建设,确保风电项目顺利并网运行。对2011年1月1日至8月31日,即国能新能[2011]285号文件出台前各省(区、市)按照有关规定核准的2011年度计划外风电项目,均视同列入开发计划管理,由各省(区、市)发展改革委将项目列表上报我局备案复核。对2011年9月1日后核准的计划外风电项目,项目核准文件停止执行。如确已具备建设条件,应重新向国家能源局申请列入核准计划,通过审核列入计划后重新办理项目核准手续。请核准计划外风电项目的省(区、市)发展改革委整理2011年核准计划外项目的情况,于2012年2月29日前报来2011年已核准计划外风电项目的清单及核准文件的复印件,并说明停止执行的情况。

三、高度重视风电并网运行问题。受风能资源间歇性和随机性的影响,在当前技术条件和管理体制下,风电规模化发展受到了电力市场的严重影响。为确保风电的健康有序发展,各省(区、市)发展改革委、能源局要把落实配套电网送出建设和风电消纳市场作为核准项目的重要条件,并对所核准风电项目的电网接入和市场消纳负责。对于风电场运行限电情况严重的局部地区,暂缓当地风电项目建设,抓紧协调落实配套电力送出工程,采取有效措施促进风电消纳,解决风电运行限电问题。

四、认真落实风电项目核准计划。各省(区、市)要认真落实列入核准计划项目的各项建设条件,并确保核准计划的执行。已下发风电项目核准计划的执行情况将作为确定下一批风电项目核准计划总规模的重要依据。对因建设条件发生变化不能继续执行的计划项目要及时申请调整。

五、加强风电运行管理工作。在风能资源丰富的"三北"地区,风电场运行困难、大量弃风问题已经成为当前风电发展的重要制约因素,各省(区、市)发展改革委、能源局要高度重视风电场运行管理工作,通过开展风电功率预测预报、提高风机技术水平、加强需求侧管理、开展风电供热或储能等多种举措,积极开拓风电市场、提高风能利用效率。对风电弃风率超过20%的地区,原则上不得安排新的风电项目建设。

请各省(区、市)发展改革委、能源局按照上述要求,认真做好风电开发管理工作,规范风电建设秩序,提高风能资源的利用效率,促进风电产业持续健康发展。

资料来源:《国家能源局关于规范风电开发建设管理有关要求的通知》,见国家能源局网站,http://www.nea.gov.cn/。

(四)逐步扩大太阳能发电规模

光伏发电目前最显著的缺点是经济性差。光伏发电要以降低成本为主要努力方向。太阳电池占光伏发电系统成本的60%以上,因此降低太阳电池的成本是降低太阳电池发电成本的主要途径,而太阳电池的成本受高纯硅材料的影响很大,生产1兆瓦的太阳能电池组件需要17吨左右的硅原料。生产设备的国产化也是降低生产成本的有效措施。

目前,光伏电力上网电价与常规能源电价的差距已经大大缩小了。标杆电价一旦确定,上网电价法适度放开,国内光伏系统的应用特别是大型光伏电站的应用将会大幅度的增长。[1]

我国的光伏发电已经具有生产规模和技术水平上的优势,但目前的价格水平距离实现"平价上网"还相差很远。这要求在技术上有很大的提升,在材料和成本控制上有很大的超越。

我国的多晶硅产业技术在国家引导及光伏市场的推动下,产业技术已经

---

① 中国能源中长期发展战略研究项目组:《中国能源中长期(2030、2050)发展战略研究:可再生能源卷》,科学出版社2011年版,第2页。

实现了由百万吨向千万吨的提升,初步实现了闭路循环、环保节能生产。然而,多晶硅的关键生产技术与国际先进水平相比仍有差距。我国光伏产业的发展要重点解决产业链的技术提升和创新,高端制造设备的国产化以及应用技术的突破。

我国光伏产业国际市场份额高,光伏市场的发展应坚持内外兼顾的原则,一方面继续巩固光伏产业的海外市场,另一方面抓紧落实各项光伏发电的激励政策和上网电价,扩大国内市场,为光伏产业的规模化发展提供市场保障。

第五章　安全战略:应对激烈的国际竞争

　　能源资源是经济发展的动力支撑,是应对全球日趋激烈的政治和经济竞争的重要战略筹码。在经济全球化背景下,国家能源安全更是成为世界各国普遍关心并致力追求的目标。因此,对能源安全战略的研究、策略的制定,对未来能源发展状况的预判是至关重要的,特别是当前美国推出的能源新政所涉及的"新"与"绿",以及强调加大国内非常规油气资源——页岩气开发的"能源独立"战略的实施,对同样是能源消费大国和能源生产大国的中国而言,更是具有前所未有的启发性和紧迫性。

第一节　中国能源安全战略的意义

　　进入新世纪以来,国际能源安全形势发生了重大变化,主要表现为日趋紧张的供需形势、不断攀升的国际油价、激烈的能源地缘争夺、能源使用带来的环境污染等,能源安全问题已经给世界政治和经济的稳定发展构成了严重的挑战。能源消费大国纷纷加速调整各自的能源安全观,制定新的能源战略以维护本国的能源安全。中国经济高速增长,导致石油进口量激增,能源利用效率没有显著提高而环境问题却日益凸显,使得国家能源安全形势不容乐观,给中国的政治、外交、军事、科技和产业结构等都提出了一个新的挑战。及时制定和调整国家能源安全战略和政策,了解世界各国能源安全战略的变化,对于保障国家安全和和可持续发展有着重要的战略意义。

一、能源安全内涵加速演变

能源安全的概念和内涵是随着国际能源形势变化而动态演变的过程。对能源安全的研究涉及经济学、国际政治关系学、资源环境科学等学科的理论与研究方法，是多学科学者研究的热点问题。

由于西方国家对石油的高度依赖，20世纪发生的石油危机给这些国家经济带来重创，能源安全概念应运而生。其演变主要经历了三个阶段。

一是以稳定石油供应和石油价格为核心的传统能源安全观。1973年和1979年两次石油危机的冲击凸显了能源供应安全的重要性，能源安全作为全球安全问题首次引起了全世界的广泛关注。这一时期的主要理论都是围绕"供应安全"的角度来定义能源安全这一概念的，主要考虑的是石油进口国的安全，是针对石油供应存在中断的风险而言的，进而强调通过种种措施来应对油价变动的冲击。这两次石油危机引发了西方国家的经济危机，世界经济失去了增长的势头，通货膨胀严重，各国经济普遍陷入衰退。为了确保石油消费国的安全和利益，以美国为首的西方发达国家在1974年成立国际能源署（IEA），正式倡导以稳定石油供应和石油价格为核心的能源安全理论。

二是以供求稳定为核心的共同能源安全观。20世纪80年代中后期，国际石油供大于求，致使国际油价暴跌，价格持续低迷了数十年，造成了石油出口国的收入剧减，进而影响到这些出口国的经济发展并导致了政治和社会的不稳定，多次引发了地区紧张和冲突。油价的持续偏低也导致能源勘探和生产投资严重不足，结果则导致生产国能源供应能力的持续下降，这反过来又严重影响到国际能源供应，并最终推高能源价格，损害能源进口国的安全。这一时期能源安全的主要理论是从能源市场的角度来定义的。和第一时期相比，这一时期的能源安全不仅考虑了石油出口国的供应安全，也考虑了石油进口国的需求安全，也就是说，能源安全从供应安全转为了基于市场供应稳定的生产国与消费国的"共同能源安全"。在这段时期还有一个重要的特点就是能源安全与经济安全以及环境安全的联系更为紧密，从维护经济安全和环境安全两个角度凸显了能源安全的重要性。

三是以全球能源供应链安全为核心的综合能源安全观。20世纪90年代后期至今，随着国际分工水平的提高和全球化进程的不断深入，能源生产和投资的全球化战略显著提高,能源的国际合作、海外开发日益成熟,全球供应链已经形成了一个高度相互依赖的整体。能源安全概念关注的是能源整体供应链的安全,即能源勘探、开发、生产、输送、消费以及基础设施建设、投资、技术和市场等供应链上各个环节的风险。能源安全已经成为国家安全的一个重要要素,而且环境问题越来越受到全世界的广泛关注,大家更加注重能源使用的安全性,如何开发新的清洁能源,提高可再生能源的利用率已经成为全世界范围内一个重要的课题。1997年《京都议定书》的签署,重新界定了能源安全的概念,标志着世界各国开始考虑赋予能源安全以环境保护的内涵。①

　　针对中国所面临的能源安全问题,学者们对能源安全的内涵进行了深入的探讨。如能源供应的稳定性(经济安全性)和能源使用的安全性(生态安全)共同组成能源安全。② 又如能源安全是指一个国家或地区可以足量、经济、稳定从国内外获取能源和清洁、高效地使用能源,保障经济社会平稳健康可持续发展的能力。③ 国内学者基本上都是从全球化的背景出发,根据中国的具体情况,既考虑能源供应、又考虑能源需求,同时考虑能源价格、能源运输、能源使用等安全问题在内的综合能源安全观。可见,随着时间的推移、时代的变迁,能源安全不断被人们赋予越来越多过去不为人们重视的新内涵。仅仅强调保障供应的传统能源安全观已经显得过于狭隘,无法适应当今人们对综合能源安全观的要求。在一个追求可持续发展的全球化时代,突破传统能源安全观,建立综合能源安全观已经成为制定国家能源战略的一个必然趋势。

　　我们认为中国能源安全是指:以较低的经济、环境成本,最大程度地保障国家能源供需平衡。同时,应该更加注重能源资源供应的质量和可持续性,更加注重生态与环境安全。具体来看,当前能源安全的内涵至少应包括三方面的内容。一是能源供应多元化,包括结构多元和来源多元。能源结构由以煤

---

① 参见罗振兴:《能源安全概念的演变》,《中国社会科学报》2011年9月15日第015版。
② 参见张雷:《中国能源安全问题探讨》,《中国软科学》2000年第4期。
③ 参见李继尊:《中国能源预警模型及其预警指数的创建》,《中国石油大学学报》2007年第6期。

炭为主,转换成由煤炭、石油、天然气、水电、核电及新能源等多元品种构成;能源来源由国内为主转向国内海外并举,在全球范围内分享能源资源。二是能源利用高效、安全。不断提高能源利用效率是缩小能源供需缺口,增强能源使用可持续的关键环节;能源利用安全是指在能源使用中最大限度降低对环境的破坏,改善国民生存环境,并提高企业在已现端倪的未来全球低碳经济中的竞争力。三是利用海外能源的成本最小化。充分发挥国内能源供给的"蓄水池"作用,抓住有利时机,以较低成本利用较多海外能源资源,使国内经济发展较小受制于国际能源市场变化的影响。

二、影响能源安全的因素错综复杂

进入新世纪以来,面对复杂多变的国内外经济与政治环境,国家能源安全必然受到多重因素影响。其中包括一些传统影响因素,也有一些新情况和新问题所带来的影响。

(1)资源禀赋因素

资源禀赋是影响能源安全的最直接、最重要的因素之一。一般来说,一个国家自身的能源越丰富,对经济发展的保障就越有力,其能源供应的安全系数就越高。如果不考虑其他因素,本国能源受外界不安全因素影响的可能性越小,就相对越安全。但并不是说一个国家的能源资源不足其能源就越不安全,资源不足的国家可以通过建立庞大的战略石油储备系统和其他一系列风险防范机制,使其能源供应的风险得到控制。

(2)政治因素

近几十年的石油危机、石油供应中断、石油价格的大幅度波动等无不与政治因素有关。政治因素对能源安全的影响主要表现在以下两个方面:一是能源进口国与出口国之间政治关系恶化而直接影响能源进口国的能源安全。二是由于能源生产国国内的政治因素影响其能源的供应能力从而间接影响能源进口国之间的安全。

(3)运输因素

运输安全是能源安全的前提和保障。能源安全与运输距离、运输方式以及对运输通道的保障能力密切相关。大国历来对国际重要运输通道,特别是

"咽喉"地带高度重视,千方百计通过强大的军事实力加以控制。在海运方面,运输的安全还与诸如有没有海盗的出没侵扰,通过的海峡多少和海峡受控制、封锁的可能性大小,海峡运输事故的多少等等有关。在陆地运输方面,铁路运输能力对于电煤供应安全十分重要。最近几年不断出现的海上漏油事件也开始引起大家对运输安全的广泛关注。

(4)经济因素

经济因素对能源安全的影响是一种间接因素。对能源进口国而言,最主要的影响就是经济能否支持进口能源随需要的外汇,经济因素还涉及价格变动问题。对进口国来说,主要是价格上涨对进口能力和进出口平衡的影响。在和平时期,价格的剧烈波动是能源安全的最主要问题之一。

(5)军事因素

军事因素对能源安全的作用是多方面的。对运输方面来说,拥有强大、反应快速的海上军事力量,能源海上运输线就会受到很好的保护。尤其是体现在对马六甲海峡、苏伊士运河等关键能源运输线的控制能力上。军事因素对能源安全的影响还表现在对主要能源生产地的军事干预能力上。一国对资源产地的军事干预能力越强,资源就越有保障。海湾战争就是美国等西方列强利用其强大的军事力量,避免石油供应受制于伊拉克,从而有效地保障了美国及其盟国的能源安全。

(6)环境和可持续因素

能源生产和消费引起的资源生态破坏和环境污染是一个不容忽视的问题,不仅影响到能源系统的安全和稳定,还给国民经济的可持续发展以及民众的身体健康带来严重的负面影响。现在各国对能源使用安全问题的关注不断提高,人们更注重能源安全的质量,强调供应安全与使用安全、生产与消费、经济效益与环境保护之间的协调和均衡发展。各国对清洁、高效的新能源及可再生能源的关注和投入也大幅度提高,新能源的开发已经成为各个国家最重要的能源发展战略。

(7)灾变因素

2011年日本地震并引发的福岛核泄露事故,以及年初以来中东及北非地区的持续动荡,使全世界更加重视灾变因素对能源安全的影响。灾变因素主要包括政治局势变化、军事行动、气候变化、安全生产事故、自然灾害等,如战争、暖冬、飓风、地震、煤矿死难事故、电网瘫痪、重要炼油设施破坏等。这些灾害不但会造成供需的不确定性,而且还会造成国际油价波动,灾变因素对能源安全的影响是无法估量的。像九级大地震这样的事故非常罕见,一旦发生,破坏力极大,其结果也是人们无法承担的。如日本福岛核电站在 2011 年大地震与海啸后发生的辐射泄漏,不仅给全球核电业蒙上了一层阴影,还迫使各国政府不得不重新思考能源政策与能源安全架构。

专栏 5-1 日本核泄漏事件对全球核电发展的影响

2011 年 3 月 12 日,日本遭遇 9.0 级大地震后,福岛第一核电站机组自动停止运行,用于冷却核反应堆的紧急发电机也全部停止运行,反应堆容器中的气压已达到设计值的 1.5 倍。日本经济产业大臣海江田万里当日凌晨表示,考虑释放核反应堆容器中的压力,但这会导致微量含有放射性物质的蒸汽外泄。东京电力公司表示,该核电站可能已经出现泄漏。日本安全部门表示,一个反应堆内部的辐射强度已达到正常水平的 1000 倍。

当日 6 时许,前往灾区视察的日本首相菅直人发出指示,要求将核电站周边的戒严区域从 3 公里扩大到 10 公里。为了防止安放核反应堆的容器内气压升高,导致容器无法承受压力而破损,保安院根据《原子能灾害特别措施法》,下令东京电力公司将福岛第一核电站的 1 号和 2 号机组反应堆容器内的蒸汽释放到外部。

3 月 13 日,福岛第一核电站 10 公里内出现放射性污染,21 万人被经济疏散到安全地带。3 月 14 日,福岛第一核电站 3 号反应堆发生两次氢爆炸。3 月 15 日,福岛第一核电站 2 号机组和 4 号机组连传爆炸声,附近辐射数值增 10 倍,日本原子能安全保安院 13 日按照"国际核能事件分级表",把核电站爆炸事故定级为 4 级。3 月 16 日,福岛第一核电站 3 号机组再爆炸,4 号机组再起火,第一核电站 1 号机组有 70% 的燃料受损,2 号机组有 33% 的燃料受损。3 月 17 日,福岛第一核电站周边多处测得辐射超标。福岛第一核电站的四座反应堆先后发生多次重大险情。

日本地震海啸对全球能源发展将产生深远影响,主要集中体现在能源供给、能源消费及未来能源战略制定这几个方面。短期内,日本电力短缺可能将通过增加化石能源供给来实现核电替代,保障能源的持续、及时、足量、可支付的供应。中长期来说,日本将可能致力于发展节能技术和其他新能源来替代传统的化石能源。同样地,如果全球核电发展受限,甚至萎缩,各国将有必要更加重视提高能源效率(节能),以及推动其他清洁能源的发展。

就日本核泄露事件对我国核电发展的影响,中国环境保护部副部长张立军3月12日表示,中国已经启动了沿海城市的核安全监测装置,正在监测日本的核电泄露对中国是否造成影响。张立军表示,尽管日本发生核泄漏事故,中国将继续推行核能计划,但中国将从日本震后核能爆炸中吸取经验,吸取日本的一些教训,在我国核电的发展战略上和发展规划上进行适当吸收。但是我国发展核电的决心和发展核电的安排是不会改变的。根据"十二五"能源规划,到2015年,中国将达到4000万千瓦的核能发电量。

虽然中国发展核电的安排不会有大的改变,但是,在能源战略上,中国迫切需要建立较为灵活的能源安全预警防范机制,否则当一种能源出现突发问题,将带来不可弥补的"短板效应",造成整个国家能源供应短缺,以及由于能源供应短缺带来的种种问题。

(资料来源:林伯强:《日本地震:中国能源发展再思考》,《南方都市报》2011 年 3 月 28 日,见 http://epaper.oeeee.com/H/html/2011-03/28/content_1321836.htm。)

三、中国能源安全形势令人堪忧

能源作为人类赖以生存和发展的基础,在人类社会的发展中发挥了难以估量的作用。它是经济运行的动力,每一次能源时代的变迁,都伴随着生产力的巨大飞跃,极大地推动了人类经济社会的发展。能源是现代社会的血液,这是因为能源作为现代化生产的必要动力来源,一方面提高了社会的劳动生产率,另一方面也引起了社会结构的不断变化。随着分工的发展,人们对于物质生活中能源的依赖越来越强,能源逐渐成为保障人们物质生活水平不断提高的基础。

(一)中国能源生产与能源消费之间的缺口逐年加大

中国经济正处于快速发展时期,西部大开发、振兴东北老工业基地、中部崛起、长江三角洲地区新跨越等战略的实施,必将继续促进中国整体经济的快速发展。因此,能源需求总量也将大大增加,如果能源供给增长速度滞后于需求增长速度,整个宏观经济的增长必将受到重大的影响。从能源生产和能源消费缺口来看,1992 年以前,中国能源基本实现自给自足,略有盈余。进入"净进口时代"以后,能源缺口持续出现,且呈不断扩大趋势。1992—1999 年期间,能源供需缺口从 2142 万吨标准煤扩大到 8634 万吨标准煤,年均增加 927 万吨标准煤。2000—2010 年期间,供需缺口从 10483 万吨标准煤扩大到 26000 万吨标准煤,年均增加 1551.7 万吨标准煤。[1] 具体来看,中国石油年产量的潜在增长空间有限,石油国内生产无法支持快速增长的石油需求,不得不依赖大量进口,因此石油对外依存度已经超过 50%,且有进一步扩大趋势。煤炭资源禀赋和生产技术的条件相对较好,但煤炭不能满足国民经济对液体燃料的消费需求,且煤炭同样受到开采条件和技术限制,特别是环境污染的制约。中国能源供给问题将会长期制约经济增长。

(二)中国能源地缘政治复杂

能源安全与国家地缘政治有高度的互动性或相关性。所谓地缘政治,不仅包括传统意义上的国际关系、某一地区的力量对抗或影响力的角逐、甚至包括一些国家争夺地盘,同时也包括各种力量为争夺对某个国家或地区的直接或间接控制权而展开的较量。众多的地缘政治问题和近现代史告诉我们,石油是一种政治武器。[2] 进入 21 世纪以来,国际环境与地缘政治发生了较大的变化。"9·11"恐怖主义袭击和 2002 年以后国际油价出现大幅度的攀升,使

---

① 张生玲等:《能源资源开发利用与中国能源安全研究》,经济科学出版社 2009 年版,第 6—7 页。

② [法]菲利普·赛比耶—洛佩兹:《石油地缘政治》,社会科学文献出版社 2008 年版,第 5—6 页。

发达国家对能源风险的认识又进一步加深。在经济全球化的今天,能源资源的争夺成为"没有硝烟的战争",并且日趋"白热化",能源安全问题越来越成为国家利益冲突的根源。世界能源的不可再生性及其地缘分布的严重失衡,使能源安全成为各国制定对外政策的重要参考要素之一。

从中国能源地缘政治环境来看,中国所面临的地缘政治形势十分严峻,中国在这场竞争中并不是处于十分有利的地位。尤其是 21 世纪以来,地缘政治的不稳与全球化进程的加快,能源安全被大家不断赋予新的内涵。新挑战和新问题不断威胁着国家安全,能源安全在国家安全中已经处于不可忽视的重要战略地位。在东北亚,中国、日本和美国围绕俄罗斯远东地区甚至整个俄罗斯东部地区的油气资源开发竞争相当激烈。东南亚经济圈与中国能源安全关系密切,这里有重要的能源安全通道马六甲海峡。在南亚,竞争下的合作是未来中印两国石油安全的双赢战略。来自伊朗和沙特等中东国家的石油和天然气,可以通过巴基斯坦的中转而输往中国。在中亚,里海石油是中亚地缘经济政治的核心内容。美俄都在力图控制该地区,尤其是控制该地区的石油资源。

(三)中国能源威胁论影响加大

2001 年 2 月,美国战略和国际问题研究中心在其发布的《21 世纪能源地理政治学》报告中写道:"今后 20 年,亚洲日益增长的能源需求可能产生深远的地缘政治影响。亚洲地区对现有能源储备的争夺可能会激化,演变成各国之间的武装冲突;中国对中东石油的依赖日益增强,从而可能促进北京与该地区的一些国家形成军事联系,这将使美国及其盟国感到忧虑。"从此掀开了美、日等国针对中国的"中国能源威胁论"。其直接导致 2004 年中石油竞标俄罗斯尤甘斯克公司的失利,2005 年中海油并购美国优尼科公司的退出,以及 2005 年中石油收购 PK 石油公司过程中所出现的"一波三折",中国石油企业"走出去"的步伐并不顺利。此外,美、日等国还对中国与俄罗斯、哈萨克斯坦、加拿大等国在石油领域的合作以及中国沿着从中东到南中国海的海上航道建立基地等表示出格外的"关切"。①

---

① 《"中国能源威胁论"毫无根据》,2005 年 8 月 19 日,见中国网,http://www.china. com.cn/news/txt/2005-08/19/content_5945324.htm。

在全球化背景下,随着经济社会的发展、现代文明的进步,国家安全重点已由传统意义上的政治和军事等方面的安全,转变为没有硝烟的经济、文化等非传统方面的安全。能源安全作为最主要的非传统安全之一,现在越来越在国家安全战略中受到重视,它受全球化影响较大并且主要是通过国家主权发挥作用的。能源安全在国家安全中发挥着举足轻重的作用。

四、油、气、煤、电皆存安全隐患

石油自登上历史舞台至今也只有 150 多年,对推动人类社会的发展进步起到重要作用,它既是生产资料,又是生产对象,与现代人类的生产生活息息相关,人类对它表现出高度的依赖性。同时,它具有稀缺性、不可再生性以及时空分布不均的特点,理所当然成为各国争夺的对象。因此,能源安全所涉及的重点领域主要集中在石油、煤炭、天然气等不可再生能源方面,中国的油、气、煤、电都存在安全隐患。

(一)中国的石油安全

所谓石油安全,即一国拥有主权、或实际可控制、或是即可获得的石油资源在数量和质量上能够保障该国经济当前的需要、参与国际竞争的需要和可持续发展的需要。[①] 石油除了具有稀缺性、不可再生性以及时空分布不均的特点以外,还具有高度垄断性的特征,这是因为石油行业是一个高投入、高风险的行业,只有具备大量的资本和丰富的经验,一国的石油企业才能在这个行业站稳脚跟,这决定了石油行业存在很高的行业壁垒。从标准石油公司到石油七姊妹,到各国的国家石油公司,再到欧佩克,石油行业垄断可见一斑。一方面,垄断促进了石油行业的发展,维持了国际市场的稳定;另一方面,垄断使得石油价格严重偏离了供求关系,大大增加了石油进口国的支出。

中国从 1993 年起成为石油净进口国,对外依存度逐年增加,2010 年已经超过 50%,达到 2 亿吨的规模。由于经济总量加大,这一趋势还将继续。不考虑油价、运输费用和运输线路的问题,单从这一点来看,中国要从海外进口国

---

① 雷家骕主编:《国家经济安全:理论与分析方法》,清华大学出版社 2011 年版,第 57 页。

内所需一半以上的石油,这已经构成一个很大的安全问题,其风险不言而喻。石油安全成为中国能源安全的关键领域。

(二)中国的天然气安全

天然气作为一种清洁高效能源,在节能减排的背景下越来越受到国家的重视,成为保障中国能源安全的重要一环。中国对天然气价格控制更为严格,同时积极与天然气富集国合作,分享天然气资源。尽管目前中国天然气的对外依存度不高(2008 年中国进口天然气 44.40 亿立方米,当年消费量为 807 亿立方米),但考虑到未来消费需求的迅速增长和环境保护的巨大压力,近几年中国抓住有利时机积极与俄罗斯、土库曼斯坦、澳大利亚、缅甸、马来西亚、卡塔尔等天然气富集国家合作,成果丰硕,为未来天然气供应奠定了良好基础。

即便如此,还是有潜在风险因素。从陆上看,在建的中亚天然气的管道途经乌兹别克斯坦和哈萨克斯坦,一旦这两个国家与土库曼斯坦出现类似俄乌"斗气"事件,中国的天然气供应难免不会受到影响;从海上看,中国的液化天然气(LNG)进口需要经过马六甲海峡,容易受制于人。此外,储气库建设落后,调峰能力不足,无法保证天然气安全平稳供应。地下储气库是天然气的主要调峰方式,中国地下储气库建设起步较晚,受地质条件限制,除东北和华北外,其他地区很难大规模建设地下储气库。目前,全国地下储气库的调峰能力只占总消费量 2%,而美国、俄罗斯这一比例都在 15% 以上。一旦遇到极端天气或特殊情况,储气库数量少、规模小导致的调峰能力不足无法保障天然气安全平稳供应,影响居民的生产和生活。

(三)中国的煤炭安全

中国能源资源赋存具有"多煤、少气、贫油"的特点,煤炭占到了国内化石能源储量的大约 95%,而常规的油气资源确实难以满足中国国内快速增长的能源需求,所以中国对煤炭的过度依赖不可能在短期内完全摆脱。根据中国煤炭工业协会统计,2011 年,中国煤炭产量 35.2 亿吨,约占一次能源生产总量的 78.6%;煤炭消费总量 35.7 亿吨,约占一次能源消费总量的 72.8%。当年,煤炭生产和消费总量同比分别增加 2.1 和 1.9 个百分点。2009 年开始,中国成为煤炭净进口国,2011 年以 1.82 亿吨的进口量,超越日本成为全球最大的煤炭进口国。

中国成为煤炭净进口国将改变亚太煤炭市场的格局，并可能引发该地区的煤炭价格战，进一步加剧中国与日本等煤炭消费国在争夺长期供应合约方面的竞争。这同时也加剧了中国对能源安全的担忧，促使加紧与蒙古和越南等煤炭资源丰富的邻国搞好关系。因此，煤炭供求形势出现变化，保障煤炭供给安全显得日益重要。

此外，煤炭运输瓶颈问题和生产安全问题也不容忽视。一是中国煤炭生产主要集中在晋、陕、蒙地区，需求集中在东南沿海地区，电煤的铁路运输瓶颈因此成为制约煤炭供应安全的重要因素。二是作为我国高危行业之一的煤炭开采业，安全生产问题一直很严峻。虽然在防治瓦斯、煤尘、水火灾害、机电设备故障等安全生产技术方面得到很大的提高，但技术的改进并未实现对煤炭安全事故的有效控制，煤炭安全生产形势依然严峻。

（四）中国的电力安全

电力是国民经济的基础，电力安全关系到千家万户，关系到经济的发展和社会的稳定。电力系统安全是一国能源安全的重要领域，也是经济发展水平的重要标志之一。如果一国的电力系统运行不稳定，特别是大面积停电事故所造成的经济损失和社会影响是十分严重的。

近年来，电力系统出现问题造成的重大事故屡见不鲜，有美国、加拿大、英国等发达国家，也有中国、印度等发展中大国。就中国而言，电力事故包括：一是电力安全生产方面。如区域性、季节性、时段性缺电现象仍将存在，部分地区电力供需形势依然偏紧，给电力安全生产带来压力；如由于电煤价格良性机制尚未形成，导致电煤供应仍然存在较大问题，同时，电煤质量下降的问题没有得到有效控制，对发电机组的稳定运行会产生严重影响。二是电网运行安全方面。如部分电网结构薄弱，设备陈旧，给系统安全带来隐患；又如电力基建事故频发的局面还没有得到根本扭转，形势依然严峻。2008年中国南方大面积冰冻灾害使电网系统大面积受损，电网不能正常输电，受灾地区遭受很大经济损失。如遇战争等极端状况，电网又会是最易受到打击和破坏的环节。因此，电力安全在一国能源安全中的地位可见一斑。

第二节 中国能源安全状况的综合评估

由于能源安全对于中国这样一个人口、经济和石油消费进口大国具有重要意义,针对未来所面临的能源供应形势,中国的能源战略短期来看,必然是围绕保障国家能源安全,特别是供应安全展开;长期来看能源不受制于人,即能源安全与可持续发展成为战略选择。基于此,中国出台了一系列政策措施与发展规划,其效果已经逐步显现。

一、中国能源安全战略的实施进展

近些年,围绕能源供应安全,中国采取了一系列政策措施,从能源利用和能源开发两条途径,从政府宏观调控和市场稳定安全两个方面,从国内和国外两个市场和两种资源,增加能源生产供应,提高能源利用效率,调整经济结构,发展循环经济,开发清洁能源,促进安全生产,保护生态环境,推进能源体制改革,扩大国际能源合作。[1]

(一)能源国际合作成果丰硕

中国树立和落实互利合作、多元发展、协同保障的新能源安全观:一方面,高度重视并加强同世界各国的对话,建立对话机制;另一方面,高度重视并加强同世界各国的互利合作,推动全球能源安全。通过能源国际合作,海外开发的步伐进一步加快。

"十一五"期间,中国在能源合作方面取得了丰硕的成果。中国油气对外合作不断加强,三大石油企业的海外作业持续扩大。2010年,中国海外油气产量实现跨越式增长,油气当量权益产量首次突破7000万吨,同比增长接近40%。天然气年生产能力达到100亿立方米,同比增长近50%。中国石油2010年海外油气作业当量产量达到8673万吨,同比增长13.9%。其中,天然气作业产量达到137亿立方米,增加55亿立方米。初步建成非洲、中亚—俄

---

① 倪健民、郭云涛:《能源安全》,浙江大学出版社2009年版,第113页。

罗斯、美洲、中东和亚太五大海外油气合作区。建成中亚天然气管道一期、中哈原油管道一期工程,开工建设中缅原油和天然气管道、中俄原油管道、西北、东北、西南和海上四大能源进口通道的战略格局基本形成。[①] 截至 2010 年底,共有 30 家外资公司在中国执行 66 个油气勘探开发项目。海上合作区域主要集中在渤海、南海东部和东海海域,陆上合作主要集中在致密气、页岩气、高含硫气田等地质构造复杂、开发难度大的领域。2009 年 11 月,国家能源局与美国国务院签署关于在页岩气领域合作的备忘录,就联合开展资源评估、技术合作和政策交流制定了工作计划。2010 年 8 月,双方成立页岩气资源工作组。继 2009 年中石油与壳牌启动中国首个页岩气开发项目后,2010 年初,中石化与 BP 谈判确定在贵州凯里和苏北黄桥联合开展页岩气勘探开发。

（二）节能减排仍有空间

面对快速增长的能源需求和日益凸显的能源环境约束,中国政府倡导并实施了节能减排措施。"十一五"规划中明确提出单位产值能源消耗量下降20%的目标,于此同时出台了一系列提高能源使用效率的"节能减排"政策。经过五年的努力,能耗强度从 2005 年的 1.28 吨标准煤/万元下降到 2010 年的 1.03 吨标煤/万元,累计下降 19%,年均下降 4%,基本实现既定的目标。见图 5-1。

虽然"十一五"期间中国的能耗强度已有了较大幅度的下降,但是受资源禀赋、技术水平、能源利用效率、管理体制等因素的制约,能耗强度仍然处于较高水平,高于世界平均水平,这说明和世界其他国家相比,中国的经济增长对能源资源利用的程度依然很高,中国节能减排的空间仍然很大。

（三）能源贸易作用明显

"十一五"期间,中国能源进口逐年增加,出口逐年减少。综合能源进口量从 2005 年的 2.7 亿吨标准煤增加到 2010 年的 5.58 亿吨标准煤,年增长率21%。综合能源出口量从 2005 年的 1.14 亿吨标准煤减少到 2010 年的 0.88亿吨标准煤。能源出口的减少主要体现在煤炭出口量的逐年减少,从 2005 年

---

① 刘铁男:《中国能源发展报告 2011》,经济科学出版社 2011 年版,第 25 页。

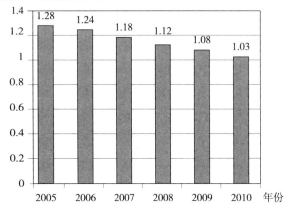

能耗轻度（吨标准煤/万元）

图 5-1　"十一五"期间中国能耗强度变化

资料来源：国家统计局能源统计司：《中国能源统计年鉴 2011》，中国统计出版社 2012 年版，北京。

的 7172 万吨减少到 2010 年的 1910 万吨。受国际煤炭价格大幅度下滑影响，2009 年、2010 年两年煤炭进口量大幅度增加，2010 年较 2008 年增长了 3 倍，中国从煤炭净出口国转变为煤炭净进口国。石油进口量由 2005 年的 1.72 亿吨增加到 2010 年的 2.9 亿吨，石油对外依存度由 2005 年的 44% 提高到 2010 年的 58%。"十一五"期间中国的液化天然气和管道天然气进口均实现零的突破，2010 年的进口量达 164 亿立方米，天然气对外依存度达 11.45%。

（四）可再生能源发展迅速

"十一五"时期，是中国可再生能源加速发展的重要时期。为积极应对全球气候变化，国家颁布实施了《可再生能源法》，提出到 2020 年非化石能源消费在能源消费中的比例达 15% 的目标，对可再生能源发展提出了更高的要求。国务院做出了关于加快培育和发展战略性新兴产业的决定，将新能源作为战略新兴产业的重要内容，极大地促进了新能源和可再生能源发展，实现了可再生能源技术、市场和服务体系的突破性进展，为实现可再生能源规模化发展奠定了重要基础。

"十一五"时期，在《可再生能源法》及有关政策措施的推动下，可再生能源进入快速发展阶段，各种可再生能源技术进步显著，市场规模不断扩大，产业实力明显提升。整个可再生能源迎来了发展的春天,可再生能源快速发展的格局已经初步形成。① 一是水电建设积极有序推进,投产规模创新高。随着三峡等大型水电工程陆续建成投产,到 2010 年底,全国水电装机容量达到 2.1 亿千瓦,成为世界上水电装机规模最大的国家,年发电量 6863 亿千瓦时,满足了全国 6% 的能源消费。5 年间,全国水电投产装机比 2005 年翻了近一番,水电 5 年累计发电量约 2.67 万亿千瓦时,折合约 9.1 亿吨标准煤,水电在我国能源结构调整中发挥了重要作用。二是风电产业快速发展,装机能力不断提升,装机容量连续翻番。"十一五"期间,陆上风电技术装备能力明显提高,产业基础迅速建立,装机容量实现多年翻番增长,海上风电也快速起步。从 2005 年开始,中国的风电总装机连续 5 年实现翻番。累计装机容量从 2005 年的 126.4 万千瓦快速增长到 2010 年的 4478.1 万千瓦,居世界第一位。风电覆盖省份逐步增多。从风电装机的分布来看,东、中、西和东北地区所占比例分别为 27%、3%、49% 和 21%,其中,西部地区风电装机能力所占比重最大。三是太阳能发电市场有效启动,经济竞争力不断提高。太阳能光伏电池制造产业不断壮大,光伏电池产品的技术和成本国际竞争力明显提高。随着中国"光电建筑"、"金太阳示范工程"和敦煌大型荒漠光伏电站招标等多个项目的启动,累计光伏装机容量从 2005 年的 6.8 万千瓦增长到 2010 年的 89.3 万千瓦。② 此外,新增装机容量逐年增加,从 2005 年 0.4 万千瓦增长到 2010 年 52 万千瓦。但是与世界上其他国家相比,中国的光伏发电仍有很大的空间。四是生物质能多元化发展,综合效益显著提高。生物质发电技术基本成熟,大中型沼气技术日益完善,农村沼气应用范围不断扩大,木薯、甜高粱等非粮生物质制取液体燃料技术取得突破,并开始规模化利用。到 2010 年底,生物质发电装机约 500 万千瓦,沼气年利用量约 140 亿立方米,成型燃料约 30 万吨,生物燃料乙醇利用量 180 万吨,生物柴油利用量约 50 万吨。各类生物质能源总贡献量合计约 1500 万吨标准煤。

---

① 参见刘铁男:《中国能源发展报告 2011》,经济科学出版社 2011 年版,第 106—109 页。

② 英国石油公司(BP),Statistical Review of World Energy,June 2011。

到 2010 年底,水电、风电、生物液体燃料等计入能源统计的可再生能源量约为 2.62 亿吨标准煤,在能源消费总量中约占 8.06%。计入沼气、太阳能热利用等非商品化品种,可再生能源年总利用量为 3.06 亿吨标准煤,约占当年能源消费总量的 9.42%。与 2005 年相比,"十一五"期间可再生能源的能源贡献量以年均 12.6%的速度增长。①

(五)石油储备建设提速

石油储备是稳定供求关系、平抑油价、应对突发事件、保障国民经济安全的有效手段。所谓"石油储备",是指为保障国家、社会与企业的石油供应安全而储存的石油。一般而言,石油储备可分为两类,即由政府所拥有的战略石油储备,以及由进口商、炼油商、销售商和消费者所拥有的商业储备。

2004 年起,中国开始进行国家石油储备建设,在对外依存度不断提高的情况下,在制定政策鼓励国有资本、民间资本和境外资本积极参与商业储备建设的同时,也在积极加快原油战略储备建设步伐。截至 2010 年底,中国石油战略储备和商业储备能力分别达到 1.78 亿桶和 1.68 亿桶,形成了 36 天消费量的储备能力。根据初步规划,中国准备用 15 年时间分三期完成油库等硬件建设,储备油投入也将到位,预计总投资将超过 1000 亿元。首批国家战略石油储备基地有 4 个:镇海、舟山、黄岛、大连。中石油、中石化和中海油这三个国内石油公司受国家委托,负责工程总体建设,4 个基地先后于 2007 年底和 2008 年竣工验收,2008 年竣工的舟山、黄岛、大连 3 个项目,已经在 2008 年以前注油完毕,储油成本平均 58 美元/桶。目前,国家战略石油储备二期建设进展顺利,第二批石油储备基地也已经选址并建设,预计 2012 年全面完工后,总储备能力可达 2.74 亿桶。三期储备量安排大致是:第一期石油储备基地储量为 1000 万吨—1200 万吨;第二期和第三期分别为 2800 万吨。到 2020 年这些项目完工后,储备量将相当于 90 天的石油进口量,这也是国际能源署(IEA)规定的战略石油储备能力的"达标线"。②

---

① 参见刘铁男:《中国能源发展报告 2011》,经济科学出版社 2011 年版,第 106—109 页。

② 参见崔民选:《能源蓝皮书:中国能源发展报告》(2011),社会科学文献出版社 2011 年版,第 94—96 页。

总的来说，"十一五"期间中国在国际能源合作、节能减排、可再生能源的发展和石油战略储备方面都取得了长足的进步，国家能源安全战略措施正在有条不紊的实施中。

二、中国能源安全评估

（一）文献述评

为了评价中国的能源安全状况，国内研究者构建了一些能源安全的指标体系。如能源安全六要素评估，即能源因素、政治因素、经济因素、运输因素、军事因素以及可持续发展因素。[1] 如中国石油安全状况层次分析法综合评价体系，即由目标层、准则层、指标层三个层次和国内石油资源因素、石油进口因素、国内市场因素和其他因素四个准则层组成的指标体系框架。[2] 又如基于自身能力和环境因素的能源安全评价体系。[3]

可以看出，国内有关评价指标体系的研究已经取得了不少的成果，积累了丰富的资料。但综合来看，仍有不足和局限性。基于本书作者对"十五"期间中国能源安全状况的研究和所构建的指标体系，为了使指标体系更加严谨和科学，综合考虑一些新情况和新变化，我们又增加了几个指标，试图对"十一五"期间中国能源安全状况进行评估，并与"十五"期间进行对比，动态评价21世纪前十年中国能源安全状况，力争为制定科学有效的国家能源安全战略提供有力依据。

（二）本书对中国能源安全的评估[4]

通过对已有的指标体系进行分析，本书根据指标体系的基本规范和原则，按照国家能源安全的内涵和目标，结合中国目前能源发展的实际，在我们曾经评估中国 2000 年和 2005 年能源安全指标体系的基础上，通过补充和完善，构

---

[1]　参见迟春洁、黎永亮：《能源安全影响因素及测度指标体系的初步研究》，《哈尔滨工业大学学报》2004 年 7 月第 6 卷第 4 期。

[2]　参见张华林、刘刚：《石油安全指标体系与综合评价》，《自然资源学报》2006 年 3 月第 21 卷第 2 期。

[3]　参见邹艳芬：《中国能源安全测度》，江西人民出版社 2009 年版，第 40—42 页。

[4]　参见张生玲：《中国能源贸易研究》，经济日报出版社 2009 年版，第 184 页。

建了一套相对较好量化的衡量国家能源安全的评价指标体系,对"十一五"期间中国能源的安全状况进行评估。见表5-1。

表5-1 国家能源安全评价指标体系

目标层(A)	表现层(B)	表现类别(C)	指标层(D)
国家能源安全	B_1:能源生产	C_{01}能源结构	D_{01}:石油储采比
			D_{02}:石油在初级能源结构中的比重
			D_{03}:国家在海外独立开采能源进口比例
		C_{02}能源使用	D_{04}:可再生能源使用率
			D_{05}:碳强度
	B_2:能源消费	C_{03}国外能源消费(进口能源)	D_{06}:对外依存度
			D_{07}:进口集中度
			D_{08}:能源运输能力
		C_{04}国内能源消费	D_{09}:能源消费弹性系数
			D_{10}:能耗强度
			D_{11}:能源消费增长率
	B_3:能源储备	C_{05}国内能源储量	D_{12}:人均能源供应量
			D_{13}:储量自给率
			D_{14}:储量接替率
		C_{06}能源战略储备	D_{15}:储备能源储量
			D_{16}:战略能源(石油)保障天数

数据来源:张生玲:《中国能源贸易研究》,经济日报出版社2009年版,第184—186页。

1.指标解释

根据表5-1所示,现对指标层(D)的含义、参考值和现实发展状况解释如下。

D_{01}石油储采比:石油资源的储采比是石油剩余可采储量支持现有石油生产水平的能力,表现为可开采年限。其反映的是一个国家在现有经济、技术以及政策法规环境下,石油资源能够满足该国当前生产对石油消耗的能力。储采比越高,则供给就越安全。按照世界石油生产的一般规律,国际上一般认为储采比低于12,石油行业将处于很不安全的状态。[1]

储采比=年底剩余石油可采储量/当年石油产量

根据《BP 世界能源统计年鉴 2011》数据计算,2010 年中国的储采比为9.9 年,世界平均为46.2 年,除了中东等石油输出国外,大部分国家的储采比在 10—20 年之间。所以本书采取 20 年作为储采比的安全点和基准值。那么2010 年中国的石油储采比处于不安全的状态。

D_{02} 石油在初级能源结构中的比重:石油在初级能源结构中的比重是石油在一次能源消费中所占的比重。石油在一次能源消费中所占比例越重,说明石油作为能源在促进国民经济增长中的重要性越高,也说明石油需求量大,石油安全风险高,能源安全程度低。石油替代能源是在科技进步和环保意识推动下发展起来的。石油替代能源包括天然气和核能,以及可再生能源。其快速发展显著降低了石油在初级能源结构中的比重。

从能源消费总体来看,中国煤炭资源相对比较丰富,与世界其他主要国家相比,中国的石油消费比例要比其他国家普遍低 10—30 个百分点。俄罗斯、加拿大、法国等尽管石油消费比例偏低,但天然气、水电、核电等消费占了很大比重,煤炭消费并不多,这更进一步凸显了中国能源消费在清洁程度上的低层次性。

D_{03} 国家在海外独立开采能源占进口比例:为了保障国内能源供应,许多国家在海外独立或合资、合作开采能源。国家在海外独立开采能源(国外权益石油产量)占进口比例,是指这部分能源的所占比重,它表明一个国家除了控制自身能源资源以外,还可以控制疆域以外的能源资源,最主要的是石油能源。2010 年中国权益油产量首次突破 6000 万吨,原油进口量约为 2.4 亿吨。国家在海外独立开采能源占进口比例约为 40%,比 2005 年有了大幅的提高。

D_{04} 可再生能源使用率:可再生能源使用率是可再生能源在一次能源消费

---

[1] 参见葛家理、胡机豪、张宏民:《我国石油经济安全与监测预警复杂战略系统研究》,《中国工程科学》2002 年 1 月第 4 卷第 1 期。

中占的比重。为确保"后石油时代"的能源供应和安全,美国等一些国家从 20 世纪 50 年代起开始研究和开发可再生能源,特别是进入 21 世纪以来,很多国家相继制定和实施可再生能源的长期战略。可再生能源作为常规化石燃料的一种替代能源,由于其清洁、无污染、可以再生和永续利用,符合可持续发展和保护环境的要求,因此受到越来越多国家的高度重视。

中国的可再生能源利用率,即可再生能源在一次能源中的比重从 2005 年的 5.8% 上升到 2010 年的 7.2%,虽然有所上升但是离 2020 年的目标还有很大的距离。

D_{05} 碳强度:碳强度是单位耗能所排放的 CO_2 量,中国 2005 年和 2010 年的碳强度都为 3.4,大大超出了世界平均水平 2.6,说明中国能源安全对环境的依赖很强,不利于经济社会可持续发展。

D_{06} 石油进口依存度:对外依存度反映本国石油消费量对进口石油的依赖程度,对外依存度越高,则安全程度越低;反之,则安全程度越高。一般来说,对国际市场依存度的提高,意味着风险因素的增多和不安全程度的提高。虽然"十一五"期间国内石油产量大幅提升,但依然未能追赶上石油需求强劲增长的脚步,供需缺口进一步扩大。在 2009 年中国原油对外依存度突破 50% 的原油对外依存度"警戒线"后,2010 年进一步上升到 58.6%。

对外依存度=石油年净进口量/本国年消费量

D_{07} 石油进口集中度:石油进口集中度指进口来源的前 5 位国家的石油进口量之和与国内石油进口总量之比,体现的是某国进口的集中程度。数值过大,如果个别石油输出国家出现政治局势、生产能力受阻等方面的困难,导致石油需求短时间内无法得以弥补,不利于进口国的石油安全。随着中国石油进口的增加,对石油资源集聚区的依赖程度也在加深。2010 年,中国石油进口的 40% 来源于中东,比"十五"期间进一步提高,虽然对非洲的依赖程度有所降低,但比重仍高达 23%。总的进口集中度从 2005 年的 62% 下降到 2010 年的 58%,但这一数值仍然超过了国际上通用的警戒线 50%。(见表 5-2。)

表5-2 2005年和2010年中国石油进口来源的前十位国家和所占的比重

2005年	所占比重	2010年	所占比重
沙特阿拉伯	18%	沙特阿拉伯	19%
安哥拉	14%	安哥拉	17%
伊朗	11%	伊朗	9%
俄罗斯	10%	阿曼	7%
阿曼	9%	俄罗斯	6%
也门	5%	苏丹	5%
苏丹	5%	伊拉克	5%
刚果	4%	哈萨克斯坦	4%
印度尼西亚	3%	科威特	4%
赤道几内亚	3%	巴西	3%
其他合计	18%	其他合计	21%

数据来源:BP世界能源统计2011。

D_{08}能源运输能力:根据国际经验,需要进口大量石油的国家一般控制着一支比较强大的油轮船队,船队承运份额达到50%以上。而中国至今尚没有大型油轮运输船队,90%进口石油需借助于其他国家运输船队。这样不仅要支付高额油价和运输费用,而且还要承担运输通道安全上的风险。所以中国石油海运运力总体能力不足,特别是超大型的VLCC油轮严重缺乏,与世界上主要原油进口国拥有的船舶运力及承担国内进口油的比例相比,存在太大的差距。

虽然中国在海运承运方面远远没有达到安全标准,但是在"十一五"期间,原油管道建设发展快速,共建成原油管道7000余公里。截至目前,中国的原油管道总长度约2万公里,输送原油量占原油总运输量的70%。"十一五"期间,成品油管道建设快速发展,已建成和在建里程超过1万公里,超过"十一五"之前成品油管道建设里程总和,覆盖全国的石油骨干网已初步建成。运输通道的安全是中国能源安全的重要保障,管道建设的快速发展改变了一直以来石油进口主要依赖海上运输的局面,极大改善和提高了中国进口通道的安全性。

D_{09}能源消费弹性系数:能源消费弹性系数定义为能源消费增长率与同时期国民经济增长率之比,反映的是经济增长和能源消耗之间的关系,也表现出经济增长对能源的依赖程度。能源消费弹性系数与经济产业结构、行业节能效率等有极密切的关系。一般情况下,能源消费的增长速度和国民生产总值的增长速度成正比例关系,国民经济增长越快,能源消费越多,反之就越少。它是和国内生产总值联系非常紧密的能源消耗指标之一。"十一五"期间,中国能源消费系数从0.93下降到0.58,说明经济发展对能源的依赖程度逐渐减弱,也表明了转变经济发展方式已初步取得成效。

能源消费弹性系数=能源消费增长率/国民经济增长率

D_{10}能耗强度:能耗强度是每单位GDP所消耗的能源量,这里用吨标准煤/万元表示。面临日益凸显的能源环境约束,中国政府实施了"节能减排"的战略举措,在"十一五"规划中明确提出单位产值能源消耗量下降20%的目标,并出台了一系列的节能政策。经过五年的努力,能耗强度从2005年的1.28吨标准煤/万元下降到了2010年的1.03吨标煤/万元,累计下降19%,年均下降4%,基本实现既定的目标。

D_{11}能源消费增长速度:能源消费增长速度越快,对能源的需求量就越大,能源供应就越严峻,所带来的环境问题也越严重,能源安全程度就越低。2005年中国能源消费的增长率为10.6%,2010年为6%,从2001年到2010年中国能源消费增长率的平均水平为8.45%。"十一五"期间,中国能源消费总量增加9亿吨标准煤,到2010年已成为世界第一大能源消费国。

D_{12}人均能源供应量:2011中国人均能源消费量2.59吨标煤,相当于国际能源署公布的2009年世界人均能源供应量。根据IEA统计数据,2009年世界人均能源供应量为2.57吨标准煤,而同期中国人均能源供应量为2.43吨标煤。

2005年世界平均人均能源供应量为2.53吨标准煤,美国为11.27吨标准煤,中国大陆为1.86吨标准煤,尽管中国的能源消费总量位居世界前列,占世界一次能源消费总量的20%,但由于中国人口数占世界人口总数的比重接近20%,人均能源供应量仍然较低。2009年中国的人均能源供应量不到美国的1/4,不到OECD国家平均水平的40%,在金砖五国中低于俄罗斯和南非,高于巴西和印度。

D_{13}能源自给率:自给率反映了能源资源当前的国内生产(供给)满足国民经济需求的情况。自给率越高,代表着资源保障国民经济安全运营的程度越高,即安全程度越高;反之,安全程度越低。中国近十年来的能源自给率都是 0.9 以上,基本上处于安全状态。

自给率=国内产量/本国消费量

D_{14}储量接替率:储量接替率反映某一时间周期(通常为年度)内新增探明石油可采储量与储量消耗之间(一般为当年原油产量)的比例关系。当储量接替率大于 1 时,说明储量增加大于储量消耗,剩余可采储量净增加;储量接替率越大,能源安全程度越高。当储量接替率小于 1 时,储量的消耗大于储量的增加,说明安全程度较低。2010 年,中石油国内新增探明石油地质储量6.6 亿吨,根据独立储量评估机构的评估,2010 年中石油实现油气储量替补率1.32,其中原油储量接替率 1.02,继续保持大于 1,天然气储量接替率 2.02。储量序列更加合理,资源接替状况持续改善,资源基础更加牢固。

储量接替率=当年新增探明可采储量/当年消耗的储量

D_{15}能源(石油)储备量:据统计,中国截至 2010 年的战略石油储备量相当于 2000 万吨油当量,根据中国的实际,约相当于 2000 万吨—2500 万吨原油的储备量比较适宜。

D_{16}储备石油保障天数:战略石油储备在平时虽然不被动用,但对稳定国际油价,影响石油输出国的政策及调整市场心态,具有不可忽视的作用。战略石油储备应当有一个合理的数量。《国际能源计划》规定,战略石油储备数量的合理标准是 90 天石油净进口量。根据目前规划,中国计划在 2020 年储备量达到相当于 90 天的石油净进口量,这也是国家能源署(IEA)规定的战略石油储备能力的"达标线"。截至 2010 年底,中国石油战略储备和商业储备储备能力分别达到 1.78 亿桶和 1.68 亿桶,形成了 36 天消费量的储备能力。[①]

2.指标权重及计算方法

---

① 参见崔民选:《能源蓝皮书:中国能源发展报告(2011)》,社会科学文献出版社2011 年版,第 96 页。

如表5-1所示,表征能源安全的指标体系包含四个层次,其中第二层共有3个表现层,第三层有6个表现类别,第四层包含16个指标。为了便于计算,我们将权重平均分布于3个表现层中,而在第三层6个表现类别和第四层16个指标间,则利用层次分析法分布。

表5-3　国家能源安全评价指标体系一览表

指标	2005年实际值	2010年实际值	参照标准	权重
D_{01}:采储比	12.1	9.9	46	1/18
D_{02}:石油在一次能源结构中的比重	21.1%	17.6%	35%	1/18
D_{03}:国家在海外独立开采能源占进口的比例	14%	25%	30%	1/18
D_{04}:可再生能源使用率(可再生能源在一次能源中的比重)	5.85	7.20%	15%	1/12
D_{05}:碳强度	3.4	3.4	2.6	1/12
D_{06}:石油进口依存度	43.9%	58.6%	45%	1/18
D_{07}:进口集中度	62%	58%	50%	1/18
D_{08}:运输能力(船队承运份额)	15%	30%	50%	1/18
D_{09}:能源消费弹性系数	0.93	0.58	1	1/18
D_{10}:能耗强度	1.28	1.03	1	1/18
D_{11}:能源消费增长率	10.6	6	8.45	1/18
D_{12}:人均能源占有量	1.86	2.5	2.57	1/18
D_{13}:能源自给率(能源生产量/一次能源供应量)	0.96	0.92	1	1/18
D_{14}:储量接替率	1.04	1.02	1	1/18
D_{15}:战略能源储备量(万吨油当量)	998	1200	2000	1/12
D_{16}:储备能源保障天数	21	36	90	1/12

资料和数据来源:张生玲《中国能源贸易研究》,经济日报出版社2009年版,第195页;《中国能源统计年鉴2011》,中国统计出版社2012年版,北京;《BP世界能源统计年鉴2011》。

在本章中,对指标进行打分时主要采取直接、间接以及主观打分等相结合的方法,一方面通过国际标准权威机构研究的结果进行打分,另一方面根据统计数据等相关资料指标的评价标准进行量化。采用国际能源研究机构的通用标准,参照经济发展的一般规律以及国内外能源经济的整体发展状况。见表5-3。

考虑计算方法的可操作性,为了得出石油安全的总评价分值,采用多目标线性加权函数法,即总分=单项指标*权重。

为了使读者更清晰直观的了解中国的能源安全状况,本书把6个表现类别作为总的评估对象,根据16个单项指标的得分和权重,得出6个表现类别的得分。以C_{01}能源结构为例,结果如表5-4所示。

表5-4　中国能源安全 C_{01} 类——能源结构评估结果

指标(D)	2005 年	2010 年	进步
D_{01}:石油储采比	13.33	11.67	-1.63
D_{02}:石油在初级能源结构中的比重	20	23.33	3.33
D_{03}:国家在海外独立开采能源进口比例	23.33	26.67	3.34
C_{01}:类总分	56.66	61.67	5.01

注:根据表5-3数据计算。

3.综合评估结果

以此类推,要得到综合评估结果,需要分别得到6个表现类别的评估结果表,综合起来,就是国家能源安全的综合评估,将其绘制成图,我们得到综合评估雷达图。见表5-5和图5-2。

表5-5　中国能源安全类表现类别综合评估结果

指标	2005 年	2010 年	进步
C_{01}:能源结构	56.66	61.67	5.01
C_{02}:能源使用	55	60	5
C_{03}:国外能源消费(进口能源)	50	55	5

续表

指标	2005 年	2010 年	进步
C_{04}:国内能源消费	56.67	70	13.33
C_{05}:国内能源储量	63.34	65	1.66
C_{06}:战略能源储备	40	50	10

注:根据表5-3、表5-4数据计算。

雷达图可以直观地表现出不同年份国家能源安全的变化情况,同时,更能直观地反映出能源结构、能源使用、国内能源消费、国外能源消费(进口能源)、国内能源储量、能源战略储备等各自的变化情况。指标分类越多,雷达图便越接近于圆。

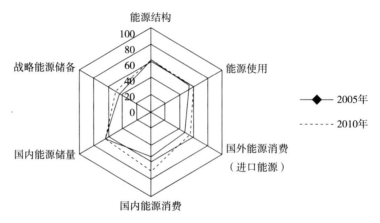

图 5-2 2005—2010 年中国能源安全评估雷达图

在我们评价国家能源安全时,使用了 6 个表现类别,从而形成一个正六边形。需要说明的是,该项得分越高,在图上表现出来的就是越接近于外圈,说明能源安全程度越高,而外圈的边界值就是指标体系的各个指标的参照指标或对照值。

三、中国能源安全的评估结果分析

从评估结果和相应的雷达图可以看出,与 2005 年相比,2010 年中国的能源安全程度总体上有一定的提高,但仍然存在一些问题。

第一,总体水平仍然没有达到安全的程度。从图中可以看出,无论是2005年还是2010年,表现类别的各项指标距离六边形的边界仍然有一定的距离,有一部分指标甚至连60分都没达到。如能源使用、能源战略储备等,这些指标处于危险级别。中国的能源安全仍然没有达到令人满意的程度。

第二,5项指标均有改善。2010年的总体安全状况出现好转,这是因为表现类别的5项指标好于2005年,6个表现层中12个指标都有提高。然而,虽然2010年能源安全状况有所改善,特别是国内能源消费和战略石油储备两大类指标的进步程度较高,但是总体来看,与发达国家相比,改变程度还有待进一步提高。实际情况说明在"十一五"期间,中国能源安全战略实施有一定效果,但其程度仍有待提高。

第三,国内能源储量十年没有变化。进入21世纪的前十年,中国经济经历了高速增长,但国内能源储量没有变化,这一评估结果与我们在2007年所完成的2000年与2005年相对比的评估基本一致,即储采比、储量接替率和能源自给率都有所下降。说明国内能源后续补充能力不足,或者说国内传统能源和非常规页岩油气勘探没有大的进展。

第四,个别指标出现了下滑。如进口依存度从2005年的43.9%上升到2010年的58.6%,已经大大超出了临界水平。由于油气管道状况的改善,进口依存度指标下滑没有影响到国外能源消费表现类别的下滑,这与我们在2007年所完成的2000年与2005年相对比的评估结果不同。但是,仅进口依存度单一指标来看,无论是2005年相对于2000年,还是2010年相对于2005年,都经历了不断下滑的过程。说明中国的能源,特别是石油对外依赖的程度不断加深,而同期美国的石油对外依赖程度却相对于2005年出现不断改善的态势,进口依存度相应地由63.7%下降至57.7%。

第三节　中国能源安全战略新思路

基于以上分析和评估,我们得出结论:中国的能源安全存在着许多潜在的问题和危机,为了化解危机,解决能源安全中存在的问题,需要形成与发展中大国相符的能源安全战略思想,形成中长期能源安全的目标和战略手段,在"十二五"乃至"十三五"为主要阶段的新时期,需要在整个能源生产、能源使用、能源消费、能源进口、能源储备等方面作出必要的政策调整。

一、美国能源安全战略转变的新启示

2011年3月30日美国政府发布《未来能源安全蓝图》,这份报告勾画了美国未来的国家能源政策,提出了确保美国未来能源供应和安全的三大战略:一是油气开发回归美国本土,确保美国能源供应安全,其中包括扩大本土油气资源开发、增加传统能源供应和在清洁能源领域开展全球合作;二是推广节能减排,削减美国能源消费;三是激发创新精神,加快发展清洁能源。通过激励民间资本投资,使民众在能源独立和清洁能源计划中受惠得益。[①]

2011年11月7日,美国政府对外公布了《2012—2017年外大陆架(OCS)油气租赁计划草案》。这份计划草案的最大亮点是,将北极地区纳入石油开发版图。这预示着美国将加快开发北极石油资源的步伐。这份堪称美国深海石油"五年计划"的草案将深海石油开发重新提上日程,在新增加的15个深海开采租赁区块中,有12个区块位于墨西哥湾,剩余3个则位于靠近北极的阿拉斯加地区。此项计划涉及的区块涵盖了美国75%尚未开发的油气资源,扩大大陆架外围地区的油气生产是美国能源战略的一个关键组成部分。它将帮助美国继续减少对外国石油的依存度,在国内创造更多的就业机会。

事实上,美国追求能源独立已有几十年的历史,但是,自20世纪70年代石油危机以来,这一梦想一直难以实现。奥巴马政府"油气生产回归美国本土"的战略构想底气来自于近年来美国页岩气革命成功和本土石油产量持续增加客观事实的激励。2010年美国国内的石油产量达到自2003年以来的最高值,美国天然气总产量也达到30年以来最高水平。油气产量的增加主要归功于技术进步,使得页岩层油气资源产量不断增长。在未来几十年内,页岩层

---

① 参见陈卫东:《美国能源独立的底气》,2011年06月08日17:50,见http://finance.ifeng.com/opinion/hqgc/20110608/4123840.shtml。

油气资源在美国国内能源产量中将占据重要地位。未来美国保障能源安全的重心转向深水、非常规油气及新能源上,从而实现油气开发回归美国本土。

美国的能源独立战略前景如何,还需要进一步观察,但是值得关注的是美国已经开始行动,并有了切实可行的措施。

二、中国能源安全战略体系构建的新思考

从中国能源安全战略实施效果和美国能源战略的转变,我们可以看出,目前中国能源战略是在对未来世界能源状况趋紧的预判下出台和实施的。那么,如果出现了新的能源革命,正如煤炭和石油登上历史舞台一样,世界经济格局将发生重大变革。中国应该做好准备,增强自身的软实力和硬实力,综合军事、政治、经济、文化和社会各方面,从战略的高度去审视和应对。因此,构建新的能源安全战略体系是必要的。见表5-6。

表5-6 新时期中国能源安全战略体系

战略目标		国家能源安全
战略步骤	内外并举	1.国内能源合理开发与高效利用 2.进口石油与海外开发
	多元发展	1.来源多元 2.品种多元 3.通道多元
战略手段 (战略措施)	战略石油储备	1.国家石油储备 2.商业储备
	科技创新	1.节能技术 2.勘探和加工技术(煤炭、常规与非常规油气) 3.新能源开发与利用技术 4.智能电网

在新时期中国能源安全战略体系中,首先是战略目标,就是保障国家能源安全,符合中国的国家利益,也与国家的总体发展目标和国力相适应。其次是战略步骤,当前还应该坚持内外并举,多元发展。从中国的具体国情出发,利用国内外两种资源是必然选择,但是要强调多元化:一是来源多元,即国内和海外;二是品种多元,即煤炭、石油、天然气(常规与非常规)以及新能源;三是

通道多元,即发展海上、陆上和管道等。这与现有的"走出去"、"多元化"战略一致,我们前文已经分析了中国这两大战略的实施并非一帆风顺。最后是战略手段或战略措施,也是最关键的部分,关系到短期和长期战略目标的实现。众所周知,战略石油储备是应对突发事件,维护国家经济安全和能源安全的重要手段。更重要的是鼓励国内技术创新和团队公关,学术界的很多研究表明,能源行业的发展最容易忽略技术创新,无论是在节能、勘探和加工技术,还是在新能源开发与利用技术方面,智能电网建设方面,都需要有效的"倒逼机制",这是实现能源可持续发展的关键。

专栏 5-2 中国页岩气资源丰富,勘探开发已开始起步

页岩气是指赋存于富有机质泥页岩及其夹层中,以吸附和游离状态为主要存在方式的非常规天然气,成分以甲烷为主,是一种清洁、高效的能源资源。具有自生自储、分布广、埋藏浅、生产周期长等特点。据美国能源信息署(EIA)的最新统计数据显示,当前全球页岩气可采资源189万亿立方米。其中北美地区拥有55万亿立方米,位居第一;亚洲拥有51万亿立方米,位居第二;非洲拥有30万亿立方米,位居第三;欧洲拥有18万亿立方米,位居第四。全球其他地区拥有35万亿立方米。

我国页岩气资源类型多、分布广、潜力大。我国海相沉积分布面积多达300万平方公里,海陆交互相沉积面积200多万平方公里,陆上海相沉积面积约280万平方公里。这些沉积区内均具有富含有机质页岩的地质条件,页岩地层在各地质历史时期十分发育,形成了海相、海陆交互相及陆相多种类型富有机质页岩层系。海相厚层富有机质页岩,主要分布在我国南方,以扬子地区为主;海陆交互相中薄层富有机质泥页岩主要分布在我国北方,以华北、西北和东北地区为主;湖相中厚层富有机质泥页岩,主要分布在大中型含油气盆地,以松辽、鄂尔多斯等盆地为主。

2011年,国土资源部在全国油气资源战略选区项目中,设置了"全国页岩气资源潜力调查评价及有利区优选"项目,将全国陆域分为上扬子及滇黔桂区、中下扬子及东南区、华北及东北区、西北区、青藏区5个大

区,组织 27 个单位 420 余人,对页岩气资源潜力进行系统评价。结果表明,我国页岩气地质条件复杂,资源类型多、分布相对集中,可采资源潜力为 25 万亿立方米(不含青藏区),与我国陆域常规天然气相当,与美国的 24 万亿立方米相近。优选出有利区 180 个,面积 111 万平方公里。

我国页岩气勘探开发已获得重大发现,已经完钻近 30 口页岩气探井,18 口井压裂获工业气流,初步掌握页岩气压裂技术,具有良好的前景。目前,我国企业已与壳牌、埃克森美孚等多家外国公司开展合作开发与联合研究。国内相关企业、科研院校成立专门机构,开始研究页岩气生成机理、富集规律、储集和保存条件。石油企业正在探索页岩气水平井钻完井和多段压裂技术。

我国页岩气资源管理工作也刚刚开始。针对页岩气这一新的能源资源,国土资源部加强了页岩气勘探开发管理工作。制定了页岩气资源管理工作方案,进一步明确了页岩气资源管理的思路、工作原则以及主要内容和重点等。在近年来开展的页岩气资源调查评价和研究的基础上,通过与天然气、煤层气对比,2011 年开展了页岩气新矿种论证、申报工作,经国务院批准,将页岩气作为新矿种进行管理。同时,开展页岩气探矿权出让招标,引入市场机制,对页岩气资源管理制度进行创新。2011 年,成功开展了页岩气探矿权出让招标,完成了我国油气矿业权首次市场化探索,向油气矿业权市场化改革迈出了重要一步。

(资料来源:见中华人民共和国国土资源部网站,http://www.mlr. gov.cn/xwdt/jrxw/201201/t20120109_1056142.htm。)

三、中国能源安全战略实施的新构想

通过分析,我们认为当前中国必须把节能放在能源安全战略的重要位置,激发能源领域的科技创新,充分发挥政府和市场两种力量,加强对新能源市场的培育,加大非常规油气的勘探和研发力度,在能源领域建立完备的法律体系,保障能源总体规划的实施,建立完备的、适合本国国情的战略石油储备体系。

(一)必须把节能放在能源安全战略的重要位置

几乎所有的能源消费大国都把节约能源作为国家能源安全战略中的重要一环,并通过法律的形式固定下来,以增强节能的约束力,不断提高国民节能意识。目前,中国在新能源还没有大规模替代常规能源时,最重要的就是要把节能放在首位,尤其在高耗能的第二产业中。

以下我们以一个简单算术来说明这一问题。根据国际能源署的统计,2007 年中国单位 GDP 能耗为 0.82 吨标准油/千美元(按 2000 年不变价计算),而世界平均水平是 0.30 吨标准油/千美元,美国和日本分别是 0.20 和0.10 吨标准油/千美元。如果中国能将单位 GDP 能耗提高到世界平均水平,那么中国能源的实际供给能力将会提高 2.73 倍,换言之,能源需求将降低63%。2008 年中国能源消费的进口依存度为 53%,仅提高能源效率一项就能使中国完全摆脱对进口能源的依赖,而且还能节省相当于 2008 年能源消费总量 16%的能源供未来使用或出口创汇,这一数字约为 4.6 亿吨标准煤的能量。虽然将中国能耗水平提升到世界平均水平在短期可能无法实现,但在当前能源利用效率较低的情况下做到稳步提高效率水平是很有可能的。理论上说,只要能源利用效率的增长速度不低于 GDP 的增长率,就完全能够在经济总量增长的同时保证能源总消耗量不变甚至降低,有助于降低中国的"能源缺口"。[1]

(二)迫切需要激发能源领域的科技创新

能源领域的科技创新目的是减轻对传统能源的依赖,科技创新如节能技术、勘探和加工技术(煤炭、常规与非常规油气)、新能源开发与利用技术、智能电网等。2007 年,美国斯坦福大学国际研究院环境科学与政策中心发布了题为《中国能源领域创新研究》("Innovation in China's Energy Sector")的工作报告。报告通过案例研究,对影响中国能源领域的 8 个行业(煤炭、石油和非常规油气资源、天然气、核能、电力、可再生能源、汽车以及发动机)技术创新和运用模式的因素进行了考察。报告认为,创新能力对那些经历了体制转

---

① 参见张生玲、郝宇:《中国能源安全分析:基于最优消费路径视角》,《中国人口资源与环境》2012 年第 10 期。

型和激烈市场竞争的行业影响最大,然而对那些还存在改革之前遗留下来的集中控制、知识产权保护力度不够和 R&D 水平较低的行业来说,创新仍明显滞后。那么,在能源安全日益面临挑战的情况下,中国应该激发科技创新,营造创新环境,逐步摆脱对传统化石能源的依赖,实现可持续发展。

(三)重视能源贸易和海外开发

中国作为最大的发展中国家,随着工业化和城市化进程不断加快,对能源的需求量巨大,其中,石油对外依存度已经超过 50%。伴随着不断提高的对外依存度,进口油气的风险也在不断增大,这就凸显了能源贸易与海外开发在能源安全战略中的意义。由于全球油气资源的地缘分布不均衡,中东、俄罗斯、中亚是传统的主要进口来源地,为了降低贸易集中度,在推动与中东产油国合作的同时,要积极开拓与非洲西部、中亚地区、俄罗斯和其他地区的石油合作;在能源运输通道方面,要维护好马六甲海峡——南海航线,同时积极发展中俄、中哈管道运输,还要建设东南亚第二石油运输通道;在运力方面,既要充分利用国际远洋运输能力,也要不遗余力地建设中国的远洋船队,使其不仅能够主要承运中国的进口能源,还能够成为国际上的重要运输力量;在海上油气开发方面,由于海上可以开采油气储量和产量的增长速度非常快,海上勘探开发的重要性日益呈现,各国都在抢占资源,中国的海域辽阔,要利用中国日益强大的外交和军事力量,为各石油公司进入海上开发保驾护航,企业可以以多种形式参股,逐步进入深海区和基地海域勘探开发。[1]

(四)发挥政府和市场两种力量培育新能源市场的发展

中国新能源市场的培育严重落后于新能源产业的发展。2008 年产值近500 亿元的中国太阳能电池产量居世界第一位,98% 出口。目前,中国还只是鼓励消费者投资,却没有像德国那样制定具体的强制性政策。比如,没有设定光伏发电哪年要达到什么样的比例。清晰的市场容量和前景是企业进入的前提。因此,中国需要制定合理有序的市场准入政策,加强市场管理,规范市场秩序,使投资主体真正以市场为导向,不盲目生产,理性投资,良性循环,为新能源发展创造持续稳定的消费市场,充分发挥政府这只"看得见的手"和市场

---

[1]　参见张生玲:《中国能源贸易研究》,经济日报出版社 2009 年版,第 200—201 页。

这只"看不见的手"的作用。尤其是在新能源发展的起步期,非常需要政府资金的支持、政策的倾斜和税收优惠等手段,以充分发挥政策的杠杆作用,扩大有效需求。在页岩油气开发方面可尝试引入民间资本,进行一些制度创新。

(五)建立适合本国国情的战略石油储备体系

作为石油消费大国,面对日益增长的石油需求和日趋严峻的石油安全问题,建立战略石油储备体系有利于应对突发事件,维护国家经济安全和能源安全;有助于应对石油供需波动,保持国内市场稳定;有利于应对国际石油价格变化,维护国际石油市场稳定;有利于提高国家应对国际复杂形势的能力。目前中国正处在转轨时期,国家经济实力有限,市场体系还有待进一步完善,建立具有中国特色的石油储备体系,需要根据国民经济发展现状、能源需求变化及石油行业发展状况,结合中国经济体制改革的总体部署和实施步骤,总体规划,分步实施。从实践看,中国已经建设了一期、二期战略石油储备基地,作用已经显现出来,三期的选址工作也在有序展开。

(六)尽快健全保障国家能源战略实施的法律体系

纵观德国和其他新能源发展较快的国家,无一例外,他们在鼓励节能和新能源发展方面都建立了一整套完善的法律法规体系,有力地保障了国家能源战略的实施。与之相比,中国无论是在石油、天然气等化石能源,还是在核能、可再生能源等方面的立法支持力度还不够,虽然制定了《1996—2010 年新能源和可再生能源发展纲要》以及《可再生能源法》等 10 余部配套法规,但是尚未形成一整套体系。在节能方面,虽然中国成为全球能耗大国,能源安全形势日益严峻,但《中华人民共和国节约能源法》于 1997 年 11 月通过后,经历了10 年,2007 年 10 月才进行第一次修订,并自 2008 年 4 月 1 日起施行。而且,《节能法》实施效果有限,还存在一些问题:偏重于规范工业生产领域的能源使用,对其他行业及生活消费用能则没有具体规定;制度设计偏重行政监管,没有充分运用市场手段和经济规律引导节约型的能源消费;行政监管方式比较单一,主要是行政审批、处罚等传统的监管方式,没有充分运用行政合同发展更加灵活的政府与企业的节能伙伴关系;等等。因此,应积极学习借鉴德国等西方国家的先进经验,尽快建立起一套完善、透明、有效的法律和法规体系,保障国家能源战略的有效实施。

第六章 改革战略："两只手"协同作用

能源体制改革是优化能源资源配置的必然选择，是落实科学发展观、实现绿色发展的制度保障，是完善社会主义市场经济体制的重要拼图。经过30多年的改革，我国的能源体制已经突破了"政企合一、高度集中、行政垄断"的政府部门直接经营模式，初步形成"政企分开、主体多元、国企主导"的能源产业组织格局。但是总体上，我国能源市场主体不够规范、市场结构不够合理、价格机制不够顺畅、政府管理不够科学。能源体制机制积弊日趋严重，引发了诸多问题和乱象，能源生产关系不能适应新时代背景下能源生产力科学发展的需要。这要求从市场主体、市场结构、市场规则和政府管理等各层面深化能源市场化改革，使"看不见的手"和"看得见的手"有机结合，协同发挥作用。

第一节 能源市场化改革的战略意义

一、能源市场化是优化资源配置的必要选择

能源是国民经济生产和人民生活必不可少的重要保障，一旦能源供应出现问题，势必会阻碍经济增长、造成大量失业、影响人们的正常生活，从而引发一系列社会矛盾，扰乱经济社会的正常运行秩序。能源资源的合理开发利用对保障经济社会平稳健康发展具有重大意义。特别是煤炭、石油和天然气等不可再生的能源资源，其开发利用情况对经济社会的可持续发展具有重大的影响，不仅影响当代的发展，还影响到子孙后代的发展。那么，如何有效地配置稀缺的能源资源呢？理论上，有两种截然不同的方式：市场配置与政府

配置。

市场配置具有诸多优点。第一,来自市场的供求关系所反映出的信息比较真实,有利于企业和生产者紧跟这种信息做出自主决策。第二,这种自主决策有利于树立比较公平的竞争环境。第三,这种自主决策如果失误,只是局部性的失误,如果是政府代而决策就有可能是全局性的失误。而反观政府在资源配置中的作用,我们会发现其有着自身难以克服的弱点。第一,政府不可能对一切产品的市场信息都进行跟踪,因而来自政府的决策失误可能性比较大。第二,政府的精力是有限的,它还有很多公用事业要做。第三,政府在决策时很难做到一碗水端平,其对某些项目的偏心极有可能造成不公平竞争。由此可见,在资源配置中,市场应该发挥基础性的作用,这在实践上也已得到广泛的证实。

从我国自身实践经验看,改革开放前我国实行的计划经济体制就是政府配置资源的典型代表,所有的资源流动与配置都是依据政府的指令性计划来达成。三十年的计划经济体制实践已经表明,政府主导资源配置既无效率、又不公平,存在诸多扭曲。政府配置资源的计划经济体制在能源领域主要体现在:第一,投资主体单一,能源资源开发利用不能很好地满足国民经济发展和人民生活水平提高的需要;第二,能源企业管理效率低下,冗员问题严重,成本虚高;第三,能源科技落后,技术创新不足。正是由于计划经济体制存在致命性的缺陷才引致了我国经济体制市场化改革,其本质是变政府主导资源配置为市场主导资源配置,由市场价格机制发挥资源配置的基础性作用,政府则弥补、矫正市场失灵,使得"看得见的手"和"看不见的手"有机结合、协同发挥作用、相得益彰。改革开放三十多年来我国经济高速增长在很大程度上得益于经济体制市场化改革,这充分证明了市场在资源配置方面的优越性。为了充分发挥市场机制配置资源的基础性作用,我国能源领域的市场化改革也不同程度地得到推进,尽管能源市场化总体上滞后于经济体制市场化改革的进程。

从国际经验看,二战后世界各国都纷纷加强对能源领域的政府管制,英、法等老牌工业化国家甚至通过国有化的方式取消市场,由政府配置能源资源。但是不管是政府管制还是政府直接经营,都导致了严重的政府失灵。首先,政府的目标不是社会福利最大化。这一方面的杰出研究成果是芝加哥大学的

Stigler(1971)提出的关于管制的"俘获理论"(Capture Theory)。该理论认为政策制定者容易被利益集团所"俘获",管制政策的制定主要是服务于特定的利益集团而不是为了保护消费者的利益,政府管制和政府经营被认为实际上是加剧而不是缓解了垄断问题。其次,信息问题。有效的政府控制要求政府当局准确地掌握生产者的成本函数和消费者的需求函数等方面的完全信息,而这被认为是不现实的(Laffont and Tirole,1993)。集中决策下的不完全信息决定了传统的政府管制和政府垄断经营这两种产业组织方式的低效率。影响传统产业组织方式的效率的另一重要方面是激励问题。在政府直接经营下,行政当局无法对经济个体进行有效的监督和激励;在受政府管制的私营垄断下,传统的管制主要是采取成本加成的方式(即收益率管制),这种管制方式扭曲地激励了垄断企业进行过度的投资,管制者无法有效地激励垄断者节约成本,因为这是唯一可以通过提高成本而增加利润的情形。20世纪80年代以来采取的激励性管制方式的激励强度则受到政府所掌握的关于技术的信息的约束,存在抽租(rent extraction)与激励的两难选择(Laffont and Tirole,1993)。以电力行业为例,Joskow和Schmalencee(1983)、Joskow(1996,1997)考察了受管制的美国电力行业的低效率与高成本问题。在传统的收益率管制下,电力企业在发电厂环节进行了大量的过度投资,比如兴建成本高昂的核电发电设备。另外,1978年颁布的公共事业管制政策法案(PURPA)要求一体化的电力企业向使用新能源发电的独立的中小发电厂商购买电能,并与其签订长期的购电合同。而实际的能源价格变化与用电需求增长都与当初政策制定时的预期大相径庭,这就给电力企业带来了巨大的成本负担,最终形成高昂的终端消费者电价。比如,在美国的东北部及加州地区,由于政府管制下形成的核电厂建设方面的历史投资以及PURPA下签订的高价格的购电合同,发电成本为6—7美分/千瓦时;而在印第安那和俄勒冈等地方,由于没有核电厂的历史投资和高价格的长期购电合同,低成本的燃煤发电及水力发电使得这些州的发电成本仅为2—3美分/千瓦时。这样,发电成本越高的地区,电力行业改革的要求就越强烈,特别是大的工业用户及不拥有发电厂的供电企业,他们可以从批发市场上购电而节省大量的购电成本。

由于政府主导资源配置导致了诸多扭曲和无效率,人们逐步认识到与其他一般性行业一样,市场化是优化能源资源配置的必然选择。因此,20 世纪 70 年代后期以来在全球范围内展开了一场对能源行业的改革,各主要发达国家都纷纷在电力、石油和天然气等行业中实施"打破垄断、引入竞争、减少政府直接干预"的市场化改革,这些行业的运行格局逐步由政府管制均衡向市场竞争均衡转型。

二、能源市场化是实现科学发展的制度保障

(一)能源市场化有助于形成合理的能源价格体系,转变经济发展方式

改革开放三十余年来中国经济年均增长率高达 9.9%,中国经济以其长期持续的高速增长令全球瞩目,被誉为"中国的奇迹"。但与此同时,中国经济发展的质量却日益受到质疑,并由此引发了大量关于"转变经济发展方式"的讨论。长期以来中国经济增长呈现出"高投入、高耗能、高污染和低效率"的粗放型特征,特别是 21 世纪以来,重化工业加速发展,消耗了大量的能源资源并导致严重的环境污染与生态破坏。过去十年,能源消费总量从 2001 年的 15 亿吨标煤增加到 2011 年的近 35 亿吨标煤,增长 130%,年均增幅 8.7%(如图 6-1 所示)。

伴随大量的能源消费,相应而生的排放物和废弃物也对环境造成了巨大的压力,对生态环境造成严重威胁,二氧化硫、氮氧化物等主要环境污染物的排放已经严重影响人民生活质量和社会的可持续发展。不仅如此,日趋成为国际社会关注和争端的碳排放问题也与能源密切相关。中国以煤炭为主的能源消费结构对环境的影响尤其大。根据国际能源署提供的数据,中国因化石能源燃烧而排放的二氧化碳从 2000 年的 30 亿吨增加到 2008 年的 65 亿吨。当前,中国已经成为世界第一的碳排放大国。

大量的能源消耗和环境污染物排放反映了生产领域能源环境效率的低下。2009 年中国每千美元 GDP 的能源消量为 0.77 吨标油,是 2010 年美国能耗强度的 4 倍,德国的 4 倍多,日本的 8 倍,是世界平均水平的 2.5 倍(如表 6-1 所示)。碳强度方面,2008 年中国每美元 GDP 的二氧化碳排放量为 2.5 千克,是美国的 5 倍,德国的 6.5 倍,日本的 11 倍,是世界平均水平的 3.4 倍(如表 6-2 所示)。

消费量(单位:万吨标煤)

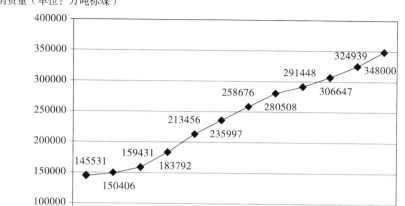

图 6-1 2000—2011 年中国能源消费量

资料来源:2000—2010 年能源消费量数据来源于《中国能源统计年鉴 2011》,2011 年能源消费量数据来自国家能源局。

表 6-1 主要国家能源强度 单位:吨标油/千美元

国家/地区	2000 年	2010 年	国家/地区	2000 年	2010 年
世界	0.31	0.31	加拿大	0.35	0.29
OECD 国家	0.2	0.18	韩国	0.35	0.31
中国	0.91	0.77	巴西	0.29	0.28
美国	0.23	0.19	伊朗	1.28	1.37
印度	0.99	0.77	英国	0.15	0.12
俄罗斯	2.39	1.63	印尼	0.94	0.78
日本	0.11	0.1	意大利	0.16	0.15
德国	0.18	0.16	墨西哥	0.23	0.22
法国	0.19	0.18			

注:按 2000 年美元不变价计算,中国、印度、俄罗斯、巴西、伊朗、印尼为 2009 年数据。

数据来源:IEA,"Energy Balances of OECD Countries 2011", *Energy Balances of non-OECD Countries*,2011.

表6-2　主要国家二氧化碳排放强度　　　　　　　　单位:千克/美元

国家/地区	2000 年	2008 年	国家/地区	2000 年	2008 年
世界	0.74	0.73	加拿大	0.73	0.63
欧盟	0.45	0.39	韩国	0.84	0.67
中国	2.53	2.5	伊朗	3.01	3.15
美国	0.58	0.48	墨西哥	0.61	0.53
俄罗斯	5.83	3.71	意大利	0.39	0.37
日本	0.26	0.22	澳大利亚	0.85	0.77
印度	2.12	1.73	法国	0.28	0.24
德国	0.44	0.38	沙特阿拉伯	1.33	1.54
英国	0.36	0.29			

注:GDP 为 2000 年安汇率计算不变价格。

数据来源:IEA,CO_2 Emissions from Fuel Combustion 2010.

　　较高的能耗强度与排放强度说明中国在创造 GDP 的过程中对能源的依赖程度和对环境的污染程度较高,这样的 GDP 增长是一种"非绿色"的增长方式。大量的资源消耗与环境污染使得中国经济社会发展过程中的资源的支撑力和环境的承载力受到极大的威胁与挑战。根据 BP2010 年的统计数据,中国可开采的煤炭储量为 1145 亿吨,石油 21 亿吨,天然气 24600 亿立方米。而 2010 年国内能源生产快速发展,能源产量创下新高:原煤产量 32.4 亿吨,同比增长 9%;原油产量 2.03 亿吨,首次突破 2 亿吨大关,增幅 7.1%为近年来最高增速;天然气产量达 967.6 亿立方米,同比增长 13.5%。据此测算,中国煤炭、石油和天然气的储采比分别只有 35、10 和 25,分别只有世界平均水平的 29%、24%和 42%。资源约束给中国经济社会的可持续发展提出了巨大的挑战。特别是石油,如果储量不变,即使保持现有开采规模,也只够再开采 10 年,能源瓶颈已近在眼前。

　　从这一层面看,转变经济发展方式在于构建资源节约与环境友好的生产方式,实现经济的"绿色发展"和可持续发展。那么,是什么原因导致这种"不绿色的"发展方式?如何才能从根本上转变经济发展方式,实现经济的"绿色发展"?

一个国家或者地区采用什么样的生产方式直接取决于该经济体的要素价格体系。一个劳动力价格相对便宜而资本价格昂贵的地区通常会采用劳动密集型、资本节约型的生产方式;一个资本价格相对便宜而劳动力价格昂贵的地区通常会采用资本密集型、劳动节约型的生产方式。同样地,如果一个国家或地区资源使用和环境污染的成本较低,则其经济增长方式通常都会体现出高耗能、高污染的特征,即能源环境的综合效率较低。中国为快速推进工业化、现代化,长期实行廉价能源环境政策。在计划经济时代,实行多年不变的单一价格形式,价格不受供求关系影响。改革开放以来,能源、环境定价方式改革严重滞后,使得能源环境价格严重偏离真实值,无法有效反映能源稀缺性和环境污染的社会成本,直接导致对能源、环境的过度消费和低效利用,造成了严重的资源环境问题。

中国的发展方式主要是由中国的要素价格体系决定的,高耗能的发展方式与扭曲的能源定价机制和价格体系以及环境定价机制和价格体系密切相关。

改革开放以来,国家对传统计划经济体制下的单一价格进行了多次调整与改革,但总体上能源价格改革仍相对滞后,能源价格主要仍由政府制定,存在不同程度的扭曲,无法如实地反映资源的稀缺程度和市场供求关系的变化。煤炭方面,1993 年国家在煤炭领域进行市场化改革,放开煤炭价格,但与此同时保留了电煤的计划价格,形成"市场煤"与电煤的价格双轨制。近年来,政府曾试图放开电煤价格,但由于煤炭价格在强劲需求的带动下不断上涨,为了维持电价的稳定,电煤的合同价格实际上仍由政府主管部门最终确定。当前,电煤价格比市场价格平均低 200 元/吨左右,不仅引发了一系列市场秩序混乱,还容易导致煤炭资源的过度消耗。石油方面,由于中国的石油对外依存度较高,原油价格在很大程度上取决于国际市场价格。在成品油的定价方面,以布伦特、迪拜和米纳斯三地原油价格为基准平均值,再加上炼油成本和适当的利润空间以及国内关税、成品油流通费等,共同形成国内成品油零售基准价。国际市场原油连续 22 个工作日移动平均价格变化超过 4%时,可相应调整国内成品油价格。这一成品油定价机制有助于根据市场供求关系的变化调整价格,不过,在实际的执行过程中,这一机制并没有得到完全的执行。另外,国际上通常都是根据原油价格的变化及时地调整成品油的市场价格,而中国22个工作日的滞后期导致周期性的价格扭曲和供需缺口,"油荒"时有发生。天然气方面,国产气的出厂价格、管道运输价格和终端销售价格都由政府部门制定,从当前的价格水平看,中国陆上天然气出厂价在1.17元/立方米左右,仅为同热值燃料油价格的30%—40%。而中国进口天然气价格较高,即使在2010年6月1日国产气出厂价调整后,不论进口管道气还是进口LNG,气价仍然比国产气价格高1—2倍。天然气价格受政府控制,使得价格既无法及时反映出国际天然气市场供需变化,又没有与可替代能源的市场价格挂钩,更不能体现出天然气的热值、环保、便利等社会经济优势。电力方面的价格扭曲是最为严重的。近年来煤炭价格不断上涨,但电价调整却严重滞后,政府试图通过控制电煤价格来稳定电价,但在实际操作上存在较大的困难,电厂的燃料成本大幅度上涨,而煤电价格联动机制并没有得到很好的实施。低电价政策加快了电力消费的增长速度,电力供需缺口长期存在,甚至演化为2011年的"淡季电荒"。

表6-3 主要能源品种的定价机制

能源品种	定价机制
煤炭	1.重点电厂的电煤执行年度合同价,主要由政府确定。 2.重点合同电煤之外的煤炭价格由市场决定。
石油	1.原油价格由企业参照国际市场价格自主确定。 2.成品油批发价格由政府参照国际原油价格变化和炼油成本设定价格上限。 3.成品油零售价格由政府参照批发价格和流通费等设定价格上限。
天然气	1.国产气出厂价即管道运输价格均由政府根据成本加成原则制定。 2.天然气配售价格由省级价格主管部门制定。 3.进口天然气价格由市场决定,政府补贴。
电力	1.上网电价由政府主管部门根据成本加成的原则制定。 2.销售价格由政府制定,销售价格与上网电价的差额构成输配价格。

数据来源:根据相关资料整理。

综上所述,现有的高耗能、高污染的发展方式从根本上是由当前的能源定价机制和能源价格体系决定的。能源市场化改革滞后,政府根据成本加成定价原则所确定的能源价格体系不能如实地反映能源资源的稀缺程度和市场供求关系。企业在现有的能源价格体系下缺乏构建能源节约型生产方式、提高能源利用效率的激励。因此,转变经济发展方式要求从根本上推进能源市场化改革,改革现有的能源定价机制,改变现有的扭曲的能源价格体系。

(二)能源市场化有助于建立高效、清洁、低碳的现代能源产业体系,合理控制能源消费总量

面临日趋严峻的资源瓶颈与环境约束,以及为了应对日益成为国际社会关注和政治博弈焦点的全球气候变暖问题,各国政府都需要加强能源管理,在供给侧积极发展清洁、可再生能源,在需求侧提高能源利用效率、节约能源资源。我国政府在"十二五"规划中提出了构建高效、安全、清洁、低碳的现代能源产业体系,同时提出要合理控制能源消费总量。那么,如何实现这些政策目标呢?

从理论上讲,存在两种截然不同的机制选择。一种是政府直接经营,即"国有国营"。由政府替代市场,通过成立专门的部门或者国有企业直接经营能源行业,该部门既是生产部门又是政府管理部门,政企合一。政府实现能源管理目标的主要手段就是直接向相关的能源部门下达指令,由公共部门开采资源、保障能源供给、进行技术创新、提供普遍服务等,同时价格、产量、质量及环保标准等也由政府制定并由能源部门具体实施。这种机制我们可以称之为"部门机制",由公共部门直接经营能源行业,通过公共部门实现各种能源管理目标。

另一种机制选择是"以市场为基础的机制"(Market-based Mechanism)。尽管在能源领域会发生市场失灵,但这并不意味着需要用政府的直接经营来替代市场,而是可以以市场为基础,尽可能地发挥市场机制配置资源的基础性作用,市场失灵的部分再由政府来弥补或者矫正。政府通过补贴、税收和监管(制定规章制度)等方式来影响企业行为,解决市场失灵,从而实现能源管理的政策目标。

如果不考虑制度成本(或称"交易成本"),则两种机制殊途同归,都能使能源的生产和消费满足经济社会最优发展的需要。不过,在现实中,任何一种机制的运行都有其特定的制度成本,每种机制都不是完美的,都会导致一定的社会福利损失(或称"社会成本")。正如哈佛大学教授施莱弗(Shleifer)和迪安科夫(Djankov)等学者所指出的:政府直接经营的制度成本主要在于"专政"(dictatorship),实际上就是"政府失灵";而完全市场机制的制度成本主要在于"无序"(disorder),实际上就是"市场失灵"。这就存在一个机制选择上的权衡,即最小化制度成本,而最小化制度成本的机制选择往往不是纯粹的市场机制和部门机制两个极端,而是二者的中间状态,即市场与政府协同发挥作用①。换言之,在通常情况下,以市场为基础的机制是能源管理的主流的机制选择。不过,由于在不同国家之间存在资源条件、制度环境等方面的差异,政府解决市场失灵的程度和方式也可能存在差异,极端的情况就是取消市场,政府包揽一切,走向"部门机制"。

从具体实践看,各国都强调建立"以市场为基础的机制",采取以市场为基础的政策工具来实现各种政策目标。第一,政府可以尽可能引入市场竞争,充分发挥价格机制的作用,促进企业改善经营管理、合理投资、提高运行效率;同时通过市场价格机制调节供给和需求,确保供需平衡。第二,通过补贴鼓励能源企业进行技术创新,鼓励企业发展清洁能源、优化能源结构;通过补贴促使能源企业提供能源普遍服务,促进社会公平;通过税收限制能源企业环境污染物排放,实现环境友好的目标;通过资源税促进企业节约资源、有序开发。第三,政府可以通过监管矫正市场失灵问题。监管主要解决三个方面的问题。一是通过监管解决能源领域的自然垄断问题,包括对输配电网络和油气管道进行监管,监管的内容包括对价格、成本、投资、产品质量等方面的经济性监管;二是通过社会性监管规范企业行为,解决环境、安全等负外部性问题,促进能源与环境、社会协调发展,实现理想的社会效益;三是对市场交易的监管,通过监管的方式提供市场交易的规则基础,特别是明确运输网络公共基础设施的使用规则(如电网并网规则),并确保各交易主体的公平竞争。第四,政府

---

① 斯蒂格利茨(Stiglitz)认为现代市场经济实际上是一种混合经济(mixed economy):众多经济活动由私人企业从事,同时,政府也从事一部分经济活动。除此之外,政府还通过管制、税收和补贴来改变私人部门的行为。参见斯蒂格利茨:《公共部门经济学》,中国人民大学出版社 2005 年版。

还可以提供公共服务甚至可以采取国有化的方式来实现政策目标。政府提供能源基础信息研究、制定能源战略、进行能源基础技术研发、提供能源储备、确保能源供应安全等。除了政府直接提供产品或者服务外,国有化的另一种方式是国有但非国营,比如许多国家的煤炭、油气等矿产资源都是国有的,但政府并不直接参与开采和生产,而是把采矿权出租给商业化企业经营。另外,在有些国家和地区,政府还拥有能源企业资产的所有权或者持股能源企业。

特别值得一提的是,保障我国能源安全,一方面要千方百计增加能源供给,另一方面也要合理引导能源消费,同时还要努力提高能源利用效率。我国绝不能照搬发达国家依靠大量消耗世界资源、实行能源高消费的传统发展模式。因此,"十二五"规划正式提出了合理控制能源消费总量的目标并将之作为"十二五"时期经济社会发展的约束性指标,这是党中央国务院作出的一项重要的战略决策,是加快发展方式转变,调整经济结构的重要抓手,也是推动能源生产和利用方式变革的重要举措。而合理控制能源消费总量从根本上需要推进能源市场化改革,发挥市场价格机制的作用合理调节能源需求总量,否则,如果不通过价格调节需求而通过行政手段搞能源配给,交易成本会很高,会引发一系列社会矛盾,难以真正控制住能源消费总量。

三、能源市场化是完善经济体制的重要内容

从党的十一届三中全会开始,我国开始探索经济体制改革的路径;十四大确定社会主义市场经济体制改革目标;十四届三中全会作出了关于建立社会主义市场经济体制若干问题的决定;十六大提出了建成完善的社会主义市场经济体制和更具活力、更加开放的经济体系的战略部署;十六大三中全会作出关于完善社会主义市场经济体制若干问题的决定,明确提出完善社会主义市场经济体制的目标、任务、指导思想和原则,把新世纪新阶段的我国经济体制改革又进一步向前推进。经过三十多年的改革,我国已经初步建立了社会主义市场经济体制,特别是在产品市场领域。

过去三十多年中国经济持续高速发展得益于市场化改革,未来仍将持续推进并深化市场化改革。尽管改革过程中出现很多问题,但倒退是没出路的。温家宝在说明"十二五"规划建议时指出:改革开放是决定中国命运的重大决

策,是实现国家强盛、人民幸福的必由之路。中国过去三十多年的发展进步,靠的是改革开放,未来要实现中华民族伟大复兴,仍然要靠改革开放。"十二五"规划纲要中明确提出要"继续深化改革,……,争取到2020年建立比较完善的社会主义市场经济体制"。如果说建立社会主义市场经济体制的核心目的就是发挥市场机制配置资源的基础性作用、提高经济运行的效率,那么,作为重要的战略性资源和生产要素,煤炭、石油、天然气行业的市场化则是建立社会主义市场经济体制的重要内容与核心拼图。

专栏6-1 "十二五"规划纲要中关于"经济体制改革"的内容

坚持公有制为主体、多种所有制经济共同发展的基本经济制度,营造各种所有制经济依法平等使用生产要素、公平参与市场竞争、同等受到法律保护的体制环境。

第一节 深化国有企业改革

推进国有经济战略性调整,健全国有资本有进有退、合理流动机制,促进国有资本向关系国家安全和国民经济命脉的重要行业和关键领域集中。推动具备条件的国有大型企业实现整体上市,不具备整体上市条件的国有大型企业要加快股权多元化改革,有必要保持国有独资的国有大型企业要加快公司制改革,完善企业法人治理结构。推进铁路、盐业等体制改革,实现政企分开、政资分开。深化电力体制改革,稳步开展输配分开试点。继续推进电信、石油、民航和市政公用事业改革。稳步推进国有林场和国有林区管理体制改革。深化垄断行业改革,进一步放宽市场准入,形成有效竞争的市场格局。

第二节 完善国有资产管理体制

坚持政府公共管理职能和国有资产出资人职能分开,完善经营性国有资产管理和国有企业监管体制机制。探索实行公益性和竞争性国有企业分类管理。健全覆盖全部国有企业、分级管理的国有资本经营预算和收益分享制度,合理分配和使用国有资本收益。完善国有金融资产、行政事业单位资产和自然资源资产监管体制。

第三节 支持和引导非公有制经济发展

消除制约非公有制经济发展的制度性障碍,全面落实促进非公有制经济发展的政策措施。鼓励和引导民间资本进入法律法规未明文禁止准入的行业和领域,市场准入标准和优惠扶持政策要公开透明,不得对民间资本单独设置附加条件。鼓励和引导非公有制企业通过参股、控股、并购等多种形式,参与国有企业改制重组。完善鼓励非公有制经济发展的法律制度,优化外部环境,加强对非公有制企业的服务、指导和规范管理。改善对民间投资的金融服务。切实保护民间投资的合法权益。

(资料来源:《中华人民共和国国民经济和社会发展第十二个五年规划纲要》。)

第二节 中国能源市场化现状与问题

党的十一届三中全会以来,经过三十多年的改革,我国的能源管理体制已经突破了"政企合一、高度集中、行政垄断"的政府部门直接经营模式,初步形成了"政企分开、主体多元、国企主导"的能源产业组织格局,能源工业也取得了长足的发展。但总体上,我国的能源管理体制改革滞后于整个经济体制改革的进程,不能满足建立比较完善的社会主义市场经济体制的基本要求;能源体制机制积弊日趋严重,引发了诸多问题和乱象,能源生产关系不能适应新时代背景下能源生产力科学发展的需要。

一、市场主体不够规范,政企分开没有真正实现

政企分开是经济体制市场化改革的必然要求,也是我国能源体制改革的主线。从20世纪80年代开始,能源领域逐步推进政企分开的改革,到1998年,包括煤炭、油气和电力在内的主要能源企业都脱离行政序列,实现了形式上的政企分开。但是,政府与企业的职能界限没有完全厘清,能源领域一些大

型国有企业如中国石油天然气公司、中国石油化工公司、国家电网公司等实际上仍承担了大量政府职能,成为"二政府",以企代政的现象比较突出。同时,这些企业凭借自身的政治资源和行政资源,仍享受相当程度的政策性特权,还没有成为合格的市场主体。

国有能源企业既承担生产经营职能,又承担部分政府职能;既承担政策性负担,又享受行政性特权。这种主体格局存在严重弊端:一是难以建立真正强大的具有国际竞争力的现代能源企业。企业不能按市场经济规律办事,不能专注于转变经营机制和提高效益与可持续发展能力,而是更加注重圈占资源,争相做大,大而不强,一旦失去政府扶持和政策性保护,在国内外能源市场将难以与国际能源巨头相抗衡。二是难以真实反映企业的经营成本和经营绩效,不利于有效治理和监管。企业的经营性成本与政策性负担交织在一起,难以区分,难以反映企业真实的经营绩效,这不利于对企业进行有效的治理和监管,导致严重的内部人控制和无效率现象。三是饱受舆论压力和诟病,社会矛盾较为突出。社会各界对国有大型能源企业的行政垄断普遍不满,即使是近年来火电业务和炼油板块的真实亏损也无法得到老百姓的理解,能源国有企业饱受舆论压力和社会诟病。

二、市场结构不够合理,有待进一步重组

从市场结构看,主要能源行业的市场结构均有待重组,方可具有竞争性。

煤炭方面,经过20世纪80、90年代的改革,在煤炭市场上形成中央国有煤矿、地方国有煤矿和乡镇煤矿三足鼎立的格局,煤炭市场分散程度较高,竞争性较强。不过,近年来出现国进民退的"反市场化"矿改运动。主要的煤炭资源大省、市、自治区相继在政府主导下进行了煤炭资源重组,资产规模庞大的中央企业与地方国企在重组中占据绝对优势。煤矿业重组过程很大程度上成为新一轮资源领域的国进民退进程。煤炭产业重组尽管在加强对煤炭市场化过程中出现的诸如煤矿生产安全、环境污染等社会性问题的管理方面起到了积极作用,但是这本身违反了市场化改革的方向。应该"桥归桥、路归路",煤炭产业重组不需要政府直接干预,应交由企业自主决策,对社会性问题应加强政府的监管。

石油方面,原油生产加工集中于"三桶油"①,市场竞争仍不充分,数据显示:2010 年全国原油产量共计 2.03 亿吨,中石油、中石化、中海油三大集团公司的原油产量分别为 1.05 亿吨、0.43 亿吨、0.42 亿吨,依次占全国总量的 53.93%、20.97%、20.52%。中国石油产业是一种典型的寡头垄断型市场结构,原油生产加工集中于"三桶油",企业间的竞争仍不充分。为切实在石油行业实现有效竞争,要区分产业链中不同环节的市场结构特点,适度放宽准入条件,引入竞争。

天然气方面,中国天然气产业中上游已经形成了三大国有石油公司的市场垄断,赫尔芬达指数一直保持在 0.5 以上。下游市场基于中国传统的公用事业管理体制,也已经形成了由地方国有公用事业部门垄断经营,拥有特许经营权的地域垂直一体化市场垄断。由此可见,中国天然气产业要在重构过程中降低垄断,促进市场竞争。具体地,为打破中国天然气上游市场的高度国有垄断,政府应在严格市场准入的条件下,对于未登记的区块,通过公开招标发放许可证等方式积极鼓励民间资本和外资进入上游市场,还可以通过减免关税等措施鼓励 LNG 和管道天然气的进口,扩大供应渠道,刺激上游市场的竞争,必要时可对中石油等公司进行反垄断拆分,让其一部分分公司成为独立的投资主体多元化的公司,进一步减少上游市场的垄断。为促进天然气的开发,还可采取提高区块延期占有费用等措施,缩短勘探区块占有周期,以加快区块的开发或转手速度,刺激企业提高生产效率。在天然气中游市场,可考虑将管输公司从对应的三大石油公司中分离出来,成立独立于三大公司的管输公司,单独提供天然气运输业务。政府可对管输费率进行规制,对管道公司经营天然气商品的购买和销售业务进行限制,允许第三方准入。在天然气下游市场,引入竞争机制,打破现有地方燃气公司对市场的垄断,可将其配气输送业务和销售业务分离,成立独立的天然气销售公司,配气公司只经营管输服务。对于天然气销售公司,政府可采取特许权经营公开招标制和区域竞争相结合的管理方式。

电力方面,2002 年的《电力体制改革方案》把"厂网分离、竞价上网"作为

---

① "三桶油"是中石油、中石化、中海油这 3 个企业的简称。

中国电力体制改革的初始模式。2002年12月开始,将原国家电力公司管理的发电资产直接改组或重组为规模大致相当的5个全国性的独立发电公司①,电网环节分别设立国家电网公司和中国南方电网公司。国家电网公司负责组建华北(含山东)、东北(含内蒙古东部)、西北、华东(含福建)和华中(含重庆、四川)五个区域电网公司。区域内的省级电力公司改组为区域电网公司的分公司或子公司。南方电网公司由广东、海南和原国家电力公司在云南、贵州、广西的电网资产组成。对原有的国家电力公司进行资产重组后,在电力行业实现了发电环节与输电环节的纵向分离,而输电环节和配电环节仍然继续维持纵向一体化,并且在其所在的区域范围内实现横向一体化。"厂网分离"对发电环节与输电环节进行纵向分离,这是建立竞争性电力市场的必要条件。厂网分离后,发电厂从电力交易的基础设施中分离出来,在发电侧存在多家发电企业相互竞争的局面。另外,由于分离了最主要的沉淀性资产,大大降低了发电市场的进入壁垒,潜在竞争将和实际竞争一起约束在位的发电企业的行为,从而提高了电力行业运行的经济绩效。从这个意义上讲,中国电力体制市场化改革已经迈出了必要的关键的一步。然而,"厂网分离"只是实现电力市场竞争的必要条件而非充分条件。根据可竞争市场理论,实现传统的自然垄断行业的有效竞争的前提是剥离出具有自然垄断性的沉淀性资产,并使其独立于市场交易。因为自然垄断环节参与市场交易一方面使垄断得以扩张到具有竞争性的环节,另一方面形成了严重的进入壁垒,限制潜在竞争发挥作用。具体到电力产业,重组的要求就是要求首先把具有自然垄断性的输电网络剥离出来,并使其独立于电力市场交易。而在中国,"厂网分离"的电力产业重组并不是剥离出输电资产并使其独立于电力交易。相反地,把具有竞争性的发电资产从输配资产中剥离出来,使竞争性的发电企业与垄断性的输配电一体化的电网公司成为电力批发市场上交易的双方,发电企业"竞价上网"。"竞价上网"可以在发电侧实现多家发电企业相互竞争的格局。"厂网分离、竞价上网"的模式是一种没有需求侧响应机制的发电侧单边市

---

① 除华能集团公司直接改组为独立发电企业外,其余发电资产重组为规模大致相当的4个全国性的独立发电企业。

场,并不是有效的电力市场竞争模式。尽管在发电环节形成多家竞争性的独立发电厂商,但是输电和配电环节仍然实行纵向一体化,并参与电力市场交易,区域内的省级电力公司改组为区域电网公司的分公司或子公司。这样,竞争性的发电厂商只能将电卖给电网公司,在批发市场上,电网公司形成买方垄断;而在零售市场上,电网公司(下属电力公司)对终端用户的供电服务仍是完全垄断的[5]。由于垄断性的电网公司参与了电力市场交易,在批发市场上形成买方垄断,在零售市场上形成卖方垄断,政府对垄断性的电网公司的管制不仅需要管制其输配电服务成本,还需要管制电网公司的购电与售电。传统纵向一体化下的政府管制所面临的所有问题在该模式下也同样地存在着,这将损害电力市场竞争的有效性。如果政府对负责供电的电网公司的终端销售价格采取价格上限或者固定价格等激励性管制方式,则电网公司为降低成本将减少批发市场上的购电量①,从而影响了电力供应的稳定性;如果政府对电网公司的电力终端销售价格的管制是基于服务成本来确定,则电网公司缺乏降低购电成本的激励,要求管制当局对电网公司的购电行为与购电价格进行直接干预,这将严重损害电力市场竞争的有效性。

三、价格机制不够顺畅,仍然依靠行政手段配置资源

对于竞争性领域,价格和投资本是企业经营职能的两大核心内容,但在我国现行的能源管理体制下,对于能源企业的价格和投资仍然采用计划管理方式,由政府部门行政审批。

煤炭方面,价格双轨制尚未消除,比如 2011 年国家出台"限煤价涨电价"的"电煤临时价格干预措施",对电煤价格进行政府直接限价干预。这使真实的煤炭市场供求关系难以体现出来。在低电煤价格下,电煤供给将持续低于市场需要量供应。从需求方来说,电价上调后,火电企业固然有动力采购电煤,但不一定能够以管制价格买到需要的电煤数量。在管制价格与市场价格

---

①　在买方垄断条件下,垄断买主的边际支出曲线在生产厂商的边际成本曲线之上,因为垄断买主必须为多购买一单位的电力而提高所有购买的电力的价格。因此,垄断买主会像垄断厂商那样限制产出。

背离的情况下,用电企业将会采取各种手段寻求获得管制价格的电煤,电煤企业通过电煤和市场煤捆绑定价等方法绕过和突破管制。理顺煤电价格,市场化改革优先于价格临时干预。应加快完成从煤炭价格双轨制向市场定价的转变,进一步深化煤电领域的价格市场化改革,配套加快实现电力价格市场化,实现煤价、上网电价和销售电价的联动,从发电、输电、配电和售电四个环节参与市场定价。放开电煤定价,消除各级政府(包括)主导电煤定价的直接干预,消除和抑制地方政府主导的行政定价。

石油方面,油价形成机制滞后、不透明且未实现定价主体的市场化。经过多次改革,我国目前油价形成机制的市场化程度已经明显提高,原油价格基本与国际市场接轨,但成品油定价机制仍然存在很多问题,主要表现为三方面:一是国内油价的参照依据滞后于国际市场,未实现从滞后油价向实时油价的转化;二是国内成品油价格调整的机制缺乏透明度,未实现公开、规范;三是未实现定价主体的市场化。石油价格市场化改革要求把油品定价权下放至各石油企业。包括石油在内的任何一种产品,生产厂商肯定比政府更了解该产品自身的信息,比如生产加工的成本、市场上的供求状况、现有以及潜在的竞争对手、客户需求等等。从这个意义上而言,国内市场上的原油和成品油销售价格应当由石油企业自主制定,这也是定价主体行为市场化的必然要求,很难想象一个没有自主制定价格权利的生产企业能够成为市场化的行为主体。如果石油企业能够自主制定价格,那么他们就可以利润最大化的原则作出自身的产量和价格决策,从根本上提高生产效率。如果不让企业自主制定价格,而是采取政府定价或政府指导定价的方式,则无法刺激企业降低成本、提高生产效率。这是因为政府定价或政府指导定价依据通常是石油生产加工企业上报的成本。显然,这种成本是垄断经营企业的个别成本,而不是社会平均成本。石油企业不仅垄断产品,也垄断信息,石油企业和政府之间存在着严重的信息不对称问题,政府很难和企业一样熟知成本信息。

天然气方面,天然气价格管理体系不完善导致价格背离价值。中国的天然气价格尽管历经政府多次调整,价格不断提高,但无论与国外天然气价格相比,还是从优化资源配置、提高能源利用效率角度看,天然气价格仍然偏低,在较大程度上背离了价值。价格不能基于市场供求形成,就不能有效引导资源向天然气产业配置以及资源在天然气产业各环节的配置。价格体系的不完善将制约天然气产业的重构效率。因此,应该逐步构建和推行竞争性天然气市场定价机制。目前,中国尚不具备完全放开天然气出厂价格的条件,可采取循序渐进、分步到位的办法,分阶段提高天然气出厂价,逐步过渡到按照市场供求关系确定天然气出厂价。应对天然气管输价格进行严格监管,长输管道实行按服务成本定价,采用"两部制"收费方式。另外,应进一步规范城市配送气服务费管理。服务费率的制定应采用成本加成法,但要规范成本构成和费率测算标准,加强成本的监管,费率的制定要受到市场的约束,即费率与出厂价和管输费构成的终端价与替代能源相比要有竞争力。

仍然依靠行政手段配置资源,市场机制的作用得不到有效发挥,导致了严重的"政府失灵",造成一系列系统性扭曲:一是难以形成反映资源稀缺性和环境外部成本的能源价格体系,高耗能、高污染的经济发展方式难以从根本上转变;二是市场供求关系的变化难以及时反映到价格上,不能发挥市场价格调节供需的作用,供求矛盾始终较为突出,"煤荒"、"电荒"、"油荒"和"气荒"时有发生;三是无法利用价格信号合理引导投资,投资项目行政审批制度使得能源建设与需求时有脱节,盲目建设、重复建设、无序发展与投资不足并存;四是"市场煤"与"计划电"的矛盾始终未能从根本上得到解决,影响正常的电力供应;五是缺乏用户参与和需求侧响应机制,行业内外普遍不满,历次价格调整都面临较大的社会舆论压力。

四、政府管理不够科学,职能越位、缺位、不到位现象普遍存在

能源管理主要体现两个方面的职能,一是政策职能,二是监管职能。

在政策职能方面,在现行的能源管理体制下,能源主管部门更加注重通过投资项目审批、制定价格和生产规模控制等方式干预微观经济主体的行为,而对本应由政府承担的职能却重视不够甚至缺位。一方面政府管了不该管的,另一方面该管的却没管或没管好,政府职能缺位与重叠并存。主要体现在:一是能源基础信息薄弱,统计不准确、分析不到位。当前大量的能源信息统计和分析工作由中国煤炭工业协会、中国电力企业联合会、中国石化协会等行业协会和国家电网、中石油、中石化等大型国有企业承担,而国家能源局专门负责

统计分析的人员仅有少数的几个人。相对于拥有数百员工、年度预算经费上亿美元的美国能源信息署，我国能源基础信息的薄弱性不言而喻。政府主管部门对能源基础信息掌握不到位、不准确，信息失真容易导致政策偏差。二是难以集中力量深入研究，形成统一认识，制定统一且明确的国家能源战略和政策。在现行的管理体制下，涉及国家能源战略职能的包括国家能源委员会和国家能源局的能源整体战略、国土资源部的矿产资源开发战略、水利部的水能资源开发战略、国家发改委的节能减排战略、国防科工局的核电发展战略、科技部的能源科技战略等；另外，国家电网、中石油、中石化等大型国有能源企业的发展战略也在很大程度上影响着我国能源发展的方向。时至今日，国家仍缺乏一个统一且明确的国家能源战略和政策框架，在能源布局、特高压建设、新能源与可再生能源发展、油气资源开发、能源与环境等重大问题上尚未形成统一认识。各部门各自为政，具有很深的部门利益烙印，国家能源主管部门心有余而力不足。三是难以有效应对日趋严峻的国际形势，保障国家能源安全。在当前的能源管理体制下，国家能源局、发改委、商务部、外交部和大型能源企业分别对外合作，缺乏一个统一的纲领性的能源全球布局与国际合作战略，难以形成合力。况且几大石油企业均为国内外上市公司，其目标也不可能与国家战略目标完全一致。面对日益严峻的国际能源形势、日趋激烈的国际能源争端、跌宕起伏的国际能源市场以及碳排放与全球气候变化问题，现有能源管理体制难以有效应对，难以很好地保障能源供应安全和国家整体利益。

在监管职能方面，我国现行能源管理体制下，监管职能实际上分散于国家发改委、国家能源局、国家电监会等部门，监管职能遭到割裂，管价格的管不了成本，管成本的管不了投资和服务质量，管市场的又管不了价格。监管职能割裂的局面必然破坏监管的有效性，监管不到位导致行业发展无序：一是作为自然垄断性企业的电网公司的价格和投资至今未按规则接受监管，输配电价成本始终没有厘清，合理的输配电价至今无法出台；二是"三桶油"内部成本始终无法厘清，历次油价调整饱受社会诟病；三是在煤炭交易中间环节存在大量的市场操纵，破坏市场秩序等诸多乱象。

第三节　深化中国能源市场化改革的思路和建议

一、能源市场化改革需要顶层设计

当前能源工业发展中面临的诸多问题是体制性问题、系统性问题。能源市场化进程滞后也是系统性的,既有政府管理方式不完善的问题,更有市场主体和运行机制上的问题。这要求从根本上进行顶层设计和总体规划,明确改革的方向和路径,逐步健全与社会主义市场经济相适应的能源体制。

(一)统一认识,明确方向,理顺政府职能,使市场与政府有机结合、协同发挥作用

鉴于能源自身的特殊性和复杂性及其在经济社会发展中的基础性和重要性,单纯依靠市场或者单纯依靠政府都难以管理好能源行业,会导致严重的市场失灵或者政府失灵。有效的能源体制要求市场机制与政府干预有机结合,使"看不见的手"和"看得见的手"协同发挥作用,缺一不可。国际上能源管理的实践经验表明,市场与政府有机结合、协同作用的主流方式是建立"以市场为基础的机制"(Market-based Mechanism),即以市场为基础,尽可能充分地发挥市场机制配置资源的基础性作用,同时政府加强管理和服务,积极发挥作用以弥补、矫正市场失灵,保证能源的生产和消费满足实现经济社会发展目标的要求。一方面,英国、法国、俄罗斯、印度、巴西等传统上采取能源国有化的国家都已不同程度地推进了能源市场化改革,美国、德国、日本等国家也相继在能源领域进行产业重组、引入竞争以尽可能地发挥市场价格机制的作用;另一方面,面临日趋严峻的能源供应形势,各国政府又都纷纷加强对能源领域的管理,以保障本国能源供应与能源安全。而在我国能源管理中,更多地是依靠行政手段配置资源,依靠政府"看得见的手"的作用,而没有充分发挥市场"看不见的手"的作用。能源市场化改革是解决当前能源经济运行中一系列矛盾的根本要求,是提高能源利用效率、合理控制能源消费总量、转变经济发展方式的必然要求,同时也是建立比较完善的社会主义市场经济体制的基本要求。这是能源管理体制改革的前提条件!

推进能源市场化改革、建立以市场为基础的机制就要求改变当前的行业管理方式,尤其是要突破几十年来的行政审批制度,这是计划经济最顽固的堡垒,不下定决心破除行政审批制,能源市场化就无从谈起。

在破除行政审批制度的基础上,还要求转变传统的行业管理观念和方式,理顺政府职能。在以市场为基础的机制下,政府能源管理的核心功能是弥补和矫正市场失灵,主要包括三大类职能:一是监管职能,对由于自然垄断、信息严重不对称和负外部性造成的市场失灵,政府通过制定规章制度并监督企业执行,以此来干预和规范企业行为,矫正市场失灵,实现理想的经济效益和社会效益,包括价格、成本、投资、服务质量等方面的经济性监管和环境、健康、安全等方面的社会性监管。二是政策和服务职能,由政府来做那些企业和市场所不愿意做或者无法做到的涉及到整个行业甚至国家层面的事情,弥补市场失灵,包括战略、信息、安全、技术、国际合作和普遍服务等。这一职能突出政府服务功能,以财税手段服务国家战略、服务企业发展。三是资源管理职能,即国有矿产资源的处置与管理,包括矿产资源勘查、探矿权和采矿权的设置与管理、资源开采活动的监督等。

(二)进一步推进政企分开,剥离国有企业的政策性负担和行政性特权,培育合格的能源市场主体和市场环境

能源市场化改革并不必然要求国有企业私有化,在国企主导的格局下,进行大规模的所有权改革也不现实。但是,有两点是必须明确的:一是要使国有企业成为合格的市场主体;二是要创造公平竞争的市场环境。

要使国有企业成为合格的市场竞争主体,培育具有国际竞争力的现代能源企业,必然要求进一步推进政企分开,剥离其仍在承担的大量政府职能以及其享受的行政特权,明确其生产经营的基本职能。对于国有企业的治理,国资委作为国有能源企业的所有者,行使国有资产所有者职能,负责监督国有资产保值增值。在竞争性领域,国有企业公平参与市场竞争;对于非竞争性领域,国有企业依法平等地接受监管机构的监管,平等地享受政策主管部门的各种能源政策优惠。英国石油市场化改革时首先就是改变国家石油公司的职能和性质,使其成为商业性公司,不再具有国家石油公司的功能,不再享受特殊优惠政策,不再是政府石油政策的咨询部门。

另外,要建立一套完善的市场准入制度和资源财税制度。既公平地开放市场准入,形成有效竞争的市场格局;又有利于加强国有矿产资源管理,保证稀缺不可再生资源的有序合理开发利用。

(三)健全能源管理体制,弥补、矫正市场失灵,实现理想的经济社会目标

第一,设立能源监管机构,统一经济性监管职能,构建现代能源监管体系,规范企业行为,确保行业有序发展。

健全的能源监管体系是规范企业行为、矫正市场失灵、提升能源经济运行效率的必要保障。从国际上能源监管的实践经验看,经济性监管和社会性监管职能通常是分开的,涉及环境、安全和健康等方面的社会性监管职能由各专业化的社会监管机构负责,而涉及市场准入、定价、成本、投资和服务质量等方面的经济性监管职能则由一个监管机构统一负责,保证经济监管的系统性和有效性。

近年来,随着煤监局、核安全局和环保部的建立或者职能加强,环境、健康、安全等方面的社会性监管逐步得到重视并日趋制度化,这符合国际上社会性监管的发展方向。目前能源市场监管的主要问题在于经济性监管领域,职能割裂,规则不统一,监管不到位。健全能源管理体制要求改变当前监管职能割裂的局面,把负责能源价格、能源投资、能源市场等方面监管职能的机构合并,设立统一的能源监管机构,专门负责能源领域的经济性监管职能,制定市场运行的规章规范,并监督企业切实按规则经营,以保证市场竞争有序、运行有效。

第二,专设能源部,统一制定国家能源战略与政策,突出服务功能,保障能源供应与能源安全。

当前,世界经济社会所面临的能源资源约束和环境约束日益突出,能源的基础性和战略性作用更加突出;能源资源配置日趋全球化,能源国际争端日趋激烈,能源市场对地缘政治、大国政策等国际形势变化的反应日趋敏感;与能源利用密切相关的全球气候变化使能源问题日趋全球化和政治化。在这样的背景下,能源的供应与安全事关国家经济安全与国家战略,显然单纯依靠企业与市场的力量是无法有效保障的,要求政府积极参与,特别是在企业和市场力所不及的领域积极发挥作用。近年来,为了加强在战略、规划、信息、安全、技术和国际合作等方面的政策职能,越来越多的国家从原来的综合经济管理部门中专门独立出能源部,综合运用各种财税手段,加强能源基础信息的收集与分析,积极实施各种能源项目,服务国家战略和提升国际竞争力。以美国为代表的技术先进国家应对能源资源约束与碳减排压力的核心战略是主打技术牌,以能源部为主导的各级政府部门在全球范围内积极推动新能源与清洁能源技术,以充分发挥其技术上的竞争优势;以欧盟为代表的能源资源稀缺国家正在全球范围内推行低碳经济,把应对全球气候变化放在能源政策的首要位置,英国于2008年专门成立了能源与气候变化部;以俄罗斯为代表的能源资源大国则提出"能源立国"的战略,加强对能源资源的控制和管理,俄罗斯2008年成立了能源部,统一负责能源领域的政策,以谋求最大的地缘政治经济利益,以能源优势重振俄罗斯。

而在我国,长期以来能源开发利用一直坚持"有水快流"、"敞开供应"的原则,没有形成一个统一的国家能源战略。这与我国能源政策职能的分散有很大的关系。能源政策职能不仅分散于各政府部门,更分散各国有企业,难以形成统一认识,制定并实施基于国家利益的能源战略。当前正是国际政治经济旧秩序深度调整、新秩序逐步形成的关键战略时期,作为世界上第一大能源生产国、第一大能源消费国、第一大碳排放国、第二大能源进口国和第二大经济体,只有在统一的国家能源战略统领下,才能更积极主动地参与国际政治经济秩序新标准的制定,占领制高点,维护国家经济安全,提升国际竞争力。否则,在国际能源事务处理中将会处于被动局面、疲于应对,沦为"蓝领"国家。这就迫切要求适度集中并加强能源政策职能,加强能源基础信息的收集与研究,大力推进能源技术进步,统筹国家能源战略与政策。

二、以电力改革为突破口

从当前我国能源市场化进度看,煤炭行业市场化改革启动最早,程度也最深。深化我国能源市场化改革的突破口在电力行业:一方面是因为电力行业经过十年的产业重组,在发电环节的市场结构上已经具备了竞争的条件,只需要处理了发电、输电与配售电之间的关系就可率先实现市场竞争;另一方面,电力市场化改革能为突破当前煤炭价格双轨制创造机会,因为受政府支配的主要是电煤价格。因此,当前我国应该以电力改革为突破口,率先实现煤炭和电力两个行业的市场化。

(一)加快推进大用户直购电,构建"多买多卖"的市场格局

批发市场竞争模式试图通过发电企业与配电企业的竞价交易来实现发电环节的竞争,这是在电力产业中引入竞争的改革的核心目标①。但是由于配电企业垄断了地方的电力销售,政府不可避免地需要管制销售电价,并且需要管制配电企业在批发市场上购买电能的合约条款。这将损害电力批发市场竞争的有效性。电力批发市场的真正形成需要打破配电企业对终端销售的垄断,通过引入终端用户的选择权,建立需求侧响应机制。因此,"用户选择模式"才是电力体制市场化改革的目标模式。不过,完全的"用户选择模式"要求配电企业完全独立于电力市场的交易,只提供"线路"服务。这种改革模式是对传统的供电模式的一种彻底颠覆,所有用户的选择权所要求的庞大结算体系、大量销售企业的重新组建都会花费大量的改革成本。在各国改革的实践中,往往采取介于二者的中间模式,即在保留配电企业的零售业务的同时,开放市场准入,逐步引入用户选择权。在改革的初始阶段,对大用户开放市场准入,允许他们直接进入批发市场与配电企业竞价购电,而不是接受配电企业垄断的转售服务,配电线路向拥有选择权的用户无歧视地开放。随着改革的进展,逐步对中小用户放开市场准入,并最终过渡到完全用户选择模式。智利、英国、澳大利亚、挪威和美国的许多州都采用这样的改革模式。

中国当前的"大用户直购电"在很大程度上是一种政府行为而不是市场竞争行为。我们建议根据用电负荷大小分阶段逐步引入用户选择权,改革初期首先放开一定负荷等级的大用户的市场准入,大用户可以直接进入批发市场竞价购电,而中小用户的供电服务仍由地方配电企业提供。在批发市场上,大用户与地方配电企业共同构成买方进行竞价购电,而多家独立发电厂商则构成卖方进行竞价售电。在批发市场实现有效竞争的基础上,逐步放开零售市场准入,引入中小用户的选择权,并最终把配电环节与销售环节分开,实现完全的用户选择模式。当前,建议加快推进发电企业与电力用户直接交易,构

---

① 在英国,发电、输电、配电和售电的成本比重分别为65%、10%、20%和5%。

建"多买多卖"的市场格局。用市场化手段调节电力供需,使煤价和电价通过市场机制进行合理疏导,促进电力持续健康发展。世界上许多国家已经改变了传统的电力交易方式,电力市场运行主要由发电方和用电方进行直接交易。近几年国家电监会会同有关部门开展的大用户直购电试点,取得了较好成效。扩大大用户直购电的条件已经具备,具体政策举措可包括:合理确定输配电价,明确大用户标准,分层次放开达到标准的大用户,由发电企业和用户自行协商电力、电量和电价,并签订购电合同。电力直接交易可以在区域或省级交易平台上进行,推行"多买多卖"的交易方式。负责输送的电网企业相应收取输配环节的过网费并负责安全调度。电力监管机构加强合同履行和交易行为的监管。

(二)加快推进电价形成机制改革

电价事关供需两侧,合理的电价水平既能有效调节需求,又能鼓励发电企业合理安排生产以满足有效的用电需求。当前电力行业运行中的诸多矛盾都源于不合理的电价形成机制和电力价格体系,电价形成机制亟待改革。《国民经济与社会发展"十二五"规划纲要》中也明确提出了要"积极推进电价改革"。

1.在有效竞争的电力市场形成之前,进一步完善煤电价格联动机制。在有效竞争的电力市场形成之前,电价仍需由政府价格主管部门制定。煤电联动机制是在电力价格实行政府管制条件下,国际上解决煤电矛盾普遍采用的思路和办法。唯有如此,才能够保证电力企业正常生产经营,才能够充分发挥价格信号的传导作用,抑制不合理需求,促进产业结构调整。我国先后实行的5次煤电联动,对疏导电价矛盾发挥了重要作用。以往几次煤电联动后出现煤价"联动联涨"情况,主要是由电煤与市场煤价格双轨制造成的。建议下定决心改革煤炭价格"双轨制",取消重点合同和非重点合同电煤的价格差。在此基础上,完善煤电联动政策并坚定不移地执行到位。具体举措包括:(1)继续适度上调部分煤电矛盾突出省份的火电上网电价,弥补煤电联动价差缺口。(2)适度降低现有联动机制中电力企业消化煤价上涨30%的比例规定。经过5次联动,发电企业内部降低成本的潜力已基本释放,继续自行消化煤价上涨30%的难度很大。(3)下放煤电联动管理权限,由各省根据当地实际情况确定电价联动幅度。

2.加强输、配电成本核算,形成有利于电网健康发展的独立的输、配电管制价格。电力市场竞争的基本要求是把传输网络独立出来,并对所有的市场参与者实施无歧视性的开放,这就必然要求形成独立的输、配电价。现行输配电价是销售电价与上网电价之间的差价,"输配电价=销售电价-平均上网电价-输配电损耗"。输配侧电价改革的首要任务就是要对电网公司进行深入、全面的财务普查,将输电价格和配电从销售电价中独立出来,然后核定输配的合理价格,使得输配电价能够反映输配电业务的成本,有效发挥引导电厂选址等价格信号的作用。同时,这也是建立现代化的输配电监管机制的基础和前提,我国早已经制定并颁布了体现现代化监管思想的输配电价格监管规则,如《输配电价管理办法》中提出的"合理成本、合理盈利、公平负担"的定价原则,以及"按照电力企业正常筹资成本确定投资回报率"的利润核定方法等等。但问题是,时至今日,我们也无法对电网公司输配电的合理成本进行核定,这使得我国政府对电网公司电价的监管处于相机抉择的状态,价格调整没有明确的目标价格作为依据。

为了配合输配分离的改革,输电和配电价格也应该分别独立核算。输配电价格应该按照合理补偿成本费用、合理确定收益、依法计入税金的原则核定,实行一个电网一个标准,实行政府监管下的指导价格。输电费用应该以从发电厂到配电公司和直供用户的长期边际成本为基础,反映输电成本的构成,这要由两部分构成,一部分是固定成本和固定费用,另一部分是回收与输电系统相关的维护和线损成本。配电价格也应该以从配电公司到终端用户的长期边际成本为基础,反映应配电网络的固定成本和可变成本。

3.适时放开上网电价,实现发电侧竞争。在发电侧引入竞争是电力体制市场化改革的核心目标。随着电力改革的推进,一方面,通过电力产业重组形成"多买多卖"的市场格局,另一方面,通过加强对输、配电环节的成本核算形成合理的独立的输、配电价格。电力市场有效竞争的基本条件得以满足,在此基础上可以放开上网电价,由市场供需决定,这样才能真正实现发电侧竞争,充分发挥市场价格机制优化配置资源的作用。在市场价格机制下,允许电力价格灵活变动以便反映市场的边际成本,而不能人为地对市场价格进行扭曲。

目前发达国家的峰谷差价高达8倍;而我国被限定在2.5倍,实际上是扭曲了价格。允许电价按照市场供需进行波动,有助于反映基荷机组和调峰机组,以及同一机组在不同时段的成本结构的差异,促进资源在基荷与峰荷机组间的合理配置,可以引导大的工业和商业采取避峰措施,可以更好地提高电力消费效率。

当然,为了规避放开价格后价格大幅度上涨带来的负面影响,可以考虑逐步放开价格。为了防止市场操纵带来的风险,对于需求波动性较大的现货市场应该进行价格上限的管制。从长期的角度看,市场交易者完全可以通过差价契约或者其他形式的价格契约机制规避风险。

(三)完善电力监管体制

电力市场化改革一方面要求放松甚至取消发电环节的价格和市场准入监管,但与此同时也应该加强对依然具有自然垄断性的输、配电环节的监管。监管的核心内容包括价格、市场准入、成本、服务质量以及输配电网络是否对所有市场参与者无歧视性地开放。当前,我国电力监管职能被人为地割裂,管价格的不管投资,管市场的不管价格,破坏了电力监管的完整性和有效性。结果,监管者无法理清输、配电环节的成本,也无法合理确定既经济合理又有利于电网健康发展的电网投资布局与输、配电价水平。因此,迫切需要改变当前监管职能割裂的局面,实现价格、投资与市场等多种监管职能的统一,实行专业化的监管。这既是推进电力市场化改革、形成竞争性电力市场的需要,也是保证电力市场有效运行的需要。

(四)继续深化电力企业改革,培育合格的市场主体

当前我国电力企业以国有企业为主,且形成了不同程度的内部人控制格局,存在明显的无效率行为,包括过高的工资水平、过度的职务消费水平与不合理的大规模投资扩张等,这些无效率行为与火电厂因燃料价格不断上涨导致亏损交织在一起,使社会各界难以区分经营性亏损与政策性亏损,引发公众的诸多诟病,也使决策层在电价改革时犹豫不决。显然,试图通过压低电价制造政策性亏损以促使电力企业改变其内部无效率行为是不可行的,两者应该分开治理,在改变上网电价定价机制的同时,应该加强对国有企业的约束与治理,提高管理效率。建议继续深化电力企业改革,尽快形成适应市场要求的企

业发展机制和经营机制。电力企业要按照《中华人民共和国公司法》的要求，加快现代企业制度建设，完善法人治理结构，强化风险意识，改革和调整分配制度。国家作为所有者应该加强对企业的审计与监管。深化电网企业改革，多方筹集电网发展资金，加大电网建设力度，处理好电源建设与电网建设的关系，促进城乡电网协调发展。

（五）完善电力投资管理体制

经过三十多年的电力投资体制改革，我国已经实现电力投资主体多元化、资金来源多渠道、投资方式多样化，电源与电网建设总体上基本满足国民经济与社会发展的需要。不过，当前电力投资领域仍然存在一系列亟待解决的突出问题：江苏、浙江、广东地区发电容量不足与东北、西北电网发电容量富裕并存；电源布局与电网建设之间的相互协调有待进一步加强；风电装机快速增加，超出电网的消纳能力，存在大量"弃风"现象，导致严重的资源浪费。由此可见，电力投资管理体制有待进一步完善。

（1）在电源投资方面，一方面应该进一步放宽市场准入限制，消除市场进入壁垒，由企业自主决定其投资行为，包括电厂的建设规模、建设时间及选址等。特别是对于非国有企业投资主体，在加强电力市场投资引导和调节的基础上，简化项目审批、核准手续，在满足环境等社会管制标准的情况下，让企业自由进入和退出市场，充分发挥民营企业灵活性与市场敏感性，更好地揭示电力供求信息，为电力投资宏观管理提供更全面的信息与更科学的依据。另一方面，国家也需要加强和改善投资宏观调控，促进电力供需总量平衡和结构优化。要通过制定电力工业发展产业政策和滚动制定电力工业的中长期规划、信息发布机制以及制定电力投资市场的准入标准，以引导社会投资方向，规范电力投资市场的竞争行为，抑制无序竞争和盲目重复建设。

（2）在电网建设方面，需要加强对电网投资建设的监管。电网的建设需要充分考虑市场交易者的电能传输需要，同时要综合考虑社会效益，考虑普遍服务问题。考虑到电网的自然垄断性及其需要承担的社会性功能，政府有关部门需要对电网的规划、投资与建设实施严格的监管，以保证实现最优的经济社会综合效应。

三、取消煤炭价格双轨制

1992 年政府决定放开国有重点煤矿统配价格,取消补贴。不过当时政府为了确保电价稳定,设定了国有大型电厂的电煤重点合同价格,形成了"市场煤"与"计划煤"的横向价格双轨制。电煤交易仍然依靠具有强烈计划色彩的一年一度的全国煤炭订货会上签订的重点电煤合同来实现。当煤炭的计划价格低于市场价格时,追求利益最大化的煤炭企业选择在市场上多销售煤炭而在订货会上少签合同;当煤炭的市场价格低于计划价格时,电力企业则选择少订计划煤而尽量从市场上采购煤炭。当市场环境的不确定性程度增强,煤炭的计划价格对市场价格的偏离程度扩大,煤炭企业或者电力企业突破原有的重点电煤合同而选择在市场上销售或者采购电煤的动机就越大。由于煤矿开采和发电厂的建设都具有不同程度的电煤交易专用性,依靠一年一度的全国煤炭订货会上形成的重点合同来治理煤炭企业与电力企业间的纵向关系,因为交易成本过于高昂而不能有效治理,从而引发煤电矛盾。

从总体上看,实行煤炭价格双轨制后煤炭的市场价格高于计划价格,特别是 2000 年以来,随着煤炭市场需求量的不断增加,煤炭的市场价格与计划价格的差距越拉越大,煤电矛盾也越积越深。为了避免计划价格造成的扭曲,真实反映资源的使用成本和市场供给与需求,政府在 2002 年试图通过放开电煤价格让市场来调节。电煤价格放松管制后,煤电之间的纵向治理结构依然是一年一度的重点电煤合同,不过合同内容中增加了一项需要煤电双方谈判的条款,即电煤的价格。煤炭企业在煤炭需求旺盛的条件下要求调整原有的重点合同煤炭的计划价格,但是追求成本最小化的电力企业强烈抵制电煤提价。一方面,电力企业的发电机组缺乏较好的投入替代品,且对特定煤炭的质量具有较强的专用性;另一方面,煤炭的消费结构中,电力企业占据 50% 以上的份额,煤炭企业扩大产能投资在一定程度上具有电煤交易的专用性。这样,电煤交易双方都有"拿住"对方的市场力量,在现有的纵向关系治理结构下,一年一度的电煤交易谈判过程中,电煤价格博弈作为一种零和博弈成为双方不可调和的一对矛盾,现有的煤电治理模式进一步失效。特别是在市场需求波动幅度较大的情况下,电煤交易成本变得非常高昂,煤电矛盾愈演愈烈。2003年以来,由于煤炭的市场需求日益旺盛,煤炭价格日益上涨,煤炭企业扩大产能的投资的电煤交易专用性程度降低,煤炭企业可以通过在市场上多销售煤炭、减少电煤数量而获利,这导致电力企业无法采购到足够数量的电煤,火力发电企业电煤库存量低于警戒水平,面临着断煤的危机,在电力紧缺的时期,甚至出现煤炭盛产区发电机组停产的现象。但是发电企业坚信电力对煤炭的价格走势起着决定性的影响,宁可停机也不愿意按照市场价格采购电煤。

上面的分析表明,煤炭产业和电力产业的市场化改革改变了电煤交易中的市场环境以及煤炭企业和电力企业的行为策略。但是由于煤炭价格市场化的不彻底,形成了煤炭价格的横向双轨制。当煤炭的市场价格因市场需求的大量变化而出现较大幅度的波动时,电煤的价格必然成为煤电双方争论的焦点并引发煤电矛盾。既然煤炭横向价格双轨制是导致煤电矛盾的根源,要从根本上解决电煤矛盾,只有继续深化煤炭产业的市场化改革,放开电煤价格,使电煤交易双方根据煤炭资源的供求关系,根据电煤交易的基本特征,在市场交易规则下进行自主谈判,在此基础上达成电煤交易。

四、油气行业需要脱胎换骨但不能粉身碎骨

我国油气行业市场化进程起步较晚,程度较低。在油气勘探和开采板块以及管道运输板块,基本上被中石油、中石化和中海油三家大型国有企业所垄断,呈现"一超两强"的垂直一体化垄断经营格局,且存在明显的行政垄断。在炼油板块,中石油、中石化两大石油公司炼厂能力所占比重接近80%,并且拥有原油资源优势。在终端零售环节,民营加油站难以与三大石油公司抗衡。天然气方面,配售环节主要由地方性国有燃气公司垄断经营,一些民营和港资企业也参与其中,近年来上述三大国企也加大了向天然气产业下游的渗透力度。

由此可见,油气行业市场化亟待破题,市场竞争亟待加强。但是,油气行业市场竞争的引入并不是简单通过分拆国有企业就能够实现的,市场竞争的引入固然需要进行适当的产业重组,但更为关键的是要制定合理的市场交易规则和价格形成机制。油气行业需要脱胎换骨但不能粉身碎骨。

(一)石油行业放宽市场准入与完善定价机制并重

对于石油行业,区分产业链中不同环节的市场结构特点,适度放宽准入条

件,引入竞争。政府在推进石油产业市场化进程中不能盲目打破所有垄断,否则肯定要走弯路,"放宽市场准入条件是必要的,但放弃入门条件,就失去了市场秩序;打破经营上因行政垄断造成的不公平是必要的,但因此要打破一切垄断包括国家对石油资源的控制或无视国家大型石油企业的规模经济优势,因而是荒唐的"。政府在对石油产业的规制过程中,必须具体区分产业链不同环节的市场结构特点,适度放宽准入条件,引入竞争,形成市场平等竞争的环境和条件,并有法律保障。其中,重点是放宽原油进口、加工和成品油进口以及终端销售等方面的市场准入,鼓励各种类型的社会资本进入石油行业。

在放开市场准入的同时要完善石油定价机制。首先,要把油品定价权下放至各石油企业。包括石油在内的任何一种产品,生产厂商肯定比政府更了解该产品自身的信息,比如生产加工的成本、市场上的供求状况、现有以及潜在的竞争对手、客户需求等等。从这个意义上而言,国内市场上的原油和成品油销售价格应当由石油企业自主制定,这也是定价主体行为市场化的必然要求,很难想象一个没有自主制定价格权利的生产企业能够成为市场化的行为主体。如果石油企业能够自主制定价格,那么他们就可以利润最大化的原则做出自身的产量和价格决策,从根本上提高生产效率。如果不让企业自主制定价格,而是采取政府定价或政府指导定价的方式,则无法刺激企业降低成本、提高生产效率。这是因为政府定价或政府指导定价依据通常是石油生产加工企业上报的成本。显然,这种成本是垄断经营企业的个别成本,而不是社会平均成本。石油企业不仅垄断产品,也垄断信息,石油企业和政府之间存在着严重的信息不对称问题,政府很难和企业一样熟知成本信息。

其次,政府要审批和监督企业定价方案,主要从消费侧调控油价冲击。政府要对各石油企业自主制定的石油价格进行审批和监督。国内石油行业里现存的三家国有石油企业享受了国家赋予的石油资源勘探、开采和生产经营权,是一种由行政性因素形成的垄断,尽管政府正是出于石油是自然垄断行业考虑,不适宜过分竞争,所以才大致按照"有限多元"的原则,仅批准三家企业具备相关经营资质。政府与国有企业之间是一种实质上的委托代理关系,委托人当然要监督代理人的行为。

专栏6-2 英国石油工业的国有化和私有化

英国是世界上最早的政府投资于石油工业的国家。英国石油公司（BritishPetroleum,BP,确切的译名应该是"不列颠石油公司"）也是世界上第一家国家控股的公司。同时,英国又是世界上第一个,而且是最彻底推行国有石油公司私有化的国家。

政府控股英国石油公司

英国政府对英国石油公司的控股要从头讲起。

1901年,英国人威廉·达西在英国殖民地波斯（今伊朗）搞到了石油探采特许权。1902年冬天开始在西部山区麦赫苏尔克钻探。1903年达西成立了一家拥有60万英镑资本的第一石油开采公司。

海军上将约翰·费希尔（John Fisher）早就意识到,用石油取代煤炭作为海军舰船的燃料将很有前途。1903年,他见到达西,对波斯找油表示了很大兴趣。1904年,海军部会同英国的一家大石油公司伯马（Burma）石油公司签订了第一份合同,每年向海军供应35万桶（约4.77万吨）燃料油。

大英帝国的海军,当时是世界最强大的海军,也是大英帝国保持其"日不落帝国"的支柱。

在海军部石油委员会成员、伯马石油公司顾问雷德伍德的支持下,1904年伯马石油公司的创始人、公司负责人卡吉尔同达西会面,达成了协议,由伯马公司向达西公司提供财力支持,双方合资建立一个石油租借地辛迪加,取代达西的第一石油开采公司,三年投入7万英镑。

1908年,这个辛迪加在马斯杰德苏莱曼地方开钻了2口井,5月,1号探井喷出了原油,发现了中东和伊朗第一个油田——马斯杰德苏莱曼油田。

1909年,英国波斯石油公司（今英国石油公司）成立。

1911年4月,第一条输油管线建成,1912年,阿巴丹炼油厂投入生产。这年5月23日,第一船波斯石油起运。

这时,公司已濒临破产,伦敦总部拥有的现金总共才1700英镑。

希望寄托在海军部。

1911年冬,温斯顿·丘吉尔就任海军大臣。他赞成费希尔上将的主张,决心推进大英帝国海军军舰煤改油的进程。他听取了英波石油公司董事长斯特拉斯科纳勋爵关于波斯石油的汇报,认为波斯石油可以成为英国可靠的石油供应地。这年11月,海军部就同英波石油公司签订了供应20万桶(约2.73万吨)燃料油的合同。但是对于是否向公司提供资金,却没有音讯。

英波公司总裁柯林韦(Charles Greenway)于是故意放风说,荷兰壳牌公司要吞并英波石油公司,波斯石油有可能落入荷兰人手中。

海军部立即派个专家组去波斯调查。调查组成员中有一人是伯明翰大学教授卡德曼(此人后来成了英波石油公司的董事长)。1914年4月,专家组提出了报告,对波斯石油前景很为乐观。

丘吉尔下了决心,控制英波石油公司,控制住波斯石油!

1914年5月,海军部同英波石油公司签订两项合同:一是英国政府向英波石油公司注入200万英镑资本,政府持有多数股,并向董事会派驻两名董事;二是20年内英波石油公司向海军供应4000万桶(约545.7万吨)燃料油,从1914年7月起,每年35万桶(约4.77万吨)。

丘吉尔亲自就此事向英国议会作报告,他说,海军在燃料动力的选择上已经没有什么自由了,世界上两大石油公司——美国的标准石油公司和荷兰皇家石油公司控制了大部分石油。外交大臣支持丘吉尔。议会批准了海军提出的"英波石油公司筹资法案"。

这样,英国政府实现了对英波石油公司的控股,虽然它不是英国国家石油公司。

到1974年,英国银行买下了伯马石油公司持有的英国石油公司股权,从而使英国政府和英国银行持有的英国石油公司股权超过了三分之二。但是,从一开始就明确,英国石油公司不是国家公司,是民营企业,日常经营活动不受政府干预。

成立国家石油公司

英国本土陆上十分缺乏石油资源。在两次世界大战中,它的石油供应,一个是靠美国,再一个是靠英资公司在波斯(今伊朗)和墨西哥等地采油。

　　20世纪60年代,欧洲北海英国海域首先掀起油气勘探和开发的高潮。1964年它进行了第一轮招标。1965年12月英国石油公司发现了北海第一个天然气田——西索尔(West Sole)气田,1967年7月天然气开始供应英国。60年代末到70年代,北海英国部分发现了一批油田,其中包括福蒂斯、布伦特、尼尼安等大油田。1975年起英国开始获得大量的北海原油,当年产油110万吨,1981年增加到8900万吨,年净出口原油1500万吨,1986年的产量达到1.29亿吨,成为世界石油生产大国之一。

　　政府如何管理北海兴起的石油工业?这是英国工党和保守党两大政党的最大分歧所在。工党主张加强国家对资源、生产和经营的直接控制和干预,主张建立和加强国有企业。而保守党则反映石油资本家的利益,反对国家对石油工业的直接参与和干预,主张自由市场经济和对国有企业私有化。

　　1973年10月,阿拉伯产油国运用石油武器惩罚支持以色列的美、欧、日发达国家,对它们实行石油禁运,英国一时陷入了石油恐慌。当时执政的保守党政府首脑希思曾会见英国石油公司和皇家荷兰壳牌集团(在其中英资占40%)的董事长,要求这两大石油公司优先向英国供应石油。不料两家公司财大气粗,不予理会。希思指出,英国政府在英国石油公司中持有超过30%的股份,英国石油公司理应为英国利益服务。但英国石油公司的回答是:它们是独立经营的企业,它们只对股东负责,政府不应干预公司的经营活动。这件事教育了许多人:关键时刻,即便政府有很大持股的公司也依靠不上,因为它们在世界各国有错综复杂的多方面的利害关系。

　　1974年英国大选。在野党工党在竞选纲领中明确主张:加强政府对北海石油资源和石油生严、运输的控制。这一口号很得民心,使工党竞选获胜上台。

　　1975年,正当英国北海海域第一批油田开始生产的时候,工党政府通过议会先后发布了《石油税法》和《石油与水下管理法》,规定了根据当时国际油价上涨的情况而对英国北海生产的原油加征"石油收入税";大大扩大能源部的权力,成立英国国家石油公司,通过它加强政府对石油工业的控制和监督。

英国国家石油公司(BNOC)成立后,政府授予了一些特殊权力和职能:首先,"保证英国的石油供应",它有权以市价购买和销售北海英国海域各油田所生产原油的51%;它代表英国政府向各油田的经营机构中派代表。其次,1977年第五轮招标和1979年第六轮招标中,政府规定各中标的外国公司要让英国国家石油公司取得51%股权。第三,政府还单独授予它11个区块,并作为该区块的作业者。此外还规定,英国北海海域的各矿区进行股权转让时,它有优先购买的权力。公司把利润上交政府,也从政府获得资金,而不必缴纳石油收入税。它也成为政府在石油政策上的咨询机构。

这样,不出5年,英国国家石油公司已成为北海最大的石油公司之一。从1978年开始,它购入的油田已经开始产油。1979年它购销来自北海各公司的原油价值15亿美元,售出了自己的股份油和自产油4亿美元,第一次有了利润。这样,它也就成了私营公司的眼中钉。

彻底私有化

1979年大选中,保守党提出了反对政府干预石油工业的口号,提出,如它上台将"彻底审查"英国国家石油公司的活动。撒切尔夫人一上台就打起了私有化的大旗,立即着手改变工党政府的石油政策。

1979年底到1980年初,首先取消和改变英国国家石油公司(BNOC)的职能和性质,使它成为商业性公司,不再具有国家石油公司功能,如:不再从政府得到资金;同其他石油公司一样缴纳石油收入税;不再享受其他公司出售油田股权的优先购买权;不再向其他油田派代表;不再是政府的石油政策的咨询部门。

国家石油公司(BNOC)仍在发展,1982年它已拥有6.8亿桶(约9277万吨)探明可采储量,在北海居第四位;它拥有的区块面积居第一位。1981年的产量已超过550万吨。1982年,保守党政府让议会通过法案,把 BNOC 解体。它的上下游经营业务划给新成立的不列颠油公司（Britoil），而且51%股票上市出售，而使政府不再有控制权。而 BNOC 则成了一家从事购销各北海油田51%原油的贸易公司。由于国际市场油价下跌，供大于求，BNOC 高价买进，低价卖出，形成巨大亏损。1985年4月，英国政府正式予以撤销。1988年2月，Britoil 又被英国石油公司兼并，政府卖掉了它持有的49%股份。国家石油公司的消亡，得益最大的是英国石油公司，不仅获得了原国家石油公司的几乎全部上游资产，而且加大了对政府政策的影响力。

除此之外，英国政府本来在英国石油公司中持有31.6%的股份。1987年10月15日保守党政府又开始在股市上出售它所持有的英国石油公司股份，到1989年，政府完全退出了石油工业，在资本主义国家中第一个"彻底"完成了石油工业私有化。

这里还有一个插曲。在公开发行政府持有英国石油公司股票的第四天，发生了"黑色星期一"。世界范围内出现股价下跌，英国石油公司的股价下跌32.6%，从每股374便士落到252便士。科威特投资公司乘机分批吃进，当年11月底它已拥有英国石油公司10.1%股权，成了英国石油公司最大股东；到1988年3月更增加到21.3%。这一行动在英国政界引起了严重不安。垄断与兼并委员会按政府要求进行了专题研究。10月，英国政府根据这一研究认为：英国石油公司科威特这一个"世界大卡特尔欧佩克成员国"之间存在着潜在的利害冲突。科威特持有了这么多股份就会要求参加董事会，对英国石油公司的经营战略和方向，包括替代能源开发施加影响，也不利于英国石油公司在英国的油气勘探与开发。于是规定，科威特必须在12个月内把它的持股从21.3%减低到9.9%。这样，这个一直标榜反对政府干预石油公司的保守党政府，终于直接对英国石油公司进行了强力干预。

科威特方面当然不愿意，虽然它是在股票落价过程中陆续吃进的，而现在要以更低价卖出，要蒙受很大损失。英国石油公司一方面表示欢迎政府的决定，一方面同科威特方面进行洽商。1988年3月，英国石油公司向科威特支付24亿英镑，买回这11.4%股权即7.9亿股股票。科威特则从一进一出中获利 3.8 亿英镑。

（资料来源：见石油之光网站，http://syzg.univs.cn/index.jsp，2009 年 3 月 18 日。）

（二）天然气行业需要进行必要的产业重组，并完善定价机制

长期以来，我国天然气发展严重滞后，2011 年中国天然气消费占能源消费总量的比重仅为 4.6%，远低于 24% 的世界平均水平，与"2020 年将天然气在一次能源消费中的比例提高到 10%"的目标也相去甚远。这说明尽管中国的天然气产业获得了较快的发展，但相对于中国经济发展的需要，仍然任重道远，需要注入新的动力来持续推进天然气产业的发展。从英、美、欧盟等发达国家和地区的天然气产业发展历程来看，提高天然气产业发展绩效，推进产业快速发展的一个共同经验就是依法减少产业各环节的垄断，推进天然气产业的市场化。降低垄断程度，通过市场化来促进竞争，这无论在理论上，还是在实践上都被证明是一条行之有效的产业发展路径，中国天然气产业的发展不会也不应该成为例外。

与电力行业一样，天然气的管道运输环节具有自然垄断性，因此在天然气行业中引入市场竞争要求进行必要的产业重组，要把管道环节独立出来，并为市场各方参与者提供无歧视性的接入服务。在天然气中游市场，可考虑将管输公司从对应的三大石油公司中分离出来，成立独立于三大公司的管输公司，单独提供天然气运输业务。政府可对管输费率进行规制，对管道公司经营天然气商品的购买和销售业务进行限制，允许第三方准入。在天然气下游市场，引入竞争机制，打破现有地方燃气公司对市场的垄断，可将其配气输送业务和销售业务分离，成立独立的天然气销售公司，配气公司只经营管输服务。对于天然气销售公司，政府可采取特许权经营公开招标制和区域竞争相结合的管理方式。

价格方面，为了促进天然气产业的健康发展，天然气定价机制改革是重中之重。中国天然气定价机制改革的目标应是进一步规范价格管理，理顺与可替代能源的价格关系，建立与可替代能源价格挂钩和动态调整的机制，逐步提高天然气价格水平，最终目标应是建立竞争性的市场。天然气价格改革需要

产权、治理、竞争、监管等多方面的深化改革作为其制度保障。

中国的天然气价格尽管历经政府多次调整,价格不断提高,但无论与国外天然气价格相比,还是从优化资源配置、提高能源利用效率角度看,天然气价格仍然偏低,在较大程度上背离了价值。价格不能基于市场供求形成,就不能有效引导资源向天然气产业的配置以及资源在天然气产业各环节的配置。价格体系的不完善将制约天然气产业的重构效率。因此,应该逐步构建和推行竞争性天然气市场定价机制。目前,中国尚不具备完全放开天然气出厂价格的条件,可采取循序渐进、分步到位的办法,分阶段提高天然气出厂价,逐步过渡到按照市场供求关系确定天然气出厂价。应对天然气管输价格进行严格监管,长输管道实行按服务成本定价,采用"两部制"收费方式。另外,应进一步规范城市配送气服务费管理。服务费率的制定应采用成本加成法,但要规范成本构成和费率测算标准,加强成本的监管,费率的制定要受到市场的约束,也就是费率及出厂价和管输费构成的终端价与替代能源相比要有竞争力。

附录:美国能源战略

　　能源是现代社会赖以存在和发展的物质基础,是社会经济进步的决定性因素,具有极为特殊的战略价值和战略意义。作为二战后世界上唯一的超级大国,美国是全球最大的能源消费国和进口国,其占世界总数 4.5% 的人口消耗着全球能源消费总量五分之一的能源,①而其石油资源的对外依存度更是高达 60%。② 因此,能源对于美国具有更加非凡的意义。鉴于美国超级大国地位,美国在能源领域的对内、对外战略与政策不仅制约着美国的经济发展与国家安全,也因其特殊的国际地位而牵动着世界能源政治经济格局的变迁,值得进行全面、系统的研究。

第一节　美国能源战略的背景

　　作为当今世界上最大的发达国家,美国不仅拥有世界上独一无二的政治、经济、军事和文化实力,也具有庞大的能源储量、产量和消费量,是名副其实的"能源超级大国"。

---

　　① 根据美国人口统计局和美国能源信息署(EIA)数字计算。United States Census Bureau, "U.S. & World Population Clocks", http://www.census.gov/main/www/popclock.html; U.S. Energy Information Administration, "International Energy Statistics", http://www.eia.gov/cfapps/ipdbproject/IEDIndex3.cfm? tid = 44&pid = 44&aid = 2.

　　② 根据美国能源部信息管理署(U.S. Energy Information Administration)石油相关数据整理计算,见 http://www.eia.gov/energyexplained/index.cfm? page = oil_home。

一、储产丰富、基础扎实

美国能源资源储量丰富,是世界上最大的石油、天然气生产国之一。美国拥有得天独厚的自然资源优势,能源储量比较丰富,截至 2009 年 8 月,美国已探明的原油储量和天然气储量分别占到世界的 1% 和 4%,如图附-1 和图附-2 所示。美国矿物能源的探明储量、产量及占世界的比例请见图附-3。根据英国石油公司 2011 年公布的《世界能源统计报告》(*BP Statistical Review of World Energy*)中的数据,2010 年美国石油、天然气和煤炭探明储量均在世界中名列前茅,分别居于第 12 位、第 6 位和第 1 位,且其生产量也遥遥领先,分别居于第 3 位、第 1 位和第 2 位。因此,美国是实至名归的能源大国。

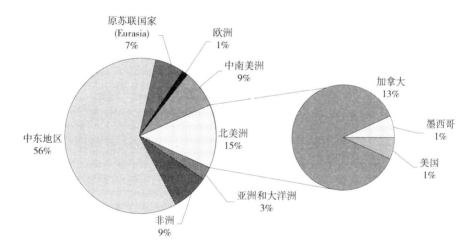

图附-1　2009 年世界各区域原油储量比例①

二、供需矛盾、潜藏隐患

与美国丰富的能源储量、巨大的生产量相对应的是其规模宏大的消费量。作为最大的能源消费国,美国国内能源供需矛盾突出。根据英国石油公司的

---

① 　根据美国《2009 年度能源报告》数据绘制。U.S. Energy Information Administration, "Department of Energy of the U.S.", *Annual Energy Review*, 2009 (Washington, D.C.: Office of Energy Markets and End Use, August 2010), p.313.

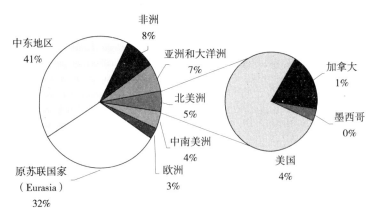

图附-2　2009 年世界各区域天然气储量比例①

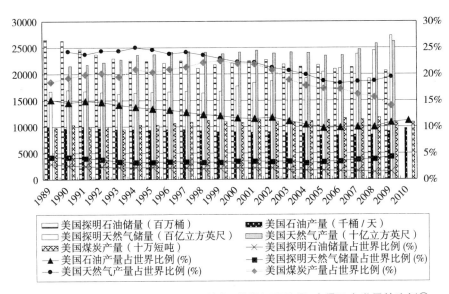

图附 3　1989—2011 年美国石油、天然气、煤炭探明储量、产量及占世界的比例②

①　U.S. Energy Information Agency, "Department of Energy of the U.S.", *Annual Energy Review*, 2009 (Washington, D.C.: Office of Energy Markets and End Use, August 2010), p. 313.

②　U.S. Energy Information Administration, *International Energy Statistics*, http://www. eia.gov/cfapps/ipdbproject/IEDIndex3.cfm.其中,世界和美国的煤炭储量只有 2008 年数据, 2008 年,世界煤炭探明储量为 9479.998 亿短吨,美国的探明储量为 2605.51 亿短吨,美国 煤炭探明储量占世界的 27.5%。

统计,2010年,美国各种能源的消费量都名列前三甲,其中石油、天然气、核能、可再生能源的消费量位居世界第一,煤炭消费量仅次于中国居于亚军,水电消费量位居季军,略低于加拿大和巴西。[1] 此外,美国各种矿物能源的储/采比[2]（Reserves-to-Production Ratio, B/P Ratio or RPR）明显低于世界平均水平,石油、天然气的储/采比仅为11.3和12.6,这说明在现有的探明储量下,美国国内支撑其工业发展的支柱能源——石油和天然气资源——的剩余开采时间只有11.3年和12.6年,请参见表附-1。

表附-1　2010年美国主要能源探明储量、产量、消费量及其世界排名[3]

项目	量值	占世界比例	排名
石油探明储量（十亿桶）	30.9	2.2%	12
石油产量（千桶/天）	7513	8.7%	3
石油储/采比（B/P Ratio）	11.3	——	36
石油消费量（千桶/天）	19148	2.0%	1
天然气探明储量（十亿立方米）	7700	4.1%	61
天然气产量（十亿立方米）	611	19.3%	1
天然气储/采比（B/P Ratio）	12.6	——	31
天然气消费量（十亿立方米）	683.4	21.7%	1
煤炭探明储量（百万吨）	237295	27.6%	1
煤炭产量（百万吨油当量）	552.2	14.8%	2
煤炭储/采比（B/P Ratio）	241	——	6

① *BP Statistical Review of World Energy June* 2011, （London, June 2011）, p. 36. http://www.bp.com/statisticalreview.

② 储/采比（Reserves-to-Production Ratio, B/P Ratio or RPR）：又称为回采率或回采比,一般用于不可再生的矿物能源,如石油、天然气、煤炭等。储/采比=矿物能源的保有储量（剩余可采储量）/年开采量,用于表示某种矿产资源的剩余开采时间。Investopedia, *Reserves to Production Ratio*, http://www.investopedia.com/terms/r/reserves-to-production-ratio.asp#axzz1X2ergPBg.

③ *BP Statistical Review of World Energy*, June 2011, （London, June 2011）, p. 6, p. 20, pp. 22-23, pp. 30-33, pp. 35-36, p38, p. 39, http://www.bp.com/statisticalreview. ＊BP世界能源统计报告中的数据与美国能源信息署的数据及计量单位不尽相同。

续表

项目	量值	占世界比例	排名
煤炭消费量(百万吨油当量)	524.6	14.8%	2
核能消费量(百万吨油当量)	192.2	30.7%	1
水电消费量(百万吨油当量)	58.8	7.6%	3
可再生能源消费量(百万吨油当量)	39.1	24.7%	1
生物能生产量(千吨油当量)	25351	42.8%	1

　　除了要面对矿物能源可剩余开采时间短的情况之外,美国还面临能源消费量长年居高不下的情况,如图附-4所示。根据美国能源信息署2010年的

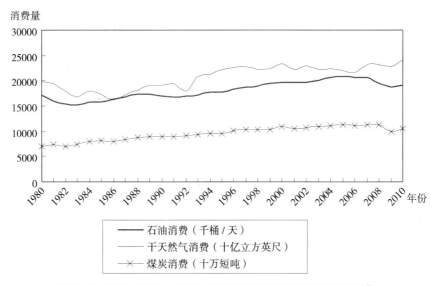

图附-4　1980—2010年美国主要能源消费量平滑曲线趋势图①

统计数据,1998—2007年,美国年平均能源消费量高达约100亿亿英国热量单位(Quadrillion Btu),而在此期间,美国年平均能源生产量只有约70亿亿英

　　① U.S. Energy Information Administration, "Petroleum," "Natural Gas," "Coal," *International Energy Statistics*, http://www.eia.gov/cfapps/ipdbproject/IEDIndex3.cfm.

国热量单位(EIA,2010)①,也就是说,每年美国的能源的生产与消费之间存在 30 亿亿英国热量单位的缺口(如图附-5 所示),这些缺口需要依赖进口来弥补。

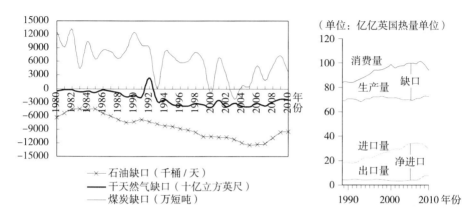

图附-5　1980—2010 年美国能源总产量与能源总消费量趋势图及能源缺口②

三、依赖进口、成本高昂

从 20 世纪 50 年代开始,美国成为能源净进口国;20 世纪 80 年代,美国对进口能源的依存度(尤其是石油)明显增大;尤其是冷战以后,随着美国经济的稳步增长,能源消费量增长迅速,而国内能源生产总量却相对稳定;在过去 10 年中,美国能源消费量增加了 17%,而生产量却仅仅增加了 2.3%,供需缺口很大,主要依赖国际市场来弥补,而且预计未来美国对国外能源的依赖度还将继续增加。③

---

①　U.S. Energy Information Agency, Department of Energy of the U.S., *Annual Energy Review*, 2009 (Washington, D.C.: Office of Energy Markets and End Use, August 2010), p. 309-311.

②　根据美国能源信息署(EIA)的数据计算、绘制,能源缺口=能源总消费-能源总产量。U.S. Energy Information Administration, "Total Energy," *International Energy Statistics*, http://www.eia.gov/cfapps/ipdbproject/IEDIndex3.cfm; U.S. Energy Information Administration, Department of Energy of the U.S., *Annual Energy Review*, 2009 (Washington, D.C.: Office of Energy Markets and End Use, August 2010), p. xix.

③　数据来源于美国能源信息署(EIA)的能源数据统计系统(State Energy Data System, SEDS)。具体数据请参见 http://www.eia.gov/state/seds/.

在美国能源消费结构中占重要地位的三大支柱性能源是石油、天然气和煤炭。除了煤炭资源，石油和天然气资源均需要大量进口，才能满足美国国内经济、社会发展的需要。这三种能源进口量的总体趋势均呈现攀升的态势（如图附-6a）。不过值得关注的是煤炭资源的出口量大于进口量，而对石油和天然气资源来讲，进口量却远远大于出口量，净进口量一直高位运行（如图附-6b）。

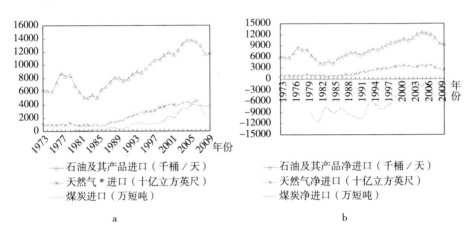

a   b

图附-6　1973—2010 年美国主要能源进口量（a）、净进口量（b）平滑曲线图①

石油对外依存度是衡量美国石油进口情况的风向标，美国石油净进口量的增加直接表现为其石油对外依存度的居高不下。早在1993 年，美国的石油对外依存度就首度突破50%的大关，达到50.01%的历史新高，之后，美国的石油对外依存度一直保持50%以上的高位，2006 年竟然高达66.26%，再创历史新高。直到奥巴马政府执政时期，美国石油对外依存度才呈现下降趋势。

———————

① 根据美国能源信息署（EIA）的数据计算、绘制。其中，石油和天然气资料来源：U. S. Energy Information Administration，"Oil：Crude and Petroleum Products Explained"，"Natural Gas Explained，" Energy Explained，http://www.eia.gov/energyexplained/index.cfm；煤炭资源来源：EIA，"International Energy Statistics，" http://www.eia.gov/cfapps/ipdbproject/IEDIndex3.cfm.

* 进口天然气资源包括：管道进口天然气（Pipeline）和进口液化天然气（LNG）；

* 其中，石油净进口数据来源于美国能源信息署的直接数据，天然气和煤炭净进口数据由美国能源信息署提供的进口量与出口量之差计算而得。

冷战后美国石油对外依存度的变化趋势如图附-7所示。

石油对外依存度（单位：%）

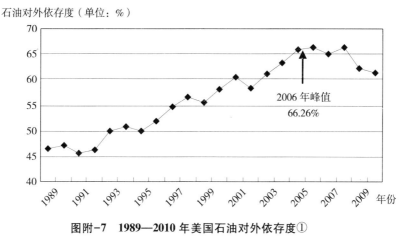

图附-7　1989—2010 年美国石油对外依存度①

美国对国际能源的依赖需要承担高昂的成本。美国进口能源的成本包括现实成本和潜在成本两个部分。"现实成本"即美国购买进口能源的成本,体现在能源的价格上;"潜在成本"即美国为了保障关键能源进口地区的稳定所需要支付的政治、经济、军事等额外成本,如对主要产油国的经济援助、对不稳定产油地区的军事保护、对恐怖主义的打击、对进口能源支付的联邦补贴等。② 据相关统计,美国为进口能源(尤其是指石油)所要支付的潜在成本会使其进口石油的真实价格至少翻一番。③ 吉利福尼亚州立大学的达尔文·C·霍尔(Hall Darwin C,1992a,b;2004)教授,用计量经济学的方法测算了由美国进口各种能源产生的外部性所带来的成本,如表附-2。

---

① 根据美国能源部信息管理署(U.S. Energy Information Administration) 石油相关数据整理计算。http://www.eia.gov/energyexplained/index.cfm? page=oil_home. 此表中"石油对外依存度"的计算公式:石油对外依存度=(石油及产品进口量/石油及产品消费量)＊100%。

② "潜在成本"是造成美国进口能源成本大幅提高的重要因素。

③ Lovins Amory B,Datta E Kyle,*Winning the Oil Endgame*:*Innovation for Profits*,*Jobs*,*and Security*,Peking:Tsinghua University Press,2009,p. 19.

表附-2　美国各种能源进口的外部性成本(以 2000 年美元为基准)①

能源类型	市场价格成本	外部边际成本					社会边际成本
		补贴	碳排放	空气污染	国家安全	其他外部性	
天然气($ /mmbtu)	5.80	—	0.24	0.39	0	—	6.46
原油($ /bbl)	29.50	—	1.92	14.88	12.7	—	59.20
煤炭($ /ton)	31.70	—	9.05	17.98	0	—	58.73
核能($ /MWh)	6.75	1.80	0	0	0.12	1.80	8.68
太阳热能($ /MWh)	9.51	—	0	0	0	—	9.51

四、结构失调、不容乐观

美国能源消费结构不尽合理。从美国国内的能源消费构成(如图附-8)来看,石油、天然气和煤炭资源等化石能源依然是最为主要的能源来源。在1990 年至 2011 年这二十几年间,美国对石油的消费最多,平均保持在能源总消费量的 40% 左右,其次是天然气和煤炭资源,所占比例分别为 26% 和 24%,而包括核能在内的可再生能源仅仅占到能源消费总量的 11% 左右。因此,这样的能源消费结构就意味着美国在一定程度上依旧保持着对石油、天然气和煤炭等常规能源的依赖。

综上所述,美国作为世界上最大的能源生产国和能源消费国,虽然能源资源储量相对丰富,但与其巨大的消耗量相比,其能源生产量、能源储量明显不足,依然面临能源消费和能源供给的巨大缺口,严重依赖进口能源,尤其是传统的石油、天然气等资源。因此,在能源领域,美国历届政府所关心的核心问题为:对内提高能源产量,节能增效;对外保证美国石油和天然气资源供应畅通,保持石油和天然气资源的合理价格。这也是历届美国政府能源战略与政

---

① Darwin C. Hall, "External Costs of Energy," *Encyclopedia of Energy*, Volume 2, 2004, Table 1, p.662;Darwin C. Hall, "Social Cost of CO₂ Abatement from Energy Efficiency and Solar Power in the United States," *Environment Resources Economy*, Volume 2, 1992a, pp.21-42;Darwin C. Hall, "Oil and National Security," *Energy Policy*, Volume 20, No.11, 1992b, pp.1089-1096.

策的核心目标。

比例(单位:%)

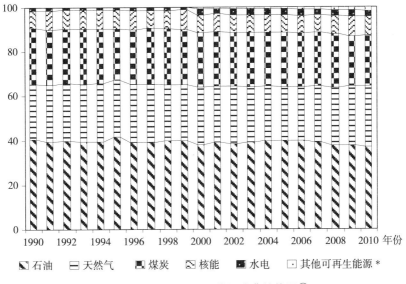

图附-8 1990—2010 年美国能源消费结构图①

第二节 美国能源战略形成发展的历史沿革

美国能源战略的形成与发展经历了从片面到全面、从简单到系统的发展历程。本节将简要回顾美国能源战略形成与发展的历史沿革。

一、美国能源管理体系简介

由于冗长的政策制定过程和极度分权的政治体制,美国现有能源管理体

---

① 根据英国石油公司出版的《BP 世界能源统计 2001》(BP Statistical Review of World Energy 2001)、《BP 世界能源统计 2011》(BP Statistical Review of World Energy 2011)提供的相关数据整理绘制。http://www.bp.com/statisticalreview. ＊其他可再生能源消费的计算以可再生资源发电总量为基准,包括风能、地热能、太阳能、生物质能和垃圾发电。

系的形成经历了漫长的历史过程。

（一）能源管理体系的责权分散阶段

美国能源管理机构在 20 世纪 30 年代开始崭露头角,时任美国总统罗斯福将能源规划和管理职能作为自然资源规划职能的一部分交予了内政部,并相继成立了田纳西谷管理局(TVA)、国家资源委员会①和联邦电力委员会(FPC)②等法定政府机构之外的联邦机构,专门负责不同种类能源相关政策的制定与管理。但当时美国联邦政府在能源相关政策制定中发挥的作用十分有限,以石油政策为例,在 20 世纪 30 年代美国石油市场政策是由大型石油公司和西南诸州组成的"州际石油联合委员会"主导制定的,联邦政府只是具体的实施者和监管者,处境非常被动。③ 1947 年,随着和平使用核能呼声的增高,美国杜鲁门政府时期又成立了原子能委员会(AEC),④用于推广核能在和平领域的应用。

虽然从 20 世纪 30 年代到 70 年代,美国历届政府建立了相关的能源机构对能源问题进行规划和管理,但由于缺乏统一的协调和控制,美国能源战略与政策制定的权责支离破碎地分散于各个职能部门之间,他们各拥特权、各自为政、矛盾重重,因此,很难在能源领域形成合力,难以出台统一融合的能源战略与政策。为了克服能源管理体制上的弊端,肯尼迪总统筹建了"跨部门能源研究小组",试图调和内政部与原子能委员会之间的严重分歧,但收效甚微。尼克松政府时期,其绕开国会通过行政命令建立了一系列新的能源管理部门,

---

① 1939 年,"国家资源委员会"更名为"国家资源规划委员会"。

② "联邦电力委员会"(FPC)是"能源监管委员会"(FERC)的前身。

③ 维托·斯泰格利埃诺:《美国能源政策:历史、过程与博弈》,郑世高、刘晓青、孙旭东译,石油工业出版社 2008 年版,第 1—2 页。

④ 美国原子能委员会(Atomic Energy Commission, AEC)成立于 1947 年,目的是推广原子能用于科技等和平领域;1974 年 10 月,根据美国《1974 年能源重组法案》(Energy Reorganization Act of 1974),"美国原子能委员会"的核能管理业务移交给了"美国核能管理委员会"(Nuclear Regulatory Commission, NRC),促进核能推广、利用的业务移交给了"美国能源研究与发展局"(Energy Research and Development Administration, ERDA),"美国能源研究与发展局"后并与美国能源部。资料来源:维基百科:美国原子能委员会,见 http://zh.wikipedia.org/wiki/%E7%BE%8E%E5%9B%BD%E5%8E%9F%E5%AD%90%E8%83%BD%E5%A7%94%E5%91%98%E4%BC%9A.

包括设立总统自然资源顾问、增设能源和矿产部副部长、成立第一个联邦节能办公室和白宫能源政策办公室①,并尝试由总统办公室直接控制能源政策等;②1974 年初,"联邦能源管理局"(FEA)取代了"白宫能源办公室",主要负责管理能源分配、定价、能源信息收集与分析等;随后,国会最终通过《能源重组法案》,并成立了"能源研究与发展局"(ERDA)、"能源资源委员会"和"核能管理委员会"(NRC)③。

1976 年,福特总统敦促国会通过了《能源政策与能源节约法案》(EPCA)和《能源节约与生产法案》(ECPA),法案要求改组政府能源管理机构,并成立"能源信息与分析办公室"(能源信息署 EIA 的前身),这无疑为后来卡特总统成立能源部(DOE)奠定了基础。④

(二)能源管理体系的系统化阶段——能源部的成立

卡特总统是美国能源统一管理体系的开创者。上任伊始,卡特总统便通过设立"能源政策计划办公室"和建立独立于国会的"联邦能源管理局",将国家能源政策的制定权收归白宫。⑤ 在卡特总统的敦促下,1977 年,美国众议院通过了《能源部组织结构法案》,联邦能源部(Department of Energy,简称"DOE")正式成立,用于对分散的各能源政策制定和监管机构进行了统筹。能源部是美国国家层面最高级别的能源战略与政策制定、实施、管理部门,是美国能源战略的最高领导机构。能源部的成立结束了美国能源管理一盘散沙、分裂割据、各自为政的局面,在美国能源史上具有划时代的

---

① 根据 1974 年 5 月 7 日尼克松总统签署的《1974 年联邦能源管理法案》,"白宫能源办公室"由"联邦能源管理局"(FEA)所取代。

② 维托·斯泰格利埃诺:《美国能源政策:历史、过程与博弈》,郑世高、刘晓青、孙旭东译,石油工业出版社 2008 年版,第 9～14 页。

③ 维托·斯泰格利埃诺:《美国能源政策:历史、过程与博弈》,郑世高、刘晓青、孙旭东译,石油工业出版社 2008 年版,第 17 页;维基百科:美国原子能委员会,见 http://zh.wikipedia.org/wiki/%E7%BE%8E%E5%9B%BD%E5%8E%9F%E5%AD%90%E8%83%BD%E5%A7%94%E5%91%98%E4%BC%9A。

④ 维托·斯泰格利埃诺:《美国能源政策:历史、过程与博弈》,郑世高、刘晓青、孙旭东译,石油工业出版社 2008 年版,第 19 页。

⑤ 维托·斯泰格利埃诺:《美国能源政策:历史、过程与博弈》,郑世高、刘晓青、孙旭东译,石油工业出版社 2008 年版,第 21 页。

意义。

卡特总统成立能源部的目的有二:第一,在国际层面,卡特政府和国会希望能源部的成立能够在维护进口石油稳定方面发挥作用,其成立的直接诱因是19世纪70年代初的中东石油禁运危机;第二,在国内层面,能源部的成立可以改变美国分散的能源管理权,将"能源研究开发局"、"联邦电力委员会"和"联邦能源署"三大能源管理机构统一并入能源部,①此外,将内政部、国防部②、农业部、商业部、交通部等部门的一些能源相关管理职能也转入能源部,进而统一了能源管理权、便于能源管理。同时,国会坚持保留专门的能源监管机构,将原"联邦电力委员会"(FPC)更名为"能源监管委员会"(FERC)③,成为内设于能源部的独立监管机构,财政上自筹自支,因此,其不受美国总统与国会的审议,而是对联邦法院负责。④"能源监管委员会"同各州政府的能源监管部门"公共事业管理委员会"(Public Utility Commission, 简称"PUC")共同构成了美国"联邦—州"两级能源监管体系。⑤ 能源部和各级能源监管委员会的成立共同构建了美国"政监分离"的能源管理体制。⑥

能源部成立之初的主要职责包括:能源研发、基础科学研究和核安全工作(如核武器的设计及核武器基础设施建设等相关工作)。成立之初,能源部下

---

① 维托·斯泰格利埃诺:《美国能源政策:历史、过程与博弈》,郑世高、刘晓青、孙旭东译,石油工业出版社2008年版,第25—26页。

② 国防部的海军石油战略储备、油页岩储备项目的管理职能并入能源部。

③ 能源监管委员会(FERC)由一名主席、四名专职委员组成,其中,主席由总统提名、国会审批。下设七个办公室。http://www.ferc.gov/about/offices-chart.asp。

④ Wikipedia, *Federal Energy Regulatory Commission*, http://en. wikipedia. org/wiki/Federal_Energy_Regulatory_Commission#cite_ref-0;Federal Energy Regulatory Commission, http://www.ferc.gov/。

⑤ 《从美国能源监管委员会看美国能源管理体制》,《节能与环保》2010年第2期,第9页。

⑥ 朱跃中:《美国能源管理体系及能源与环境领域发展趋势》,《宏观经济管理》2010年第3期,第72页。

辖三大办公室:能源办公室(Office of Energy)①、科学办公室(Office of Science)和国家核安全管理局(National Nuclear Security Administration)。

随着三十几年的发展,美国能源部的职责不断完善。目前,其主要的使命是:通过变革性的先进能源技术研发,解决美国能源、环境和核产业面临的挑战,确保美国安全和繁荣(DOE, 2011c)。美国能源部的组织机构也愈趋完善,按照职能的不同,分为:项目办公室(Program Offices)、实验室与技术中心(Labs & Technology Centers)、电力市场管理局(Power Marketing Administration)、执行办公室(Operations Offices)、职员办公室(Staff Offices)和其他相关机构(如 EIA)等(DOE, 2011d)。②

在全国能源管理领域,除了能源部的统一领导之外,美国其他一些联邦政府机构同样肩负着与其主管职能相关的能源管理职能。在能源部成立之初,内政部(U.S. Department of the Interior, DOI)的电力市场管理职能并入了能源部,③但其依然保有国土资源开发、保护和管理的职能,在美国公共土地、海洋水域进行的矿产、石油等资源的开发依然由内政部进行管理。④ 此外,联邦海洋能源管理局(Bureau of Ocean Energy Management,简称"BOEM")、联邦安

① 在能源办公室(Office of Energy)内,设立了专门的能源效率和可再生能源办公室(Office of Energy Efficiency and Renewable Energy,简称"EERE")。EERE 的主要工作目标是:大幅度降低对外国石油的依赖,减轻能源价格带给弱势群体的负担,提高可再生能源技术的可靠性并扩大应用,增强发电、输电和用电效率,提高建筑物和电器能效,削减工业能耗强度并改进工业效率,发展生物能源工业,通过政府行动为公众树立榜样等。围绕实现这些目标,EERE 设立了十项计划,分别是:生物能计划,建筑技术计划,联邦能源管理计划,地热能技术计划,氢能、燃料电池与基础设施计划,工业技术计划,太阳能技术计划,机动车技术计划,风能和水电技术计划,强化房屋保暖性能计划。

② 项目办公室(Program Offices)下设 10 个子办公室;实验室与技术中心(Labs & Technology Centers)下设 21 个实验社;电力市场管理局(Power Marketing Administration)下设 4 个子管理局;执行办公室(Operations Offices)下设 10 个子执行办公室、职员办公室(Staff Offices)下设 13 个子办公室;其他相关机构(Other Agencies)包括能源信息署(EIA)和国家核安全管理局(National Nuclear Security Administration)。

③ 《能源史话:美国能源部成立小史》,《中外能源》2008 年第 13 卷第 1 期,第 39 页。

④ U.S. Department of the Interior, DOI, About Interior, http://www.doi.gov/whoweare/interior.cfm; Wikipedia, United States Department of the Interior, http://en.wikipedia.org/wiki/United_States_Department_of_the_Interior.

全和环境执法局（Bureau of Safety and Environmental Enforcement，简称"BSEE"）、①联邦环境保护署（Environmental Protection Agency，简称"FPA"）、联邦交通运输部（Department of Transportation，简称"DOT"）等也分管部分油气资源管理工作。②

综上所述，从能源战略管理体系的组织架构来看，通过几十年的发展，美国已经形成了由能源部统一协调、各联邦政府部门及各州政府协同配合、垂直管理与矩阵式管理相结合的多元管理模式。③

二、美国能源战略与政策发展简史

美国能源战略与政策的出台和完善是对外界能源环境的应激反应。20世纪70年代初第一次石油危机的爆发直接导致美国国内能源供应短缺，甚至危及了美国国家安全，为此引发了美国各届政府对能源政策，尤其是油气资源政策的极度关注，并相继出台了一系列能源政策、能源计划及能源战略。

（一）能源战略的孕育与起步

尼克松、福特总统均向国会提出了旨在"提高能源自给能力"的能源政策提案，推行"能源独立计划"，进而实现美国能源的适度自给。在国内，福特总统的具体措施有：其一，通过国会进行能源立法；其二，推行扩大能源供给计划，逐步增加联邦土地和外大陆架上的石油产量；其三，解除国内原油价格、配额管控和天然气开发管制；其四，通过财税政策实现节能增效等。在国际上，福特总统建议建立13亿吨的战略石油储备，使美国在一定程度上摆脱了国际石油供应短缺

---

① 前身是联邦矿产管理局（Minerals Management Service，MMS）和联邦海洋能源管理、监管和执法局（Bureau of Ocean Energy Management, Regulation and Enforcement，BOEM-RE），于2011年10月1日拆分为联邦海洋能源管理局（Bureau of Ocean Energy Management，BOEM）和联邦安全和环境执法局（Bureau of Safety and Environmental Enforcement，BSEE）。Bureau of Ocean Energy Management, Regulation and Enforcement，BOEMRE，*Reorganization of The Bureau of Ocean Energy Management, Regulation and Enforcement*，http://www.boemre.gov/.

② 《从美国能源监管委员会看美国能源管理体制》，《节能与环保》2010年第2期，第8页。

③ 刘恩东：《美国能源应急管理体系及借鉴》，《中国应急管理》2011年第7期。

的不良影响。①但福特总统的提议遭到国会的阻挠,执行效果大打折扣。

卡特总统热衷于对能源政策的研究,1978 年第二次石油危机的爆发更是激发了全国性能源战略与能源政策的出台。卡特政府时期一共向国会提交了两份《能源政策计划》②,其能源战略的目的与福特政府如出一辙,在实施方式上,主要是通过道德说教、改变生活方式和增加成本等方式以实现节能降耗、降低进口能源的目的。③此外,通过能源新技术的研发寻求可替代的清洁能源也被列入到卡特总统能源政策的议事日程。

里根政府能源政策的思想体现在其出台的三份《能源政策计划》之中。里根政府的第一份《能源政策计划》标志着美国能源领域的关键性转变,根据该能源政策计划,美国于 1981 年初结束了对石油价格和配额的管制,市场取代政府,开始成为引导能源领域投资、生产、消费行为的决定性因素,并主导美国石油政策的走向。第二份《能源政策计划》具有浓厚的共和党色彩,里根总统提高了发展化石燃料和核能源的预算,降低了对节能和可再生能源研发的预算。第三份《能源政策计划》被称为"美国能源三重唱",其目标是"价格、供应与稳定",途径是"能源节约、发展煤炭和核动力",希望通过平衡多元的能源组合确保能源价格与供应的稳定,④进而维护美国的能源安全。但从执行效果来看,由于此阶段国际油价的低位运行,依靠市场力量运行的美国国内能源领域缺乏节能增效、发展核能、改变能源消费结构的积极性,第三份《能源政策计划》被束之高阁。在国际层面,一方面,里根政府摆脱了能源危机的影

① 维托·斯泰格利埃诺著:《美国能源政策:历史、过程与博弈》,郑世高、刘晓青、孙旭东译,石油工业出版社 2008 年版,第 17—18 页。

② 从 1978 年起,国会要求总统每两年提交一次《国家能源政策计划》(National Energy Policy Plan),其中,1987 年《能源安全报告》替代《国家能源政策计划》提交给了国会。详情请见维托·斯泰格利埃诺:《美国能源政策:历史、过程与博弈》,郑世高、刘晓青、孙旭东译,石油工业出版社 2008 年版,第 62 页。

③ 维托·斯泰格利埃诺:《美国能源政策:历史、过程与博弈》,郑世高、刘晓青、孙旭东译,石油工业出版社 2008 年版,第 23 页。

④ Department of Energy, DOE, *The National Energy Policy Plan*, A Report to the Congress Required by Title VIII of the Department of Energy Organization Act (Public Law 95-91), DOE/S-0040, 1985, pp. 2-6. 转引自:维托·斯泰格利埃诺:《美国能源政策:历史、过程与博弈》,郑世高、刘晓青、孙旭东译,石油工业出版社 2008 年版,第 32—35 页。

响,由于较低的国际油价和稳定的石油供应,美国缓和了同欧佩克的矛盾;另一方面,美国与其盟国在苏联天然气出口与管道建设方面发生了尖锐的矛盾。里根政府认为从苏联进口天然气数量的增加会提高对苏联能源的依赖,为此,里根总统对苏联实施了严厉的经济制裁,取消了向苏联出口石油和天然气设备的许可,禁止美国公司向苏联出售相关设备。[①] 里根政府的这些政策为美国在冷战期间占据有利地位创造了条件,也协助美国实现了能源政策的目的。但自尼克松政府至里根政府,美国始终没有形成一个统一的、全面的国家能源战略。

(二)第一份《国家能源战略》的出台

老布什总统执政时期国际格局发生了革命性的转变,东欧剧变、苏联解体使国际格局从两极格局向"一超多强"的多极化格局转变。而随着冷战的结束,美国经济得到了飞速的发展,对石油资源的需求量与日俱增,但鉴于美国国内石油产量的下降,美国对进口石油资源的依赖性愈来愈大,再加之主要能源出口地区不稳定因素的增加(海湾战争等),美国国家能源安全受到极大挑战。因此,美国对全面、系统能源战略需求的紧迫性与日俱增。1989 年 6 月,在老布什总统的授意下,能源部成立了由其所有机构代表组成的专门的"国家能源战略起草委员会"(NESDC);同年 7 月底,老布什总统宣布开始制定全面的国家能源战略;[②]1990 年 10 月,老布什政府的《国家能源战略》文本在"沙漠盾牌"行动与"沙漠风暴"行动的空隙间逐步成型,并于 1991 年 2 月 20

① The White House, "White House Statement on U.S. Measures Taken Against the Soviet Union," *Weekly Compilation of Presidential Documents*, Vol. 17, No. 53, December 29, 1981; Companies affected were Manufacturing Associates of General Electric: John Brown Corporation of U.K.: A. E. G. Kanis of West Germany;Nuovo Pignone of Italy;and GE licensee Alsthom Atlantique of France;U.S. Senate, Committee on Foreign Relations with the Soviet Union, 97th Congress,2nd session, July 30. 1982. Washington, DC, 1982.转引自:维托·斯泰格利埃诺:《美国能源政策:历史、过程与博弈》,郑世高、刘晓青、孙旭东译,石油工业出版社 2008 年版,第 37页。

② The White House, Office of the Press Secretary, *Remarks by the President at the Natural Gas Bill Signing Ceremony*, July 26, 1989. 转引自:维托·斯泰格利埃诺:《美国能源政策:历史、过程与博弈》,郑世高、刘晓青、孙旭东译,石油工业出版社 2008 年版,第 65、67页。

日正式颁布。① 该能源战略的核心目的是确保美国的能源安全,主要途径为实现美国能源供应多元化、鼓励节能增效、刺激能源行业竞争、加强技术研发。② 具体看来,该战略包括四项政策选项:其一,在能源安全领域,减少对不可靠能源的依赖;其二,在电力领域,提高电力市场的效率;其三,在环境领域,平衡能源与环境保护;其四,在科技领域,支持技术研发与转让。③ 1991 年《国家能源战略》(*National Energy Strategy of* 1991)是美国历史上第一个关于能源问题的战略性文件,为美国获取更有效、更安全的能源奠定了全面的基础。

在克林顿政府的大部分时期,石油资源供应稳定、石油价格稳中有降,并没有出现大规模严重的石油供给中断,因此,鉴于优越的国际国内能源环境,能源战略并没有在克林顿政府和国会议事日程上占据重要位置,1991 年《国家能源战略》的一系列举措并未得到应有的重视,也没有得到贯彻实施。尤其是当 1992 年克林顿总统提出针对化石能源热量消耗征收能源税(BTU tax)的提议遭到国会否决之后,克林顿政府在能源领域再无新的努力和尝试。直到克林顿政府后期,国际石油价格开始攀升,再加之国内产油量大幅下降,美国能源供给逐渐出现石油供不应求的现象。④ 在这样的背景下,1998 年,克林顿政府出台了《国家综合能源战略》(*Comprehensive National Energy Strategy of* 1998),提出了保障美国能源安全和经济发展的五个途径:(1)提高能源系统的效率;(2)通过降低能源供应中断的风险和提升能源基础设施的可靠性来保障能源稳定供给;(3)提高能源产品的产量;(4)通过投资能源新技术研

---

① U. S. Department of Energy, DOE, *President Releases National Energy Strategy*, February 20, 1991. 转引自:维托·斯泰格利埃诺:《美国能源政策:历史、过程与博弈》,郑世高、刘晓青、孙旭东译,石油工业出版社 2008 年版,第 195、230 页。

② The White House, Office of the Press Secretary, Remarks by the president at energy policy briefing, February 20, 1991.转引自:维托·斯泰格利埃诺:《美国能源政策:历史、过程与博弈》,郑世高、刘晓青、孙旭东译,石油工业出版社 2008 年版,第 231 页。

③ 维托·斯泰格利埃诺:《美国能源政策:历史、过程与博弈》,郑世高、刘晓青、孙旭东译,石油工业出版社 2008 年版,第 201—205 页。

④ Joskow Paul L. 2001. U.S. Energy Policy during the 1990s, pp. 1-4, 2011-10-14, http://econ-www.mit.edu/files/1144.

发来增加能源品种;(5)通过开展国际能源合作来解决国际经济、安全及环境问题。① 纵观克林顿政府时期的能源战略与政策,其能源战略与政策具有三个显著的特征:第一,非常重视能源开发与利用对环境带来的影响,重视环境保护;第二,关注能源品种的多样化,鼓励可再生能源的开发;第三,关注能源来源多元化的重要性,鼓励进口石油来源的多元化。

(三)能源战略的调整与完善

小布什时期美国全球战略发生了重大转折,其能源战略也随之发生了重大调整。首先,从国际层面来讲:新兴国家异军突起,全球对石油资源的需求量强劲增长,国际能源体系中的竞争加剧,国际能源形势严峻(陈青,2007)[10];国际石油市场供求平衡屡被打破,国际油价持续震荡上涨,潜在的石油危机如影随形(张毅,2005)[4]。从美国国内角度来讲:小布什家族有深厚的石油背景,小布什政府是典型的"石油内阁",对传统油气资源给予特别的关注;国内大选与飓风等危机事件催化了小布什政府对石油的关注程度;美国石油储备/生产量与消费需求量之间的矛盾日益尖锐,进口石油对外依存度不断推高;小布什政府"鹰派"势力有所上升,使得美国在处理国际能源问题时倾向采取"干涉主义"方式(舒先林,2010)[176]。面对复杂的能源形势,小布什总统一上台便组建了由副总统切尼为首的"国家能源政策研究组",负责起草新的能源政策,并于 2001 年 5 月出台了本届政府第一份《国家能源政策报告》(*National Energy Policy: Report of the National Energy Policy Development Group*)②。根据这份报告的估计,海湾地区的石油资源在一段时间内依然是美国能源安全不可或缺的保障,因此,在复杂的国际国内因素相叠加的情况下,小布什政府的能源战略与政策给予石油资源,尤其是中东地区的石油资源以特别的关注,且其能源战略的外向型特征日趋明显(孙波正,2009)[10]。但由

---

① U.S. Department of Energy, "Message from the Secretary of Energy", Comprehensive National Energy Strategy (Washington, D.C., April 1998), p. 3.

② 2001 年小布什政府国家能源政策报告的全名为:《把可靠、经济、有益于环保的能源奉献给美国的未来》(*Reliable, Affordable, and Environmentally Sound Energy for America's Future: Report of the National Energy Policy Development Group*),具体文本可参见:http://www.netl.doe.gov/publications/press/2001/nep/national_energy_policy.pdf。

于美国来自中东等不稳定地区的进口石油资源的安全性屡受挑战,小布什总统不得不根据环境对能源战略与政策进行调整,他号召降低对进口石油的依赖、提高国内能源供给、提高能源效率。2005 年 8 月,小布什总统签署发布了《美国能源政策法案》(*The Energy Policy Act of* 2005, EPACT 2005),该法案延续了《国家能源政策报告》对能源形势和未来趋势的判断,但对战略与政策手段进行了适度调整,其将保障美国能源安全的重任从主要依赖国外能源来源的稳定和价格的合理,转变为国内增加能源供给、节约增效和降低能源对外依存度,即从单独强调"开源"转变为"开源节流"并行。① 此外,小布什总统也一反常态,不止一次的告诫美国人民要"戒除石油瘾",②要通过开发国内石油资源、发展清洁替代能源来降低美国进口石油量。随后,小布什政府又相继出台了 2003 年和 2006 年的《能源部战略计划》(*U.S Department of Energy Strategic Plan*)、③《先进能源行动计划》(*The Advanced Energy Initiative*)、《美国竞争力行动计划》(*American Competitiveness Initiative*)、《2007 年能源独立和安全法》(*Energy Independence and Security Act of* 2007,原被称为 *CLEAN Energy Act of* 2007)等政策法案,为保持美国在清洁能源领域的领先地位提供政策与法律支持。2008 年,小布什总统更是在国情咨文中明确指出,"为了保障美国未来能源,保障美国安全,经济繁荣与发展……必须开发新一代清洁能源技术……减少对进口石油的依赖",④进一步指明了未来美国能源战略的发展方向。

奥巴马政府的能源战略延续了小布什政府后期的思想,奥巴马总统上任伊始便公布了本届政府国家能源政策的目的,即通过能源来源多元化和能源品种多样化来保证国家能源安全。为此,2010 年 3 月底,奥巴马政府出台了

---

① U.S. House Committee on Energy and Commerce Press Office, *Energy Policy Act of 2005*, April 2005. http://energycommerce.house.gov.

② 雷越、陈建荣:《美国降低石油对外依存度的战略动向》,《国际石油经济》2011 年第 4 期,第 8 页。

③ U.S. Department of Energy Strategic Plan, 2006. http://energy. gov/sites/prod/files/edg/media/2006StrategicPlanSection1.pdf.

④ 孙波正:《本世纪初美国能源安全战略探悉》,硕士学位论文,华东师范大学,2009 年,第 21 页。

《能源安全综合战略》(*Comprehensive Strategy for Energy Security*),用于鼓励国内油气资源的开发和节能增效。① 2011 年 3 月底,奥巴马总统又签署了《美国未来能源安全蓝图》(Blueprint for a Secure Energy Future),具体勾勒了美国能源战略的框架,包括确保能源的稳定供应、降低能源成本、节能增效和发展清洁能源技术等措施。② 综合看来,与往届政府相比,奥巴马政府时期美国能源战略与政策的变化主要体现在以下几个方面:第一,降低对不稳定地区进口石油资源的依赖。③ 2011 年 3 月,奥巴马总统宣布在今后十年内,将美国的进口石油量削减三分之一,从而进一步提高美国能源的独立性。④ 奥巴马政府降低石油进口对外依存度的主要方式有三:增加国内石油产量、提高石油使用效率和发展清洁能源等替代性能源。⑤ 第二,实现能源经济转型,⑥强调能源品种的多样化,大力发展清洁能源和非传统油气资源,尤其是页岩气资源。如 2009 年美国众议院通过的《2009 美国清洁能源与安全法案》(*American Clean Energy and Security Act*,*ACES*)、《2011 年能源部战略计划》、2012 年 4 月奥巴马总统签署的旨在推动国内页岩气资源安全开发的总统行政命令(Executive Order: *Supporting Safe and Responsible Development of Unconventional Domestic*

---

① The White House, Office of the Press Secretary, *Obama Administration Announces Comprehensive Strategy for Energy Security*, March 31, 2010. http://www.whitehouse.gov/the-press-office/obama-administration-announces-comprehensive-strategy-energy-security.

② The White House, Office of the Press Secretary, *The Obama Administration's Blueprint for a Secure Energy Future*, March 30, 2011, http://www.whitehouse.gov/blog/2011/03/30/obama-administration-s-blueprint-secure-energy-future; The White House, *Blueprint for a Secure Energy Future*, March 30, 2011, http://www.whitehouse.gov/sites/default/files/blueprint_secure_energy_future.pdf.

③ 方小美、冯丹、孙波:《奥巴马的能源政策和中东政策取向及其影响》,《国际石油经济》2008 年第 12 期,第 45 页。

④ 蒋骢骁:《奥巴马欲减石油进口量》,《中华工商时报》2011 年 4 月 6 日,第 004 版。

⑤ 褚王涛:《从美国能源政策演进看奥巴马能源政策宣言》,《生产力研究》2010 年第 1 期,第 50 页。

⑥ The White House, *National Security of the United States*, 2010 (Washington, D.C.: The White House, May 2010), p. 30.

Natural Gas Resources)①等都体现了这一点。奥巴马政府的这些举措的主要目的可以概括为两点:其一,提高美国在清洁能源领域、非常规油气资源领域中的竞争力,进一步摆脱美国对进口石油资源的依赖,实现能源独立;其二,替代能源的开发可以使美国在国际清洁能源领域和非传统能源领域引领新的工业革命,从而抢占国际能源领域新的制高点。第三,持续关注石油进口的稳定及国际石油价格的稳定。虽然美国通过采取节能和发展替代能源的方式减少了石油的消费,美国的能源消费结构也因此得到一定程度的改善,但由于国内石油生产能力的不足,美国的石油进口依然占据很大比重,确保关键石油出口地区和国际油价的稳定对美国来讲依然至关重要。为此,美国一方面关注与海湾产油国、委内瑞拉、中亚—里海等地区和国家的关系,另一方面利用美国在国际能源政治经济格局中的主导地位,以政治、经济、金融等手段维护世界能源市场的稳定,从而在国际层面保证美国的能源安全。

三、美国非常规能源发展历史简介

由于常规能源的不可再生性,人们对新的替代性能源的探索从未停止过。近些年来,随着勘探、开采技术突飞猛进的发展,原本开发难度大、开发成本高、储存收集难的非常规能源逐渐进入人们的视野,成为未来"常规能源的重要战略性补充"。非常规能源的大规模发掘和开发必将颠覆以常规油气资源产地为核心的全球能源格局,在不久的将来,全球将形成以新兴非常规能源聚集地为中心的新的能源格局,这也必将导致国际政治经济秩序发生新的变迁。美国在非常规能源开发领域具有先发优势,下面对美国清洁能源和页岩气资源发展历程进行简介。

(一)清洁能源发展简史

早在 20 世纪 50 年代,美国清洁能源的发展便开始初露端倪。1953 年,艾森豪威尔总统同意进行"和平利用核能计划",将核能技术向民用领域推

---

① The White House, Office of the Press Secretary, *Executive Order-Supporting Safe and Responsible Development of Unconventional Domestic Natural Gas Resources*, April 13, 2012. http://www.whitehouse.gov/the-press-office/2012/04/13/executive-order-supporting-safe-and-responsible-development-unconvention.

广;肯尼迪政府时期,他敦促美国原子能委员会(Atomic Energy Commission,简称"AEC")积极推动核能技术的和平应用,美国垦务局(Bureau of Reclamation)和陆军工程部(Department of United States Army Corps of Engineers,简称"USACE")也开始筹建水利大坝等。①

美国政府对清洁能源的关注开始于20世纪70年代初第一次石油危机之后,由于欧佩克产油国的石油禁运给美国带来了巨大的打击,因此此后的尼克松、福特和卡特三位总统在任期内都为能源危机所累。为此,他们希望能够在一定程度上实现"能源自给",这为清洁能源的发展创造了机遇。尼克松政府时期,他指示美国原子能委员会(AEC)开发高级核能反应堆、增殖反应堆技术,并进行商业推广;要求环保局(Environmental Protection Agency,简称"EPA")提供资金进行"硫化物控制技术"研究,即里根政府"洁净煤计划"的前身;号召美国宇航局(National Aeronautics and Space Administration,简称"NASA")对太阳能的利用价值和技术进行评估等。② 卡特也注意开发替代能源,尤其是核能发展对国家能源安全的重要性。1975年,卡特总统推动了"核能和替代能源系统"(CONAES)研究;1977年又倡导开发煤炭新技术。③

里根政府后期,国际石油价格崩盘,价格大幅下跌,再加之里根的共和党背景,该时期美国清洁能源的发展略显缓慢。由于1979年三厘岛核泄漏事故的发生,严重打击了美国核能的发展,因此,在里根政府时期,美国没有新建核

---

① 维托·斯泰格利埃诺:《美国能源政策:历史、过程与博弈》,郑世高、刘晓青、孙旭东译,石油工业出版社2008年版,第8—9页;Barber W. 1981. *Studied Inaction in the Kennedy Years*, *in Energy Policy in Perspective*. Goodwin C. ed. Washington DC:Brookings Institution, pp. 324-330.

② 维托·斯泰格利埃诺:《美国能源政策:历史、过程与博弈》,郑世高、刘晓青、孙旭东译,石油工业出版社2008年版,第13、18页。

③ Twentieth Century Fund (Task Force on United States Energy Policy). 1977. Background Paper by Richard B. Mancke. Providing for Energy. New York:McGraw-Hill;维托·斯泰格利埃诺:《美国能源政策:历史、过程与博弈》,郑世高、刘晓青、孙旭东译,石油工业出版社2008年版,第20—22页;Jimmy Carter. 1982. *Keeping Faith:Memoris of a President*. New York:Bantam Books, p. 91.

电站,同时大量削减了在节能和可再生能源领域的预算投入。① 但是在里根政府期间,洁净煤技术得到了一定的关注。

冷战结束后,美国出台了 1991 年《国家能源战略》,在该战略拟定过程中,美国政府内部就是否大力支持可再生能源发展的议题展开了激烈的讨论,最后还是将美国的能源战略目标定为"实现能源供给多样化、增加燃料可选性、提高能源效率、增强节能意识、鼓励能源新技术的研发"。该能源战略是美国历史上第一次提出要实现更清洁、更有效、更安全的能源发展战略目标。② 但由于布什总统的深厚的石油背景,美国忙于通过第一次海湾战争在中东地区争夺石油资源,这份战略中发展清洁能源的政策并没有真正贯彻实施。

克林顿政府的能源政策深受环保主义者的影响,十分关注温室气体减排和全球变暖问题,因此,其对发展清洁能源情有独钟。在克林顿任期内,他设立专门的项目用于研发可再生能源技术、提高能效技术、清洁能源汽车技术,并建议对清洁能源的使用提供税收优惠政策等。但克林顿政府这些关于发展清洁能源的提案遭到了共和党领导的国会的阻挠,国会拒绝在预算中为这些项目或政策提供研发经费和财政补贴。③ 与此同时,在克林顿政府大部分时期,国际油价低位运行,进口石油压力较小,这在一定程度上也抑制了本届政府发展清洁能源的积极性。因此,虽然克林顿政府十分关注清洁能源的发展,但清洁能源在克林顿政府时期并没有得到跨越性的发展,也没有出台发展清洁能源的任何法案。

小布什政府时期是美国向清洁能源战略转型的重要时期。然而,由于小布什总统具有深厚的石油背景,起初,他对清洁能源的兴趣不大。但"9·11"

① Department of Energy, DOE. 1980. Budget Submissions：1980, pp. 81 - 84；U. S. Energy Information Administration, EIA. 1993. *World Nuclear Capacity and Fuel Cycle Requirements* 1993. DOE/EIA 0436(93).转引自:维托·斯泰格利埃诺:《美国能源政策:历史、过程与博弈》,郑世高等译,石油工业出版社 2008 年版,第 34 页。

② 维托·斯泰格利埃诺:《美国能源政策:历史、过程与博弈》,郑世高、刘晓青、孙旭东译,石油工业出版社 2008 年版,第 231 页。

③ Joskow Paul L. 2001. *U. S. Energy Policy during the* 1990*s*, 2011 - 10 - 14, p. 2. http://econ-www.mit.edu/files/1144.

事件的爆发,以及持续飙升的国际油价,再度引发了小布什政府对进口石油安全的担忧,发展清洁能源由此进入决策者视野。2001 年,小布什政府出台了《国家能源政策》(*National Energy Policy*),开始强调发展清洁能源、提高能效、节约能源和对传统能源产业进行升级改造;2005 年,小布什总统签署了《国家能源政策法案》(*Energy Policy Act of* 2005),强调要进一步降低对进口石油的依赖,实现"能源独立",这标志着美国能源战略出现重大调整(刘助仁,2007)[10],也标志着美国在实现能源安全方面迈出了重要一步。[1] 在这些政策的鼓励和推动下,清洁能源领域的技术研发得到了充足的财政支持,氢能、太阳能、风能、地热能、生物质能等开发项目也得到资金资助和税收优惠。[2] 同时,小布什政府还鼓励民众和企业采用低碳、清洁的能源,以改变以前高能耗的生活和生产方式。在国际上,小布什总政府带头研发清洁能源技术,为此,其设立了新的"国际清洁技术基金",希望通过建立"温室气体减排协议"来帮助清洁能源在发展中国家的使用和推广。小布什政府后期发展清洁能源的一系列举措为奥巴马政府的"新能源革命"奠定了基础。[3]

奥巴马政府中参与能源战略与政策制定者多为具有环保主义和非石油背景的官员,在能源领域中,他们更为关注气候变化问题、清洁能源技术研发与推广、洁能增效等议题。[4] 而在金融风暴中临危受命的奥巴马总统,也希望将能源安全、气候变化等能源领域亟待解决的问题同实现美国经济复苏联系起来,一并解决。[5] 随着 2009 年《美国复兴和再投资法案》(*American Recovery and Reinvestment Act*)的颁布,清洁能源作为重振美国经济的重要工具之一,在美国得到了历史性的、突破性的、跨越式的发展。清洁能源的发展对奥巴马政

---

① 孙波正:《本世纪初美国能源安全战略探悉》,硕士学位论文,华东师范大学,2009 年,第 21 页。

② 陈青:《小布什政府能源战略》,硕士学位论文,暨南大学,2007 年,第 15—16 页。

③ 孙波正:《本世纪初美国能源安全战略探悉》,硕士学位论文,华东师范大学,2009 年,第 23 页。

④ 杨玉峰:《奥巴马政府能源新政及潜在影响》,《中国能源》2009 年第 6 期,第 5—6 页。

⑤ 赵宏图、黄:《奥巴马能源、环境新政分析》,《现代国际关系》2009 年第 3 期,第 13 页。

府进一步实现进口石油的多元化、摆脱对中东地区进口石油的过度依赖作出了突出的贡献。

(二)页岩气资源开发简史

页岩气属于典型的非常规油气资源。[①] 据相关统计,全球非常规油气资源的储量非常丰富,并且随着勘探和开采技术的发展,越来越多的非常规油气资源得以发现,非常规油气资源的储量和产量将呈现井喷式增长。截至 2008年,全球非常规石油资源的产量约为 449.5 亿吨,与常规石油产量基本持平;全球非常规天然气资源的储量则高达 392 万亿立方米,是常规天然气储量的8 倍。[②] 美国非常规油气资源的储量和产量极为丰富。以页岩气为例,全球页岩气储量约为 662 万亿立方英尺,约 44% 集中地分布在政局相对稳定的美洲地区,[③]其中以美国的储量最为丰富。[④]

美国是最早开发利用非常规油气资源的国家之一。近年来,随着钻井技术和压裂技术难关的攻克,美国在非常规天然气勘探、开发领域取得了突破性进展,这使得美国一跃成为页岩气开发领域的排头兵,并在全球范围内掀起了新的"页岩气革命"。其实,早在 19 世纪 20 年代初期,美国就开始开发页岩气资源,20 世纪 70 年代的石油危机成为美国页岩气勘探的催化剂。但由于技术的制约,直到最近几年才取得技术上的突破。美国在页岩气领域的突破性进展得益于联邦政府的鼓励政策。1980 年,美国联邦政府出台《能源意外获利法》,其中第 29 条规定对非常规天然气的开发提供联邦税收补贴(页岩气的补贴为 3.5 美分/m³)。此阶段,非常规天然气开发利润中的近三成来自于政府的政策优惠。[⑤] 1976 年,美国启动东部页岩气项目,20 世纪 80 年代,

---

① 非常规油气资源是与常规石油、天然气资源相对而言的概念,目前非常规油气资源并没有明确的定义。一般来讲,非常规油气资源指储存地点、开采方法等与常规石油、天然气不同的油气资源,主要包括:页岩油、重油、油砂油、煤层气、页岩气、致密气等。

② 邹才能等:《常规与非常规油气聚集类型、特征、机理及展望》,《石油学报》2012 年第 2 期。

③ 见 http://www.eia.gov/analysis/studies/worldshalegas/pdf/fullreport.pdf。

④ 郭永刚等:《非常规能源油页岩开发利用的研究进展》,《江苏化工》2008 年第 2 期。

⑤ 付斌等:《美国页岩气藏勘探开发及其启示》,《天然气技术》2010 年第 4 卷第 6期,第 2 页。

美国天然气技术研究所(Gas Technology Institute，GTI)开始着手对美国东部地区的页岩气资源进行系统研究,进而掀起了页岩气勘探与开发的小高潮,水平井技术就是在此时被应用于页岩气开发。进入21世纪以来,美国逐步突破了页岩气水力压裂技术瓶颈,2003年,美国第一口页岩气钻完井技术诞生,自此拉开了美国页岩气大规模开采的序幕。① 2006年,随着水平井技术与水力压裂技术的整合,美国的页岩气产业进入了大规模工业化阶段,如图附-9所示。② 此外,美国联邦政府还设立了专门的非常规油气资源研究基金会,协助美国页岩气产业的快速发展。③ 奥巴马政府时期,美国的页岩气产业得到了井喷式发展。2012年4月,奥巴马总统专门成立了旨在推动美国国内非传统天然气资源安全开发利用的"部门间工作组",用以协调美国能源部、环保局和内政部三个部门进行相关技术研究和资源开发。

产量（单位：万亿立方英尺）

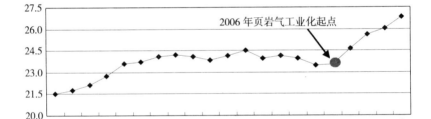

图附-9　美国天然气产量趋势及页岩工业化起点④

技术的进步直接推动了美国页岩气产量的急剧攀升,美国页岩气的产量从2006年的0.94万亿立方英尺上升至2010年的4.46万亿立方英尺,短短

---

① 罗佐县:《美国页岩气勘探开发现状及其影响》,《中外能源》2012年第17卷第1期,第23页。

② 冯跃威:《美国页岩气开发策略研究——美国的页岩气之梦》,《国际石油经济》2012年第1—2期,第93页。

③ 章文:《页岩气将改善美国能源前景》,《中国石化》2010年第9期,第54页。

④ U.S. Energy Information Administration, EIA. *International Energy Statistics*：U. S. *Gross Natural Gas Production*, 2012-08-08, http://www.eia.gov/cfapps/ipdbproject/iedindex3.cfm？tid=3&pid=3&aid=1&cid=US,&syid=1980&eyid=2010&unit=BCF.

的四年间产量增长了近五倍;预计至 2035 年美国页岩气的产量将达到 12.25 万亿立方英尺,①将比 2006 年相比增长十三余倍。而美国本土页岩气现有产能与其高达 860 万亿立方英尺储藏量相距甚远,②这足以说明,随着技术的成熟,未来美国页岩气开发潜力巨大,如图附-10 所示。

产量(单位:万亿立方英尺)

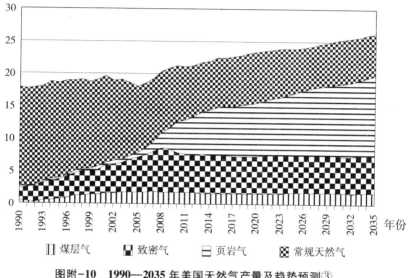

图附-10　1990—2035 年美国天然气产量及趋势预测③

目前,美国的页岩气主要储藏和生产地有七个,主要分布在美国的中南部和西部地区,如图附-11。

美国页岩气资源的开发有效地降低了美国天然气进口数量,随着页岩气

---

① U.S. Energy Information Administration, EIA. *Annual Energy Outlook* 2011 *Reference case-Figure* 89. *Natural gas production by source*, 1990-2035 (*trillion cubic feet*), 2012-05-18, http://www.eia.gov/forecasts/aeo/excel/fig89.data.xls.

② U.S. Energy Information Administration, EIA. 2011s. *World Shale Gas Resources*: *An Intitial Assessment of* 14 *Region outside the United States*, 2012-05-19, http://www.eia.doe.gov/analysis/studies/worldshalegas/pdf/fullreport.pdf.

③ U.S. Energy Information Administration, EIA. *Annual Energy Outlook* 2011 *with Projections to* 2035. p. 24, 2012-05-18, http://www.eia.gov/oiaf/aeo/gas.html.

（单位：万亿立方英尺）

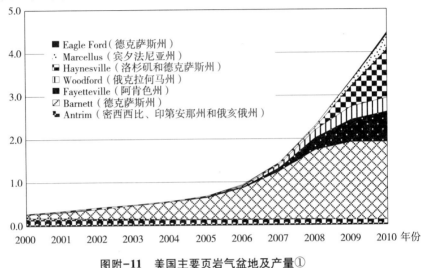

图附-11　美国主要页岩气盆地及产量①

等非常规能源的开发技术的成熟与大规模应用，美国进口天然气数量大幅下降。

（三）美国国内页岩气的产业化重塑国际能源格局

2007年，美国在页岩气开发领域取得了巨大进展，这将改变国际能源格局，并在一定程度上导致国际能源秩序发生变迁。第一，改变了国际能源消费格局，天然气在国际消费能源结构中的比例将有所提升，石油的核心地位受到挑战。随着页岩气开采技术的成熟、开采成本的降低，天然气的价格进一步降低，这无疑会导致天然气的需求量增加；第二，美国在国际天然气市场和政治格局中的地位有所提升。美国的天然气产量于2009年第一次超过俄罗斯，成为世界上最大的天然气生产国，②巨大的天然气产量不仅使美国的天然气进口数量下降，还使得美国获得更强硬的国际天然气定价权。此外，美国天然气

---

① U.S. Energy Information Administration, EIA. *Annual Energy Outlook* 2011 *with Projections to* 2035- Figure Data slide p. 21, 2012-05-18, http://www.eia.gov/oiaf/aeo/gas.html.

② 郭永刚、毛燕飞：《专家预测美国页岩气产量将下降》，《北京石油管理干部学院学报》2011年第5期，第15页。

产量的飚升还会对俄罗斯、中东产气国在国际天然气市场中的传统地位形成挑战,进而强化了美国在全球能源格局中的主导地位和话语权。

(四)美国国内页岩气的产业化影响美国能源战略

美国和美洲地区页岩气的大规模开发和利用可以使美国的能源供给结构更加多元,并在一定程度上降低美国对敌对地区和不稳定地区进口石油的依赖。但美国页岩气等非常规能源的开发,在短时间内对美国能源战略的总体布局的影响有限,并不会使美国的能源战略发生根本性的改变,原因有三:

第一,页岩气虽然在使用环节达到环保要求,但其生产过程却存在环境污染的隐患。据报道,页岩气在生产过程中耗水量较大,并且由于开采技术的局限,还存在污染地下水、地面下陷、空气污染、生态环境破坏等威胁。[1] 因此,在美国,页岩气的开发一度遭到环保组织抵制。

第二,页岩气开发成本较高,而天然气市场价格低迷,因此,页岩气的开发缺乏市场动力。与其他清洁能源开发类似,页岩气的生产则依赖政府的财政补贴与优惠政策,这将影响页岩气开发的可持续性。因此,有专家预测,由于页岩气生产的成本高、存在环境污染隐患等问题,美国的页岩气开发的可持续性有待验证,其产量也存在下降的可能性。[2]

第三,在短期内,页岩气不能够代替传统化石能源。这可以从两个方面来解释:①从美国国内能源消费结构来看,冷战结束后,石油依然在美国能源消费结构中独占鳌头,约占美国能源消费总量的40%左右,而天然气占能源消费总量的比例仅略高于煤炭,约为26%(可参考图附-8"美国能源消费结构图"和图附-6"美国主要能源进口情况曲线图")。根据美国能源信息署的预测,到2035年,美国国内能源消费中的78%依然由化石能源提供,石油、天然气和煤炭所占比例分别为:33%、24%和21%,如图附-12所示。其中页岩气

---

① 赵宏图:《世界页岩气开发现状及其影响》,《现代国际关系》2011年第12期,第47页。

② David Hughes, *Will Natural Gas Fuel America in the 21st Century?* Post Caron Institute, May 29, 2011, 2012-08-08, http://www.postcarbon.org/reports/PCI-report-nat-gas-future.pdf; Arthur Berman, "After the gold rush: A perspective on future U.S. natural gas supply and price," *The Oil Drum*, February 8 2011, http://www.theoildrum.com/node/8914.

预计约占天然气消费总量的 46%,仅占全部能源消费总量的 11%。因此,在未来二十几年内,虽然页岩气等非常规天然气资源和清洁能源所占比例有所提升,但石油依然为美国最主要能源来源。此外,由于石油价格受制于国际石油市场的供需情况,所以只要美国消费、进口石油,就必然受到国际石油市场石油价格波动的影响。②从天然气缺口来看,美国国内天然气缺口虽然由于非常规页岩气的大规模开发利用而减小,但依然依赖大规模进口,美国面临的能源安全问题并没有因为页岩气的大规模开发和利用而得到根本性的改善。根据美国能源信息署的统计数据,冷战结束后,美国天然气的进口量呈持续攀升的态势,2007 年以后,随着页岩气等非常规能源开发技术的成熟与大规模应用,美国进口天然气数量大幅下降。截至 2011 年,美国天然气的净进口量相比 2007 年下降了约 50%,但天然气净进口的绝对数量依然高达 1.9 万亿立方英尺;预计到 2035 年,美国天然气生产与消费的缺口将下降至 3173 亿立方英尺。① 然而美国天然气依赖进口的局面始终没有得到逆转,如图附-13所示。

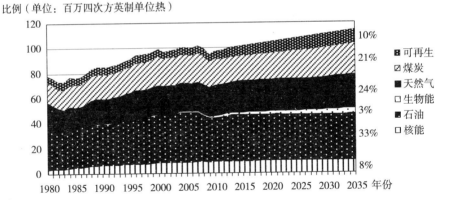

比例（单位：百万四次方英制单位热）

图附-12　1980—2035 年美国国内能源消费结构②

① U.S. Energy Information Administration, EIA. *Annual Energy Outlook* 2011 *with Projections to* 2035-*Figure Data* slide, p. 24, http://www.eia.gov/oiaf/aeo/gas.html.

② U.S. Energy Information Administration, EIA. *Annual Energy Outlook* 2011 *with Projections to* 2035- Figure Data slide p. 9, 2012-05-18, http://www.eia.gov/oiaf/aeo/gas.html.

（单位：十亿立方英尺）

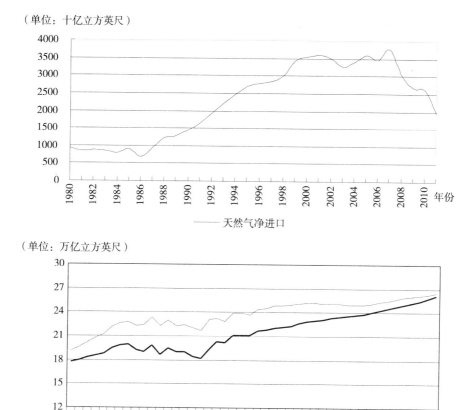

—— 天然气净进口

（单位：万亿立方英尺）

—— 天然气产量　　—— 天然气消费量

图附-13　1980—2011 年美国国内天然净进口与生产/消费缺口①

综上所述,美国非常规天然气资源,尤其是页岩气资源的大规模开发利用缓解了美国能源进口的压力,但从整体结构来讲,石油依然是美国最重要的能源来源,美国以石油为中心的能源消费结构在短期内将不会改变。不过,清洁

---

① 净进口＝进口量-出口量。U.S. Energy Information Administration, EIA. *Annual Energy Outlook* 2011 *with Projections to* 2035- Figure Data slide p. 9, 2012-05-18, http://www.eia.gov/oiaf/aeo/gas.html; U.S. Energy Information Administration, EIA. 2011d. *Natural Gas Explained-Energy Explained*, 2011-07-08, http://www.eia.gov/energyexplained/index.cfm?page=natural_gas_home.

能源与非常规天然气资源的大规模开发将会逐步优化美国的能源消费结构，进而为保障美国的能源安全服务。

第三节　美国能源战略综述

经过几十年的发展，美国已形成了较为完善的国家能源战略。目前，美国的国家能源战略以确保美国能源安全为核心，究其最终目的无疑是保障美国的经济安全和国家安全。本节将对美国国家能源战略进行综述，具体阐述美国国家能源战略的措施，存在的问题及其影响。

一、美国能源战略的具体措施

（一）重视开源、供给多元

鉴于传统油气资源的不可再生性及进口油气资源的不稳定性，时下美国的能源战略更加强调能源品种的多样性。主要措施有二，其一为加强国内传统油气资源的开发，其二为推动清洁能源和非传统油气资源的开发。

在加强国内传统油气资源开发方面，主要表现为对美国近海大陆架油气资源开采的部分解禁。早在 20 世纪 80 年代初，美国国会就出台了禁止在距美国海岸线 4.8 千米至 322 千米之间的大陆架上开采石油的禁令；1990 年，近海大陆架石油开采禁令设计的区域扩大到除墨西哥湾中部及阿拉斯加近海之外的所有近海海域；克林顿政府时期该禁令的有效期延长至 2012 年。① 但随着美国国内外能源安全环境的恶化，以及美国国内政治力量的妥协与斗争，奥巴马政府推行了新的近海油气资源开采计划，并以此为依托提高美国传统油气资源自给能力，进而降低来自不稳定地区的能源进口，确保国家能源安全。预计美国能源战略中的这一战略性安排将会继续延续。

---

① 赵宏图:《从部分解禁近海油气开采看奥巴马能源政策的调整》,《国际石油经济》2010 年 4 月,第 1 页。

美国能源战略中,与提高国内传统油气资源产量相对应的措施是能源品种的多样化,即清洁能源及非常规油气资源的大规模开发。尤其是奥巴马总统执政以来,清洁能源与非常规油气资源产业的发展势不可挡。具体措施包括:加强清洁能源与非传统油气资源技术的研发,设立专项技术发展风险投资基金,加大技术开发的示范力度,推动商业化进程;以政策为依托促进清洁能源和非传统油气资源产业的基础设施的建立和完善,推进太阳能、风能、地热能、生物能等清洁能源及页岩气等非常规能源的广泛利用等,从而推动美国能源经济的转型。

（二）节能增效、降低消耗

节约能源与提高能源使用效率是美国能源战略的重要组成部分。"节能"可以在短期内减少能源消费量、减轻美国能源供给的压力;而"增效"更具长远效用,提高能源使用效率技术的研发和广泛推广,将有助于为美国提供可靠性高、成本低廉的能源和电力供应。据统计,自从 1973 年中东石油危机以来,美国经济增长了 57%,而相比之下,美国的能源总消费却仅仅增长了 13%,[①]并且,据美国能源部预测,在未来 20 年内,美国的单位 GDP 能耗量将以年均 1.6% 的速度下降。[②] 因此,在小布什政府时期"节能"与"增效"就摆在了其能源政策的突出地位,到奥巴马政府时期,"节能增效"更是成为总统推动能源经济转型的关键手段之一。

节约能源、提高能效是降低能源消耗的有效途径,而"节能增效"则取决于相关技术水平,进而对节能增效技术的研发与推广提出了更高的要求。

（三）技术研发、保持优势

鼓励能源技术的研发、保持美国在能源领域的优势地位是美国能源战略的关键环节。美国的能源战略致力于保持能源技术先进性,主要体现在两个方面:其一是传统能源利用的改进技术,其二就是可再生能源等非传统能源的开发技术。

---

① 丁青充:《美国能源技术优势要概》,《全球科技经济瞭望》1996 年第 11 期,第 28 页。

② 董治堂、宋书坤:《美国能源技术发展及政策考察报告》,《中国工程咨询》2006 年第 11 期,第 28 页。

首先,由于在美国的能源消费结构中,石油、煤炭等传统化石能源占到能源总消费的75%左右,因此,传统的化石能源依然是美国能源资源的主力军,如何提高传统能源效率、优化传统能源显得尤为重要。美国能源战略十分注重对传统能源改进的技术的研发,对传统能源进行改进的技术主要包括:提高传统能源利用效率的技术、节约能源的技术和优化传统能源的技术。美国所掌握的这些能源关键技术在世界上占有领先地位。在提高能效技术和节能技术方面,美国除了制定严格的能效标准并及时修订标准之外,还投入大量资金进行节能技术研发;在优化传统能源技术领域,美国技术的优势主要体现在清洁煤发电和煤炭气化等技术上。美国是一个煤炭生产和消费大国,煤电占全美电力的55%以上。洁净煤发电技术通过对煤炭的处理,把煤炭转化为富氢煤气,一方面可以提高煤炭的利用效率,使发电效率提高到60%,是传统煤电的2倍,另一方面还可以有效地降低空气污染,实现零污染排放发电。美国在清洁煤技术领域占据领先地位。

在提高传统能源利用效率的同时,美国还积极研发可再生能源、非常规油气能源开发相关技术,尤其是从小布什总统执政后期到奥巴马执政以来,美国致力于抢占可再生能源技术制高点。目前,美国已经攻占了非常规能源开发和利用的堡垒,在可再生能源发电技术(太阳能光伏、风能、水能、地热和生物质能发电技术)、二氧化碳捕捉和封存技术、智能电网技术、电动车电池技术、新一代核反应堆发电技术、页岩气水平井及压裂技术等领域占据先机,并保持领先地位。

(四)战略储备、有备无患

出现国际市场油价上涨、石油供应中断等紧急情况时,战略石油储备可以迅速有效地补充所短缺的能源、平抑飞涨的能源价格,进而稳定市场、保证国家的经济安全和军事安全。因此,战略石油储备是美国能源战略的重要保障和工具,美国也一直致力于战略石油储备的建设与机制的完善。目前,美国具有世界最大规模的战略石油储备。

战略石油储备用可以补充相当于石油净进口量的天数来衡量。根据美国2010年《年度能源报告》的数据,美国的战略石油储备在1985年达到最高峰,可以补充相当于净进口石油量115天,随后呈现下降趋势,直到2002年,开始恢复了上升,并有上升速度增快的趋势,在 2009 年达到了 75 天,与 1995 年的量持平(如图附-14)。

储备量(单位:天数)

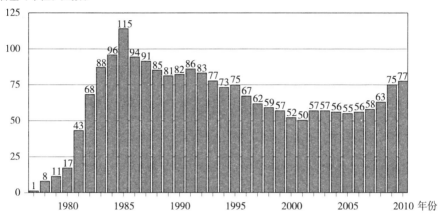

图附-14　1977—2010 年美国战略石油储备情况(相当于净进口石油的天数)①

从战略石油储备的绝对量上讲,战略石油储备从 20 世纪 80 年代开始出现迅猛的上升趋势,并在 20 世纪 90 年代和 21 世纪最初几年保持在 50 亿桶—60 亿桶之间,在 2000—2002 年间出现小幅回落之后,从 2003 年开始战略石油储备增长迅速,保持在 60 亿桶—70 亿桶,2008 年开始突破 70 亿桶大关。截至 2011 年 5 月 31 日,美国的战略石油储备已高达 7.27 亿桶,达到历史最高水平,这也是世界上最大规模的紧急原油储备(如图附-15)。

(五)能源外交、保障供应

在国际领域,美国的能源战略以"巧实力"为手段,在全球范围内推广国际能源合作和能源外交。其主要表现为:在政治上,控制主要能源生产地区和输出管线地区的内政和外交;在经济上,垄断国际能源市场,操纵国际能源价

---

① U.S. Energy Information Agency, Department of Energy of the U.S., Annual Energy Review, 2010 (Washington, D.C.: Office of Energy Markets and End Use, October 2011), p. 172.

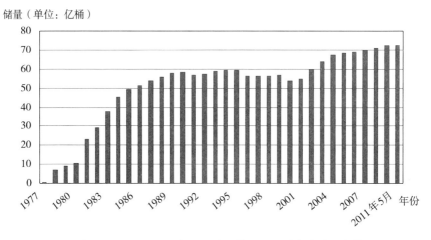

储量（单位：亿桶）

图附-15　1977—2011 年 5 月美国战略石油储备变动趋势①

格;在文化上,在主要能源产地和输出管线地推广美国民主政治和宗教文化,借助于"软侵略"瓦解抗美力量;在军事上,编织美国军事力量的全球网络,将美国的军事力量覆盖主要的能源生产和输出管线区域;在外交上,推行全方位的能源外交,开展广泛的能源合作,在巩固传统能源合作的基础上,进一步推广清洁能源合作。

美国主导的国际能源合作和能源外交具有几个特征。第一,注重全局性与区域性的战略部署。在推行能源进口来源多元化的同时,对不同的重点地区制定针对性的能源举措。第二,长远性战略布局。美国国际能源战略对全球能源战略地图进行布局谋篇之时,更加关注于长远的能源安全,着意于美国长远的地缘政治和全球战略意义。其主要表现为:美国不仅重视现实的能源生产国和出口国,还对潜在的能源生产国、能源过境运输国等具有关键地缘政治地位的国家和地区给予特别的关注,如中亚—里海地区等。第三,战略手段刚柔并济,强调运用"巧实力"。美国能源战略在战略实施手段上强调运用"巧实力",在实施政治、经济、军事制裁的同时,注重建立政治、经济合作机

① U.S. Department of Energy, Strategic Petroleum Reserve Annual Report 2009 (Washington, DC: Office of Petroleum Reserves, 2010), p. 21. 其中,2011 年 5 月份数据来源于美国能源部官方网站,http://www.spr.doe.gov/dir/dir.html。

制,为能源合作搭建机制性平台,注重缓和"文明的冲突",缓和同伊斯兰重点能源生产国与输出国的紧张关系等。"巧实力"战略实施手段为美国能源战略的实施创造了良好的国际环境。第四,对军事实力的崇拜。鉴于美国主要石油进口地区的不稳定性(尤其是中东地区、拉丁美洲地区),以及美国对其自身"山颠之国"的认知和"干涉主义"思想的影响,美国能源战略的实施手段向来重视军事力量的运用,甚至不惜发动战争。冷战结束至今,美国发动了多次与争夺石油资源相关的战争,如表附-3所示。不过,美国运用军事力量的方式发生了变化,即从单边主义战争逐渐转变为多边主义战争,从传统干涉主义发展为"新干涉主义"。在绝大多数情况下,美国是以北约的名义、打着"人道主义"的幌子采取军事行动,这样的方式一方面可以降低美国的军事负担,另一方面还可以降低国际社会对美国军事部署的负面印象。通过对全球能源重点地区的军事部署,美国已经形成了对全球油气战略枢纽、能源运输通道和能源输送管线的全面控制,最大程度地降低了能源进口风险,保障了能源进口安全。

表附-3 冷战后美国发动/参与的与能源(石油等)相关的战争一览表

时间	名称	能源考虑	战争实质
1991	海湾战争	伊拉克、科威特油气资源	为石油而战
1999	科索沃战争	中亚—里海油气运输管线	
2001	阿富汗战争	中亚—里海油气运输管线	
2003	伊拉克战争	伊拉克油气资源	
2011	利比亚战争	利比亚油气资源	

(六)石油美元、资本优势

美国能源战略一个显著的特色为金融和资本手段的应用,并构建以美元为中心的国际能源金融体系。美国雄厚的政治资本和经济资本为其在全球能源产业中拨得头筹奠定了基础,使之成为全球能源产业最大的资本运营国。首先,在石油产业领域,美国是全球最大的投资国。为了能够抢占国际石油市场,美国历届政府鼓励本国能源企业对全球重要的能源产区,尤其是石油、天然气产区进行商业投资。美国政府和企业的投资对于全球重点产油区的建设和生产能力的提高起到了至关重要的作用,①请见表附-4。

表附-4　近年来美国石油企业对外投资情况②

地区	投资情况
中东地区	2003—2010 年,美国在伊拉克勘探开发的投资总额将达 300 亿美元,伊拉克战争后,美国与英国石油公司控制伊拉克油田 70%以上的权利。
中亚—里海地区	埃克森—美孚、雪铁龙、联合加州等石油公司与该地区产油国签署了高达百亿美元的联合开发合同,在联合开发项目中是绝对的大股东。 　如:1993 年 4 月,美国雪铁龙公司与哈萨克斯坦组建了开发田吉兹油田的合资公司,总投资额为 200 亿美元,合作开发期为 40 年; 　截止到 1997 年底,美国参与了哈萨克斯坦 7 个石油开发项目,其中 4 个美哈双边合同,3 个多边合同,美国占较高的股份; 2004 年,美国向哈萨克斯坦直接投资 1 亿美元用于两国的石油联合开发合作项目。
非洲地区	21 世纪以来,美国加大了对非洲的能源投资力度。第一,通过政府的经济援助缓解美国同部分敌对非洲国家的关系;第二,加大美国能源企业对非洲产油国的投资,用于基础设施建设等,以提高其生产能力。如:埃克森—美孚公司计划在未来十年中投资 500 亿美元开发非洲石油、天然气资源,并斥资 37 亿美元修建了从乍得到喀麦隆大西洋沿岸的石油输出管道;雪铁龙公司计划在未来的五年中投资 200 亿美元扩大其在非洲的石油生产能力。

此外,美国还建立了以美元为中心的"石油美元体系",并是该体系中最大的吸纳国和受益国。目前,在国际能源贸易中(石油、天然气等),美元是最主要的计价和结算货币,"石油美元体系"的建立就有效地保障了在国际石油贸易中以美元为交易媒介的地位,这对"稳定美元强势地位、维持美国全球货

———————

①　马小军、惠春琳:《美国全球能源战略控制态势评估》,《现代国际关系》2006 年第 1 期,第 41 页。

②　马小军、惠春琳:《美国全球能源战略控制态势评估》,《现代国际关系》2006 年第 1 期,第 41 页。

币霸权至关重要"。① 如果"石油美元体系"倒塌,将会使美国经济遭到重创,后果不堪设想,甚至可能沦为"二流国家"。② 为了巩固"石油美元体系",保证美元在全球能源市场的垄断地位,美国在保证向全球主要产油国加大直接投资力度之外,还主动开放金融市场,以便吸纳更多的石油美元资本,积极推动"石油美元体系"机制化的形成。此外,除了动用经济和金融手段之外,美国还运用军事力量维护"石油美元体系",垄断全球石油金融市场。③

二、美国能源战略存在的问题

(一)"能源独立"的战略目的过于理想化

美国的能源战略以实现"能源独立"为战略目的,这一战略目的早在20世纪70年代石油危机之后就初步形成,并得到了美国共和党和民主党的共同支持,也深受美国民众的肯定,成为美国能源战略追求的理想目标。

但在全球化时代,各个国家处于普遍的联系之中,国家之间在政治、经济等方面的相互依赖是不可避免的,国际交往、国际分工、国际合作是大势所趋,各国在能源领域相互依赖程度也日益加深,美国国内能源的稳定供给和能源安全也不可能仅仅依靠本国的力量而实现。因此,从这个意义上讲,美国能源战略中以"能源独立"为战略目的的传统能源安全观过分理想化,不具备可行性。因此,从某种角度讲,与其说"能源独立"是美国能源战略的目标,不如说是美国全国各阶层从政府到公民寻求能源安全的心灵诉求。

(二)"两党政治"的政党结构威胁战略稳定性

尽管美国的能源战略在执行过程中遵循"市场导向"的原则,但美国政坛的矛盾与斗争往往会改变国内政治力量的对比,又由于美国的民主党与共和党对能源利益的认知各有偏好,在能源战略的认识上存在分歧,因此,民主党

---

① 马小军、惠春琳:《美国全球能源战略控制态势评估》,《现代国际关系》2006年第1期,第41页。

② 舒先林:《美国中东石油战略的经济机制及启示》,《世界经济与政治论坛》2005年第1期,第87页。

③ 马小军、惠春琳:《美国全球能源战略控制态势评估》,《现代国际关系》2006年第1期,第42页。

和共和党轮流执政的政治结构将会导致能源战略的调整、修正,影响美国能源战略的稳定性,进而改变美国能源战略与政策的走向。两党轮流执政对美国能源战略稳定性的具体影响主要表现在两个方面:第一是对发展清洁能源、开展清洁能源外交与合作的影响;第二是对能源战略实现途径与手段的影响。

共和党的能源战略具有"保守"和"强硬"的特征。共和党有着深厚的石油背景,代表石油利益集团的利益,其能源战略与对外能源政策均以获取稳定的石油资源为侧重点,并青睐使用强硬政策,善于在对外能源行为中使用武力。虽然,在小布什总统后期,小布什总统也提出了发展清洁能源、实现能源品种多元化的目标,推动了美国能源战略的完善与成熟,但从执行效果来看,国际清洁能源合作的执行力度不够,收效甚微。

民主党的能源战略具有"开放"和"温和"的特征。民主党关注气候变化、清洁能源等问题,尤其是进入奥巴马政府以来,奥巴马总统期冀以清洁能源为引擎,实现美国经济的复兴,并大刀阔斧地开展清洁能源外交,在全球推销清洁能源理念、推广国际清洁能源合作、搭建清洁能源技术研发平台。在能源战略实现方式上,奥巴马政府主要依赖"巧实力",除了传统的政治、经济、文化、军事干预之外,采用了更多国际合作的方式。美国的能源战略进入了内容全面均衡、手段刚柔并济的时代。

(三)"清洁能源"的能源战略愿景过于依赖政府财政支持,缺乏市场动力

奥巴马政府以来,美国希冀以能源改革为契机复兴经济、摆脱金融危机。广泛开展清洁能源外交、大力发展清洁能源成为美国能源战略的重要内容之一,也必将对国际能源格局产生深远影响。

然而,从驱动力角度来看,大力发展清洁能源的战略愿景缺乏内在的市场驱动力。目前,美国大力发展非传统能源的原因有二:其一,国际油价的高位运行、跌宕莫测,强烈希望寻找替代能源;其二,气候变化、全球变暖挑战人类生存环境。但是,由于清洁能源的利用和开发存在不确定性大、资金投入高、前景不明朗、回报周期长、应用不便利、使用价格高等缺点,这些缺点使得清洁能源的发展不具备市场竞争力,世界各国的投资者缺乏对清洁能源的投资信心和投资热情,缺乏自发的市场动力。因此,清洁能源外交与国际清洁能源合作严重依赖于美国与其他政府出台的优惠政策及巨额的财政支出。据统计,

在奥巴马的"救市计划"中,对清洁能源的直接投资和减免税收的金额高达
1000 亿美元;①《2009 年美国清洁能源与安全法案》还计划向清洁能源发展领
域投资约 1900 亿美元;此外,美国政府在清洁能源外交中与他国共同建立的
清洁能源发展行动计划(initiatives)也需要巨额的政府投入。美国是否有能力
并且始终有意愿对清洁能源的发展进行长期、持续、大量投资? 国会是否能够
通过政府持续对清洁能源进行投资的提案? 这些都是不确定的问题。因此,
清洁能源外交及发展国际清洁能源合作的战略愿景受到缺乏市场推动机制的
挑战。

(四)"干涉主义"的战略手段激发仇美情绪

在对外能源政策与行为中,美国为了满足国家能源利益,不断对世界主要
的能源生产、出口国家和地区进行政治、经济、军事、文化干预。纵观历史,美
国对主要能源生产、出口国家和地区的主要干预行为包括武力和非武力两种
方式。

武力干涉是美国对外政策中的传统手段,打着"人道主义"旗号的"新干
涉主义"武力干涉则是冷战后美国的惯用手段。② 据统计,冷战后,美国以"捍
卫人权"、"人道救助"、"反恐"等为名,曾先后进行过四十余次对外军事行动,
其中对单个国家进行的直接强制武力干涉就多达十次。③

此外,美国还对能源战略的重点对象国进行经济和文化干涉等非武力干

---

① 马小宁:《重振"美国制造"的战略与政治考量》,《人民日报》2010 年 8 月 13 日,第
21 版。

② 根据第五章的实证研究,美国发动的军事行动如下:20 世纪 90 年代初,美国假借
联合国的维和行动对伊拉克进行"人道主义干涉",发动了代号为"沙漠风暴"和"沙漠盾
牌"的第一次海湾战争;1998 年底,美国联合英国在未经联合国安理会授权的情况下对伊
拉克发动代号为"沙漠之狐"的军事行动;1999 年 3 月,美国又联合北约以"保护人权"为幌
子,又一次绕过联合国安理会对南斯拉夫进行军事打击,发动科索沃战争;"9·11"恐怖袭
击之后,美国联合英国以"反恐"为名,打着联合国安理会第 1368 号决议"可以采取单独和
集体自卫的方式,使用一切手段打击恐怖主义"的旗号,发动了阿富汗战争;2003 年,美国
又以"反恐"为名,联合英国绕过联合国发动了第二次海湾战争;2011 年,美国趁着利比亚
发生内战,联合北约以"人道主义"为名,对利比亚内战进行了军事干预等。

③ 田娟:《试析冷战后美国外交政策中的新干涉主义》,《哈尔滨学院学报》2007 年第
8 期,第 37 页。

涉,从而达到美国期待的政治或意识形态目的,具有鲜明的政治色彩。经济干涉包括经济制裁和经济援助,经济制裁是借助美国经济实力打击敌对国家的措施,而经济援助的目的则是扶植美国的地区代理,改造敌对国家。美国是世界上采用经济手段干涉他国最多的国家,根据美国总统经济顾问委员会(Council of Economic Advisers,简称"CEA")的统计,1997 年美国单方面实施的经济制裁的范围覆盖全球 75 个国家和地区,涉及全世界 52%的人口。[①] 其中,能源富集的国家,如伊朗、伊拉克、利比亚等均是美国经济制裁的重点对象,并且美国干预的范围还在进一步扩张。文化干涉也是美国对能源富集国家和地区进行干预的重要手段之一。能源富集的阿拉伯国家、非洲国家同美国存在严重的文化冲突,美国文化干涉的目的是向这些国家"输出民主",以美国的民主模式对这些国家和地区实施改造,以期实现对这些国家的和平演变。然而,美国按照西方民主制度强制进行的文化输出却招致了这些地区和国家的反感,反而激化了矛盾。

美国对能源富集地区和国家进行的政治、经济、军事和文化干预的行为侵犯了他国的主权,属于干涉他国内政的行为,是违反《联合国宪章》、国际法基本准则和基本原则的行为,更是违反道义的行为。美国的这些干涉措施,虽然短时间对保障美国进口能源的稳定、维护美国的国际能源霸权有利,但从长远看来,"干涉主义"的弊大于利,可能为美国招致更多报复性的敌对情绪和敌对行为。

三、美国能源战略的国际影响

(一)重组世界政经格局、塑造全球能源秩序

冷战结束以来,美国成为世界上唯一的超级大国,其在政治、经济、军事、文化等领域占据着绝对的优势,主导着世界政治格局,掌控着世界经济秩序。进入 21 世纪以来,不断涌现的新兴国家侵蚀着美国的国际霸权,国际格局的多极化趋势逐渐趋强,相比之下,美国的整体实力开始出现下滑态势。但综合

---

① 刘金质:《试论冷战后美国的干涉主义》,《国际政治研究》1998 年第 3 期,第 30 页。

来看，无论是从经济、军事等"硬实力"角度来讲，还是从政治、文化、外交等"软实力"角度来讲，美国的世界霸主地位依然不可撼动，美国依然是塑造、维系、保障现有的国际政治格局和经济秩序的中坚力量。

美国也是能源消费超级大国，能源的对外依存度居高不下，因此，进口能源是关系美国生死攸关利益的战略性资源。在国际舞台上，为了争夺有限的能源资源，尤其是不可再生的石油和天然气资源，美国必须借助于"硬实力"和"软实力"，软硬兼施，构建和维持以美国为主导的国际能源秩序，从而保障美国进口能源的稳定供给，维护美国的能源安全。美国在国际能源舞台上的行为在一定程度上改变了区域性的力量对比，这无疑会不断塑造新的全球能源新秩序，进而对世界政治、经济格局产生深远的影响。

奥巴马总统执政以来，美国的能源战略逐步成熟而稳定，全球的能源秩序，乃至全球政治、经济秩序也因此发生了明显的变化。2008年底，席卷全球的金融风暴肇始于美国，然后以迅雷不及掩耳之势迅速蔓延至全球，引发了世界性的金融危机。为了拯救每况愈下的美国经济，奥巴马政府以发展清洁能源为手段，借此刺激经济、创造就业，推动美国经济的复苏。发展清洁能源的浪潮因此席卷全球，而本身就占据清洁能源发展先机、掌握清洁能源先进研发技术的美国和西方国家自然成为先锋队，进而进一步强化了他们在国际能源秩序中的领导地位。而清洁能源比重的逐步提高，也必将会削弱传统能源生产和输出大国——中东地区产油国——在国际能源秩序中的地位和重要性，从而达到打压中东敌对产油国以石油为武器对抗美国的目的。

此外，美国对重点能源生产和过境运输地区与国家，直接或间接采取的政治、经济、军事和文化行动与措施，会直接改变这些地区的政治力量对比，从而改变该地区的政治、经济格局。以大中东地区为例，从老布什政府的"中东新秩序"到小布什政府的"大中东计划"，再到奥巴马政府的"新中东政策"，美国历届政府都在致力于在这些能源重点地区扶植和培育"亲美"政权，遏制和打压"敌美"政权，从而强化美国在该地区的能源霸权。在美国的干预下，中东地区的政治、经济格局在一定程度上随着美国的意愿而转变：萨达姆政府虽负隅顽抗，但终难逃灭顶，伊拉克在美国军队的帮助下建立了"亲美"政权；卡扎菲政权虽显赫一时，却在以美国为首的北约部队的打击下，在短时间内轰然倒塌,反对派在美国的支持下成立了"亲美"政府;目前,美国与伊朗的矛盾不断升级,内贾德政府与当时的萨达姆和卡扎菲一样,以石油资源为武器、以封锁霍尔木兹海峡为筹码要挟美国和欧盟国家,双方剑拔弩张,如果持续交恶,威胁美国核心利益,内贾德政府想必也难逃美欧一战;沙特阿拉伯、以色列等重要产油国虽在政治、文化和经济上与美国迥异,却成为美国利益链条上的忠实朋友,不断得到来自美国的政治、经济和军事援助……因此,可以看出,不仅仅是中东地区,全球的能源秩序,乃至全球的政治、经济秩序都在美国的刻意干预和干涉下,按照美国的能源战略和国家大战略而发生变化。所以,美国能源战略必然会塑造国际能源秩序和国际政治经济秩序。

(二)引领世界各国能源战略发展趋势

自小布什政府后期开始,美国的能源战略日臻完善与成熟,其以实现能源进口来源多元化和能源品种多样化为保障能源安全的战略途径,在全球掀起了广泛的清洁能源研发和国际能源合作的浪潮,影响并主导着世界各国能源战略与政策的发展方向。

(1)欧盟

欧盟面临的能源形势与美国类似,在能源战略诉求上与美国异曲同工。欧盟是仅次于美国的经济体,具有巨大的能源消费需求。为了保障能源供应安全,欧盟致力于拓展能源进口途径、大力发展清洁能源。

2006 年 3 月 8 日,欧盟颁布了《可持续发展、有竞争力、安全的欧洲能源战略绿皮书》(*Green Paper:A European strategy for sustainable,competitive and secure energy*),其核心目标有三:实现能源的可持续发展(sustainability)、提高能源竞争力(competitiveness)、保障能源的安全供给(security of supply)。《能源战略绿皮书》是欧盟能源战略与政策的重要里程碑,欧盟希望通过该战略逐步把欧盟打造成为世界第二大能源市场,并使欧盟在清洁能源的研发和管理领域一马当先,①从而降低欧洲国家对进口能源的依赖、优化能源结构、提

---

① European Union, EU. 2006. *Green Paper:A European Strategy for Sustainable,Competitive and Secure Energy*, 2012 - 01 - 31, http://europa. eu/legislation _ summaries/energy/european_energy_policy/l27062_en.htm.

高对国际能源市场的调控能力。《能源战略绿皮书》的颁布标志着欧盟各国在建立统一的欧洲能源战略与政策的问题上达成了共识，实现能源来源多元化、发展清洁能源等成为欧盟各国共同追求的目标。

2008 年 12 月 10 日，欧盟委员会制定的"可再生能源利用目标立法建议"得到了欧洲会议和欧盟成员国的初步同意。17 日，欧洲议会全体会议批准了欧盟于同年 1 月底起草的"欧盟清洁能源与气候变化一揽子计划"（*EU Renewable Energy and Climate Change Package*），这为欧盟能源战略目标的实现扫清了道路。该计划的通过几乎与奥巴马政府的新能源战略同步进行。按照该计划到 2020 年：欧盟清洁能源消费在消费结构中的比重将提高至 20%；以 1990 年为基量，欧盟各国石油、天然气、煤炭等化石能源消费量减少 20%；温室气体的排放量减少 20%。① 为了保障清洁能源领域"三个 20%"目标的实现，欧盟委员会制定了一系列具体的清洁能源技术研发计划，推动清洁能源的跨越式发展，欧盟各国已经在世界清洁能源领域占据了先机，占领了优势地位。在《能源战略绿皮书》基础上，2010 年 11 月，欧盟委员会又颁布了《能源战略 2020：竞争力、可持续发展与能源安全》（*Energy* 2020：*A Strategy for Competitive*，*Sustainable and Secure Energy*），该战略将建设洁能高效的欧洲、维持欧洲在清洁能源技术领域的领先地位、开展广泛的能源外交与合作作为欧盟未来十年能源战略的重中之重。②

在国际层面，欧盟也积极推进国际清洁能源的发展。2008 年底，德国、丹麦、西班牙等欧盟国家就成立专门的国际性清洁能源机构达成了初步的共识。

---

① European Union，EU. *Memo on the Renewable Energy and Climate Change Package*. 2008 - 01 - 23，http://europa. eu/rapid/pressReleasesAction. do? reference = MEMO/08/ 33&format = HTML&aged = 0&language = EN&guiLanguage = en；《欧盟内部就可再生能源利用目标达成协议》，2008 年 12 月 10 日，见新华网，http://news. xinhuanet. com/newscenter/ 2008-12/10/content_10484452. htm；《欧洲议会为欧盟能源气候一揽子计划"开绿灯"》，2008 年 12 月 18 日，见中国新闻网，http://www. chinanews. com/gj/oz/news/2008/12 - 18/ 1492635. shtml.

② European Union，EU. 2010. *Energy* 2020：*A Strategy for Competitive*，*Sustainable and Secure Energy*. Brussels：EU Publications Office. p. 3，http://ec. europa. eu/energy/publications/doc/2011_energy2020_en.pdf.

2009 年 1 月 26 日,国际可再生能源机构(IRENA)在波恩成立,随后将总部设立在了阿布扎比。该机构不仅在欧盟成员国间积极推进可再生能源的研发和推广,还将帮助发展中国家发展清洁能源,降低对传统化石能源的依赖。

在大力发展清洁能源的同时,欧盟积极拓展能源进口渠道。欧盟的主要能源进口目标国是俄罗斯。为了降低欧盟对俄罗斯进口能源的严重依赖,欧盟积极开展能源外交,广泛参与国际能源合作,努力拓展能源供应渠道。除了保障能源进口的传统重点地区(如中东地区、俄罗斯)能源供给的稳定之外,中亚—里海地区成为欧盟又一个重要的能源进口来源地之一。2007 年 6 月下旬,欧盟与中亚—里海地区的能源生产大国和过境运输国建立了战略伙伴关系,[1]这为欧盟国家开辟了能源进口新通道。在该战略伙伴关系框架下,2008 年 9 月,欧盟促成了"欧盟—中亚安全论坛",其中能源是合作的重要议题,论坛上,欧盟与中亚五国达成能源合作的框架性共识,[2]并逐步开展了一系列具体的能源合作项目。欧盟计划投资 79 亿欧元积极推进纳布科天然气管线(Nabucco Gas Pipeline)的建设,通过该管线,中亚—里海地区国家如土耳其、匈牙利、保加利亚等国家的天然气将输送到欧盟国家。[3] 此外,在美国的协助下,欧盟持续推进包括纳布科天然气管线的"南部能源走廊"建设,进一步拓展欧盟与中亚—里海地区能源富集国家的合作。

(2)日本

日本资源贫脊,绝大多数能源需要依赖进口,其中,石油、天然气和煤炭的进口率分别高达 99.7%、96.6% 和 97.7%。[4] 在竞争日益激烈的国际能源政治经济秩序中,为了保障能源安全,日本必须保障能源进口渠道的多元化,大力推进清洁能源技术的研发和利用。

---

[1] 杨恕、曾向红:《欧盟:中亚战略 能源算盘》,《中国石油石化》2008 年第 1 期,第 44 页。

[2] 程春华:《欧盟新能源政策与能源安全》,《中国社会科学院研究生院学报》2009 年第 1 期,第 113 页。

[3] 莫神星:《全球气候变化下的欧盟低碳能源法律政策》,《生态文明与环境资源法——2009 年全国环境资源法学研讨会(年会)论文集》,2009 年,第 524 页。

[4] 陈志江:《日本开发替代能源》,2001 年 5 月 9 日,见 http://www.people.com.cn/GB/kejiao/42/152/20010509/460115.html。

日本是最早从事清洁能源技术研发的国家之一。早在 20 世纪 70 年代初期,即第一次石油危机之后,日本政府就开始发展清洁能源,推出了"新能源技术开发计划"(1974 年),着力研发太阳能、地热能、风能、海洋能、天然气等清洁能源应用技术;随后,日本政府又先后提出了"节能技术开发计划"(1978 年)与"环境保护技术开发计划"(1989 年),并于 1993 年将这三个清洁能源计划合并为"新阳光计划"。为了保障该项目的开展,日本政府每年拨款逾 570 亿日元,其中用于清洁能源技术研发的资金占总拨款的六成,约合 362 亿日元。①

进入 21 世纪以来,世界各国纷纷大力发展清洁能源,日本逐步丧失了在清洁能源领域的领先地位,但日本依然把清洁能源作为重要的能源发展战略不断推进。2006 年,日本经济产业省出台了"新国家能源战略",提出了日本未来二十五年的八大能源发展战略,清洁能源就是其一。② 日本政府希望通过发展清洁能源降低日本的石油对外依存度、优化能源消费结构、建立低碳社会,进而达到保障能源安全的目的。在 2008 年全球金融海啸爆发之后,日本也将清洁能源作为复苏经济的重要工具,将其列为四大战略性产业之一,其中重点发展的清洁能源领域有:燃料电池和复合型燃料汽车、光伏发电、垃圾发电、环保机械等;2008 年底,日本政府又推出了《推广太阳能发电行动方案》,细化了激励了光伏产业发展的具体措施。③

2011 年日本大地震导致的核电站泄漏事件为日本核能核电的发展蒙上了一层阴影,目前,日本政府将清洁能源发展的重点转移到"新一代大容量蓄电池和电力高效利用"等方面的技术研发和产业化推广上来,并提出了"新能源技术开发及产业化三十年计划"。④

在国际合作方面,日本十分注重海外能源的开发。在能源领域,日本与全

---

① 陈志江:《日本开发替代能源》,2001 年 5 月 9 日,见 http://www.people.com.cn/GB/kejiao/42/152/20010509/460115.html.

② 王柏:《论冷战后日本能源战略》,硕士学位论文,吉林大学行政学院,2008 年,第16 页。

③ 陈柳钦:《2011 国内外新能源产业发展动态》,2011 年 4 月 29 日,见中国能源网,http://www.china5e.com/show.php? contentid=172458&page=2。

④ 《日本经产委提出新能源技术开发及产业化 30 年计划》,2011 年 8 月 15 日,见人民网,http://finance.people.com.cn/h/2011/0815/c227865-2995461790.html。

球几十个国家建立了合作伙伴关系,各种能源的进口渠道相对稳定,石油、天然气和煤炭资源分别主要来自于中东地区、东南亚与中东、和澳大利亚。① 近些年来,日本继续推动与中东、亚洲、非洲和南美洲能源出口国之间的能源外交关系,开展广泛的能源合作。

(3)发展中国家

美国能源战略重点区域和领域的转移不仅引领西方发达国家能源战略与政策的发展方向,也通过其国际影响力左右着发展中国家的能源战略与政策调整。在此过程中,美国主要通过外交形式推广双边或多边清洁能源合作。其主要借助的清洁能源外交机构分成国内、国际两个层面:在国内层面主要是国务院(DOS)、国家能源局(DOE)和国际开发总署(USAID)等;在国际层面,主要是多边国际组织和对话机制,如美洲国家组织(OAS)、亚太经济合作组织(Asia-Pacific Economic Cooperation,APEC)、北美自由贸易区(NAFTA)和二十国集团(G20)等。

由于地理位置原因,拉丁美洲国家是受到美国清洁能源战略影响最深入的地区之一。自小布什政府至奥巴马政府以来,拉丁美洲国家的能源战略逐步向"绿色"和"高效"而转变。

以中国和印度为代表的亚洲发展中国家,也纷纷掀起了清洁能源革命。

中国将发展"低碳经济"作为经济转型的重要引擎,将太阳能、风能、核电等清洁能源的开发利用作为发展"低碳经济"的突破口;并通过了《可再生能源法(修订案)》,在法律层面确认了清洁能源目标的合法性,争取到 2020 年将非化石能源在一次能源中的比例提高至 15%。

作为世界第四大碳排放国的印度,也把发展清洁能源作为能源战略的重点,其清洁能源的开发利用也进行得如火如荼。2008 年,印度制定了第一份气候变化国家行动方案(National Action Plan on Climate Change,NAPCC),并由总理辛格(Manmohan Singh)对外宣布。该行动方案共包括八个具体的计划,其中推广太阳能计划、提高能效计划等为实施重点(中国能源协会,

---

① 王柏:《论冷战后日本能源战略》,硕士学位论文,吉林大学行政学院,2008 年,第 29 页。

2010)。同年 8 月,印度政府又宣布了清洁能源发展目标,印度计划将清洁能源发电比重从目前的 4% 提高至 2015 年的 10% 和 2020 年的 15%,单位 GDP 的碳排放强度以 2005 年为基础到 2020 年下降 20%—25%。2010 年 1 月,印度中央电力监管委员会(Central Electricity Regulatory Commission,简称"CERC")推出了"可再生能源证书",旨在对印度国内的清洁能源交易给与具体的政策性指导;3 月,印度政府开始征收"煤炭使用税"①,并以此筹建"国家清洁能源基金",用于印度国内清洁能源产业的发展。② 从 2010 财年至 2011 年前三个月,印度征收的清洁能源税为 7 亿美元,这为"国家清洁能源基金"的筹建提供了必要的资金;同年 4 月 6 日,印度内阁经济事务委员会最终通过了筹建"国家清洁能源基金"的提议。③ 印度的清洁能源发展得到了奥巴马政府的大力支持。2010 年 11 月,美国与印度在清洁能源合作领域达成了共识,签署了"先进清洁能源发展计划",并成立了"美印清洁能源联合研究与开发中心"(US-India Joint Clean Energy Research and Development Center,简称"JCERDC"),将开发太阳能、生物质能和提高建筑能效作为优先发展领域。美国向印度承诺,从 2011 年至 2015 年,其能源部将向该中心投入 2500 万美元,用于清洁能源技术的研发与推广。④

综上所述,在美国的影响下,全球掀起了清洁能源发展的高潮,国际清洁能源合作如火如荼,世界各国的能源战略与政策将能源来源多元化和能源品种多样化作为目标。

(三)影响中国能源战略定位、牵制中美能源关系调整

冷战后美国的能源战略将对中国能源战略及中美能源关系产生深远的影

---

① 包括"煤炭税"、"褐煤税"、"泥炭税"等。

② 《印度拟提高可再生能源发电比重 绿色政策为目标做铺垫》,2008 年 8 月 12 日,见中国低碳经济网,http://www.lowcn.com/news/world/201008/1210541.html. 煤焦化网:《印度用煤炭税推动清洁能源发电》,2011 年 3 月 3 日,见 http://www.zhongsou.net/%E7%85%A4%E7%84%A6%E5%8C%96%E7%BD%91/news/10648904.html.

③ 《印度批准设立国家清洁能源基金》,2011 年 4 月 7 日,见新华网,http://news.xinhuanet.com/fortune/2011-04/07/c_13817675.htm.

④ BioonNews:《美国能源部宣布拨款美印清洁能源联合研发中心》,2011 年 5 月 19 日,见 http://www.bioon.com/bioindustry/bioenergy/484603.shtml。

响。近年来,中国经济得到了突飞猛进的发展,年均 GDP 多年保持两位数增长速度。经济的飞速发展大幅增加了中国对进口能源的需求,能源消费量迅猛增长,致使中国的能源对外依存度持续攀升,超过一半的能源需要依赖进口,中国在国际能源市场上与美国展开了激烈的竞争。为了保障美国能源来源的稳定、能源供给的持续性,美国在国际能源市场上采用经济手段对中国进行打压,在国际能源政治、经济格局中采用政治手段对中国进行排挤,甚至抛出"中国威胁论",将国际油价的飙升、中东局势的动荡、美国能源安全的威胁等问题归结为中国能源消费量的大幅增加。这些矛盾直接影响了中美能源关系的正常发展。

面对国内能源需求量和消费量飙升的现实情况以及严峻的国际能源秩序现状,中国政府也积极调整国家能源战略,并改善中美能源关系。第一,继续拓展能源进口渠道,通过经济、外交等多种手段开拓国际能源市场,实现能源来源的多元化。除了传统的能源进口重点区域中东地区以外,拉丁美洲、非洲等地区都成为新兴的重点地区。第二,大力发展清洁能源,鼓励清洁能源技术的研发和推广,降低能耗强度,实现节能增效,发展低碳经济。第三,逐步推进非传统油气资源的开发,加强页岩气、页油技术的研发与基础设施的建设。第四,广泛开展国际能源合作,推进双边和多边能源合作,改善中美能源关系。

目前,中美两国在能源领域开展了广泛而深入的合作,尤其是在新兴的清洁能源领域,两国已经建立了实质性的合作平台和框架机制,如中美战略与经济对话(S&ED)、中美能源政策对话(Energy Policy Dialogue,简称"EPD")、中美清洁能源务实作战略论坛(U.S.-China Strategic Forum on Clean Energy Cooperation)等,这些机制化合作平台为中美两国在清洁能源领域的进一步合作奠定了坚实的基础。

参 考 文 献

［1］Adriaan van Zon, I. Hakan Yetkiner, "An Endogenous Growth Model with Embodied Energy – Saving Technical Change", *Resource and Energy Economics*, Vol. 25, No. 1, February 2003.

［2］Agustin Perez-Barahona, Benteng Zou, "A Comparative Study of Energy Saving Technological Progress in a Vintage Capital Model", *Resource and Energy Economics*, Vol.28, No. 2, May 2006.

［3］Andrew Atkeson and Patrick J. Kehoe, "Models of Energy use: Putty – putty versus Putty-Clay", *American Economic Reviews*, Vol. 89, No. 4, 1999.

［4］Baumol, William J., John C. Panzar and Robert D. Willig, *Contestable Markets and the Theory of Industry Structure*, New York: Harcourt Brace Jovanocidh, Inc, 1982.

［5］"Comprehensive Energy Strategy (1998)", http://books.google.com.hk/.

［6］Daniel Yergin, "The Epic Quest for Oil, Money & Power", Published by Simon & Schuster, New York, 1992.

［7］Djankove, S., Glaeser, E., La Porta, R., Lopez-de-Silanes, F. and Shlerfer, A., "The New Comparative Economics," *Journal of Comparative Economics*, 2003b, Vol. 31.

［8］"Energy 2020, A Strategy for Competitive, Sustainable and Secure Energy", http://ec.europa.eu/energy/strategies/2010/2020_en.htm.

［9］"Energy Independence and Security Act of 2007", http://www.gpo.gov/fdsys/pkg/PLAW-110publ140/pdf/PLAW-110publ140.pdf.

［10］"Energy Policies of IEA Countries, the United States 2007 Review", www.iea.org.

［11］"Energy-The Changing Climate", http://www.viewsofscotland.org/library/docs/RCEP_Energy_The_Changing_Climate_Jun_00.pdf.

［12］Gerard M. Brannon, "U. S. Taxes on Energy Resources", *American Economic Reviews*, Vol. 65, No. 2, 1975.

［13］"Green Paper on the Security of Energy Supply", http://europa.eu/legislation_summaries/energy/external_dimension_enlargement/l27037_en.htm,2007.

[14] Green, Richard J. "Increasing Competition in the British Electricity Spot Market", *Journal of Industrial Economics*, June,1996.

[15] Hogan, William."Contract Networks for Electric Power Transimmition", *Journal of Regulatory Economics*, 4(3).

[16] Hunt, Sally, and Graham Shuttleworth 1996, *Competition and Choice in Electricity*, West Sussex, Engl.: Wiley.

[17] James L. Sweeney,"the Response of Energy Demand to Higher Prices: What have we learned", *American Economic Reviews*, Vol.74, No.2, May, 1984.

[18] Jeffrey A Drezner,*Designing Effective Incentives for Energy Conservation in the Public Sector*,California: Doctor Dissertation of The Claremont Graduate University, 1999.

[19] Joskow, P.L. and R.G. Noll, "Regulation in Theory and Practice: An Overview,"in *Studies in Public Regulation*, Gary Fromm, ed., Cambridge, MA: MIT Press,1981.

[20] Joskow, Paul L. "Restructuring, Competition and Regulatory Reform in the U.S. E-lectricity Sector",*The Journal of Economic Perspectives*, 11(3),1997.

[21] Kenekiyo K. *Energy Outlook of China and Northeast Asia and Japanese Perception toword Regional Energy Partnership.*The Institute of Energy Economics, Japan,2005.

[22] Larry W. Lake, John Martin, J. Douglas Ramsey, and Sheridan Titman1, "A Primer on the Economics of Shale Gas Production", working paper, 7/17/2012.

[23] Patterson, M. G. "What is Energy Efficiency? Concepts, Indicators and Methodological Issues." *Energy Policy*, 1996.

[24] Paul Roberts, "The End of Oil: on the Edge of a Perilous New World", Houghton Mifflin Company, Boston, New York, 2005.

[25] Sachs, J. and A. Warner,2001, "The Curse of Natural Resources", *European Economic Review*,45(4-6).

[26] Sachs, J. and A. Warner, 1995, "Natural Resource Abundance and Economic Growth,"*NBER Working Paper*,No. 5398.

[27] Sachs, J. and A. Warner, 1999, "The Big Push, Natural Resource Booms and Growth,"*Journal of Development Economics*,59(1).

[28] Stephen G. Osborn, Avner Vengosh, Nathaniel R. Warner, and Robert B. Jackson. "Methane Contamination of Drinking Water Accompanying Gas-Well Drilling and Hydraulic Fracturing". *Proceedings of the National Academy of Sciences of the United States of America.* 2011.

[29] "The UK Low Carbon Transition Plan National strategy for climate and energy", http://www.decc.gov.uk/assets/decc/White%20Papers/UK%20Low%20Carbon%20Transition%20Plan%20WP09/1_20090724153238_e_@@_lowcarbontransitionplan.pdf.

［30］"UK Energy White Paper：Our Energy Future-Creating a Low Carbon Economy"，ht-tp://www.managenergy.net/resources/126.

［31］Walter J.Mead，"The Performance of Government in Energy Regulations"，*American Economic Reviews*，Vol. 69，No. 2，1979.

［32］［美］阿尔弗雷德·克劳士比：《人类能源史——危机与希望》，中国青年出版社2009年版。

［33］安丰春、涂彬：《我国天然气基础设施建设战略》，《油气田地面工程》2007年第11期。

［34］BP：《2030年世界能源展望》，BP 2012年版。

［35］BP：《世界能源统计2012》。

［36］曹新：《中国能源结构调整探讨》，《中国国情国力》2009年第4期。

［37］陈俊武、陈香生：《试论石油替代的战略与战术》，《中外能源》2009年第5期。

［38］陈泮勤、曲建升等：《气候变化应对战略之国别研究》，气象出版社2010年版。

［39］陈希：《我国天然气发展问题与对策思考》，《生态经济》2011年第2期。

［40］崔成、牛建国：《日本绿色消费与绿色采购促进政策》，《中国能源》2012年。

［41］崔民选：《能源蓝皮书：中国能源发展报告（2011）》，社会科学文献出版社2011年版。

［42］崔民选：《中国能源发展报告2006》，社会科学文献出版社2006年版。

［43］崔民选：《中国能源发展报告2011》，社会科学文献出版社2011年版。

［44］"第11次金帝雅论坛——能源安全与能源战略"会议记录，未刊稿，2012年6月30日。

［45］戴维·M.纽伯里：《网络型产业的重组与规制》，人民邮电出版社2002年版。

［46］丁菊红、王永钦、邓可斌：《中国经济发展存在资源之咒吗?》，《世界经济》2007年第9期。

［47］董秀丽：《世界能源战略与能源外交·总论》，知识产权出版社2011年版。

［48］杜云贵、郑永刚：《核能及新能源发电技术》，中国电力出版社2008年版。

［49］范世涛、赵峥、荣婷婷（2012）：《中国煤炭市场化问题研究》，载李晓西主编《中国传统能源市场化研究》，北京师范大学出版社2012年版。

［50］［英］菲尔·奥基夫、杰夫·奥布赖恩等：《能源的未来：低碳转型路线图》，石油工业出版社2011年版。

［51］菲利普·查尔曼主编：《世界大宗商品市场年鉴2010年：圆明园的复兴》，杨笑奇等译，经济科学出版社2011年版。

［52］［法］菲利普·赛比耶—洛佩兹：《石油地缘政治》，社会科学文献出版社2008年版。

［53］冯向法：《甲醇·氨和新能源经济》，化学工业出版社2010年版。

[54] 国家电力监管委员会:《电力改革概览与电力监管能力建设》,中国水利水电出版社 2006 年版。

[55] 国家发改委、财政部、国土资源部和国家能源局:《页岩气发展规划(2011—2015 年)》,2012 年 3 月,见人民网,http://energy.people.com.cn/GB/17411285.html。

[56] 国家煤矿安全监察局网站:http://www.chinacoal-safety.gov.cn/mkaj。

[57] 国家统计局、环境保护部编:《2011 中国环境统计年鉴》,中国统计出版社 2011 年版。

[58] 国家统计局历年《中国统计摘要》。

[59] 国家统计局能源司:《能源统计手册》,中国统计出版社 2010 年版。

[60] 国土资源部信息中心:《世界主要国家能源供需现状和政策分析》,地质出版社 2008 年版。

[61] 哈瑞尔达·考利等:《2050 的亚洲》,胡必亮等校译,人民出版社 2012 年版。

[62] 何建坤:《国外可再生能源法律译编》,人民法院出版社 2004 年版。

[63] 贺恭:《水电若干问题的思考和加大开发力度的建议》,《水力发电》2009 年第 4 期。

[64] 贺军:《中国能源战略应做重大调整》,《上海国资》2011 年第 4 期。

[65] 胡援成、肖德勇:《经济发展门槛与自然资源诅咒——基于我国省级层面的面板数据研究》,《管理世界》2007 年第 4 期。

[66] 黄海峰、任培:《中欧节能减排政策比较》,《再生资源与循环经济》2009 年第 12 期。

[67] [美]霍华德·格尔勒:〈能源革命——通向可持续未来的政策〉,中国环境科学出版社 2006 年版。

[68] [英]J.Houghton:《全球变暖》,气象出版社 1998 年版。

[69] 贾若祥:《日本节能经验及对我国的启示》,《宏观经济管理》2008 年第 5 期。

[70] [美]杰里米·里夫金:《第三次工业革命》,中信出版社 2012 年版。

[71] 科学技术部社会发展科技司、中国 21 世纪议程管理中心:《适应气候变化国家战略研究》,科学出版社 2011 年版。

[72] 雷家骕主编:《国家经济安全:理论与分析方法》,清华大学出版社 2011 年版。

[73] 李天籽:《自然资源丰裕度对中国地区经济增长的影响及其传导机制研究》,《经济科学》2007 年第 6 期,第 66—75 页。

[74] 李晓西等:《新世纪中国经济报告》,人民出版社 2006 年版。

[75] 李晓西主编:《传统能源市场化》,北京师范大学出版社 2012 年版。

[76] 李占五:《德国推动节能的主要做法和经验》,《节能与环保》2008 年第 12 期。

[77] 林伯强:《中国能源政策思考》,中国经济出版社 2009 年版。

[78] 林卫斌:《我国电力产业的重组模式及其局限性》,《改革》2009 年第 5 期。

［79］林永生、李小忠等：《石油价格、经济增长与可持续发展》，《北京师范大学学报》（社会科学版）2010 年第 1 期。

［80］林永生：《节能降耗应该发掘价格指导功能》，2010 年 9 月 10 日，见搜狐财经。

［81］刘汉元、刘建生：《能源革命——改变 21 世纪》，中国言实出版社 2010 年版。

［82］刘铁男：《中国能源发展报告 2011》，经济科学出版社 2011 年版。

［83］刘笑盈：《推动历史进程的工业革命》，中国青年出版社 1999 年版。

［84］吕晨光、周珂：《英国环境保护命令控制与经济激励的综合运用》，《法学杂志》2004 年第 6 期。

［85］罗涛：《德国新能源和可再生能源立法模式及其对我国的启示》，《中外能源》2010 年。

［86］［美］M.B.麦克儿罗伊著：《能源：展望、挑战与机遇》，王聿绚、郝吉明、鲁玺译，科学出版社 2011 年版。

［87］马西莫·莫塔：《竞争政策——理论与实践》，上海财经大学出版社 2006 年版。

［88］毛加祥：《如何看待石油资源的战略地位和战略安全》，《中国石化》2003 年第 11 期。

［89］默里·L.韦登鲍姆：《全球市场中的企业与政府》，上海三联书店、上海人民出版社 2006 年版。

［90］倪健民、郭云涛：《能源安全》，浙江大学出版社 2009 年版。

［91］欧盟发布能效行动计划：《中国经贸导刊》2007 年第 8 期。

［92］朴光姬：《日本的能源》，经济科学出版社 2008 年版。

［93］气候变化评估报告编写委员会：《气候变化国家评估报告》，科学出版社 2007 年版。

［94］曲剑午：《中国煤炭市场发展报告 2011》，社会科学文献出版社 2011 年版。

［95］萨莉·亨特：《电力市场竞争》（Making Competition Work In Electricity），中信出版社 2004 年版。

［96］邵帅、齐中英：《西部地区的能源开发与经济增长——基于"资源诅咒"假说的实证分析》，《经济研究》2008 年第 4 期。

［97］申险峰：《世界能源战略与能源外交·亚洲卷》，知识产权出版社 2011 年版。

［98］石兴春：《关于天然气产业可持续发展的几点思考》，《天然气工业》2009 年第 1 期。

［99］司马岩：《光伏再次遭双反，中国产业如何打破欧美贸易壁垒》，《中华工商时报》2012 年 10 月 11 日。

［100］［俄］斯·日兹宁：《国际能源：政治与外交》，华东师范大学出版社 2005 年版。

［101］天星：《突破瓶颈的期待》，《中国石油企业》2009 年第 4 期。

［102］田春荣：《2010 年中国石油进出口状况分析》，《国际石油经济》2011 年第 3 期。

[103] 田丰:《新能源战略能拯救美国吗》,《证券时报》2012 年 7 月 5 日。

[104] 仝宗莉:《中国已成非洲最大的贸易伙伴 在非投资中企超 2000 家》,2012 年 1 月 30 日,见人民网,http://world.people.com.cn/GB/16970411.html。

[105] 汪巍:《美国:构建节能减排制度体系》,《中国经济时报》2010 年 8 月 3 日。

[106] 王安建、王高尚等:《能源与国家经济发展》,地质出版社 2008 年版。

[107] 王礼茂:《中国资源安全战略——以石油为例》,《资源科学》2002 年第 1 期。

[108] 王荣、储从江:《日本节能经验及启示》,《中国能源》2007 年第 5 期。

[109] 王信茂:《优先开发水电的工作重点及建议》,《水力发电》2011 年第 3 期。

[110] 王学斌、朱永刚,赵学刚:《资源是诅咒还是福音?》,《世界经济文汇》2011 年第 6 期。

[111] 王仲颖、任东明、高虎等:《中国可再生能源产业发展报告 2011》,化学工业出版社编著。

[112] 魏国齐、焦贵浩、张福东等:《中国天然气勘探发展战略问题探讨》,《天然气工业》2009 年第 9 期。

[113] 魏一鸣:《"十二五"中国能源和碳排放预测与展望》,《中国科学院院刊》2011 年第 1 期。

[114] 吴国华:《中国节能减排战略研究》,经济科学出版社 2009 年版。

[115] 吴志华:《借鉴外国经验,保护矿山环境》,《人民日报》2001 年 7 月 9 日。

[116] 夏义善主编:《中国国际能源发展战略研究》,世界知识出版社 2009 年版。

[117] 厦门大学中国能源经济研究中心:《国家电网公司促进清洁能源发展研究专题二——清洁能源发展和中国经济转型及能源战略凋整研究》,2009 年。

[118] 肖主安、陆根法:《欧盟可持续能源政策及其对中国的启示》,《环境保护》2005 年第 1 期。

[119] 熊焰:《低碳转型路线图:国际经验、中国选择与地方实践》,中国经济出版社 2011 年版。

[120] 徐康宁、王剑:《自然资源丰裕程度与经济发展水平关系的研究》,《经济研究》2006 年第 1 期。

[121] 徐明才:《日本节能法律体系建设及节能实践》,《应用能源技术》2007 年第 3 期。

[122] 严陆光、陈俊武:《中国能源可持续发展若干重大问题研究》,科学出版社 2007 年版。

[123] 杨宏伟:《提高能效是能源安全的重要内涵》,《中国党政干部论坛》2012 年第 7 期。

[124] 杨泽伟:《发达国家新能源法律与政策研究》,武汉大学出版社 2011 年版。

[125] 应斌:《美国大力推行城市节能建筑减排》,《世界文化》2009 年第 5 期。

［126］岳振:《盲目打破所有垄断肯定要走弯路——访北京师范大学校学术委员会副主任李晓西》,《中国经济时报》2011 年 3 月 17 日。

［127］张翙:《朱民:取消能源补贴》,见财新网国际频道。

［128］张抗:《国能源消费现状影响能源安全》,《中国党政干部论坛》2012 年第 7 期。

［129］张生玲、林永生:《中美两国能源竞争博弈之分析》,《国际商务——对外经贸大学学报》2008 年第 1 期。

［130］张生玲:《能源资源开发利用与中国能源安全研究》,经济科学出版社 2011 年版。

［131］张生玲:《中国能源贸易研究》,经济日报出版社 2009 年版。

［132］张生玲等:《能源资源开发利用与中国能源安全研究》,经济科学出版社 2009 年版。

［133］张宪昌:《美国新能源政策的演化之路》,《农业工程技术》(新能源产业)2011 年。

［134］张昕竹、让·拉丰,安·易斯塔什:《网络产业:规制与竞争理论》,社会科学文献出版社 2000 年版。

［135］张运洲、白建华、辛颂旭:《我国风电开发及消纳相关重大问题研究》,《能源技术经济》2010 年第 1 期。

［136］章轲:《未来中国极端寒冷事件将减少 极端高温将增加》,2008 年 1 月 29 日,见搜狐新闻,http://news.sohu.com/20080129/n254935642.shtml。

［137］赵国浩等:《煤炭资源优化配置理论与政策研究》,经济管理出版社 2010 年版。

［138］郑明光、叶成、韩旭:《新能源中的核电发展》,《核技术》2010 年第 2 期。

［139］中国储能网,http://www.escn.com.cn/2012/0625/444826.html。

［140］中国能源研究会:《中国能源发展报告 2011》,中国电力出版社 2011 年版。

［141］中国能源研究会:《中国能源政策评论 2012》,中国电力出版社 2012 年版。

［142］中国能源中长期发展战略研究项目组:《中国能源中长期(2030、2050)发展战略研究——节能·煤炭卷》,科学出版社 2011 年版。

［143］中国能源中长期发展战略研究项目组:《中国能源中长期(2030、2050)发展战略研究——电力·油气·核能·环境卷》,科学出版社 2011 年版。

［144］中国能源中长期发展战略研究项目组:《中国能源中长期(2030、2050)发展战略研究——可再生能源卷》,科学出版社 2011 年版。

［145］中国能源中长期发展战略研究项目组:《中国能源中长期(2030、2050)发展战略研究——综合卷》,科学出版社 2011 年版。

［146］中国企业联合会、中国企业管理科学基金会课题组:《"十一五"期间我国企业节能减排状况评估报告》,《中国经济时报》2011 年 9 月 26 日。

［147］中国石油新闻中心,http://news.cnpc.com.cn/。

［148］中华人民共和国发展和改革委员会网站,http://www.sdpc.gov.cn/。

［149］中华人民共和国国务院新闻办公室:《中国能源政策白皮书2012》,新华社,2012年10月24日。

［150］中华人民共和国环境保护部编:《2010中国环境统计年报》,中国环境科学出版社2011年版。

［151］中华人民共和国人民政府网,http://www.gov.cn/。

［152］周凤起、周大地:《中国中长期能源战略》,中国计划出版社1999年版。

［153］［英］朱迪·丽丝:《自然资源分配、经济学与政策》,商务印书馆2005年版。

［154］朱棣文:《应对能源和气候的挑战:两个国家的故事》,在清华大学的讲演PPT,2009年7月15日。

［155］朱红琼:《国外促进节能减排的财税政策及对我国的启示》,《经济师》2009年第8期。

［156］邹艳芬:《中国能源安全测度》,江西人民出版社2009年版。

［157］《中国电力年鉴》编辑委员会:《2010中国电力年鉴》,中国电力出版社2010年版。

关键词索引

责任编辑:郭　倩　杨　芳

封面设计:肖　辉

图书在版编目(CIP)数据

"五指合拳":应对世界新变化的中国能源战略/李晓西　林卫斌 等 著.
－北京:人民出版社,2013.4
ISBN 978－7－01－011926－7

Ⅰ.①五…　Ⅱ.①李…②林…　Ⅲ.①能源战略-经济发展战略-
研究-中国　Ⅳ.①F426.2

中国版本图书馆 CIP 数据核字(2013)第 063643 号

"五指合拳"

WUZHI HEQUAN

——应对世界新变化的中国能源战略

李晓西　林卫斌 等 著

人民出版社 出版发行
(100706　北京市东城区隆福寺街99号)

北京市文林印务有限公司　新华书店经销

2013年4月第1版　2013年4月北京第1次印刷
开本:710毫米×1000毫米 1/16　印张:20.25
字数:325千字　印数:0,001-3,000册

ISBN 978－7－01－011926－7　定价:39.00元

邮购地址 100706　北京市东城区隆福寺街99号
人民东方图书销售中心　电话 (010)65250042　65289539